LE MYSTÈRE DE POMPÉI

ISBN : 2-8639-1962-8

STÉPHANIE DE LA ROCHEFOUCAULD

LE MYSTÈRE DE POMPÉI

EDITIONS 1

À P. R et G. L. R., mes plus fidèles soutiens.

Remerciements

Merci à René Guitton et à Françoise Roth qui ont su faire aboutir ce roman dans la confiance et la bonne humeur.

I

Quatorzième jour avant les Calendes d'août de l'an 817[1]

La pleine lune se reflète sur les pavés argentés qui mènent au Grand Cirque de Rome. À cette heure où le lendemain a déjà commencé, les habitants de Rome dorment à poings fermés. Les derniers convives des *cenae*[2] offertes par les riches Romains viennent de s'étendre sur leur couche, le palais encore réjoui des fins nectars qu'on leur a servis. Les rues désertes résonnent du pas régulier des patrouilles qui veillent au sommeil de la ville. Sous la lumière blanche de la lune, le Grand Cirque prend une apparence diaphane, et son millier de places désertées rend le silence de la nuit presque irréel. Le rond blond formé par le sable de l'arène a été nettoyé des derniers combats. Les boutiques accolées à l'édifice ont tiré leurs volets de bois. Seul le soupirail d'une boulangerie laisse filtrer une lumière diffuse : le boulanger pétrit déjà le pain du jour. Plus loin, le Palatin expose ses palais endormis parmi les nombreuses maisons qui s'accrochent telles des grappes à ses flancs. Les ruelles étroites qui quadrillent le quartier ne peuvent empêcher le haut des maisons de se toucher. De loin, la colline ressemble à un magma informe de masses sombres agglutinées les unes contre les autres. De près, le promeneur découvre le plus vieux quartier de la capitale, celui qui, par la grâce d'Auguste, rassemble tous les palais impériaux.

Une ombre longe la Domus Augustana[3]. Son pas rapide l'entraîne vers le Grand Cirque. La forte luminosité de la lune l'empêche de se dissimuler. Pourtant l'homme se colle aux murs et avance, la tête baissée. Il tient dans sa main une lanterne tremblante sur laquelle il a jeté un fichu sombre. Au croisement de deux rues, une silhouette s'avance vers lui. Sans un mot, elle lui emboîte le pas. Leurs sandales glissent sur le pavé brillant. Arrivés devant l'entrée principale du Grand Cirque, les deux hommes marquent une brève hésitation, avant de s'enfoncer dans l'encoignure du porche monumental. Au loin retentit le claquement rythmé des sandales de la patrouille de nuit. Il se rapproche soudain, puis s'estompe avant de disparaître, avalé par l'obscurité. D'autres silhouettes sont apparues. Elles se tiennent devant le porche, silencieuses. Soudain le groupe se disperse, sans un bruit. Chacun tient avec précaution une lanterne couverte qu'il mène à une destination connue de lui seul. L'un d'eux s'arrête devant une boutique d'étoffes. Les volets fermés avec soin ne laissent rien deviner de la marchandise. Pourtant l'homme se penche, comme s'il essayait de voir à l'intérieur. Il hisse sa lanterne et, brusquement, avec fermeté, la casse contre le volet. La flamme vacille sous le choc puis se redresse, encore fragile. Le volet de bois semble lui plaire. Elle se montre d'un coup plus agressive. La voici qui s'agrandit. L'homme ne bouge pas et contemple, impassible, le feu qui s'éveille.

Plus loin, ses comparses ont agi de même. Cinq ou six foyers ont ainsi jailli sous le regard froid des incendiaires. Ils attendent avec calme que les flammes se renforcent et que les premiers crépitements résonnent. C'est chose faite. Les lueurs jetées par les nouveaux incendies éclairent singulièrement le quartier des boutiques. Pourtant personne ne s'est encore manifesté. L'un des hommes lève alors le bras et claque des doigts. En un clin d'œil, tous se fondent dans la pénombre.

Derrière eux le feu commence à gronder. Son appétit brusquement réveillé demande du combustible. Les flammes lèchent avec gourmandise les toits des boutiques encore épargnées. L'une après l'autre, elles s'embrasent d'un coup, dans un sifflement discontinu. Le boulanger passe sa tête par le soupirail, le visage couvert de farine. Il écarquille les yeux devant les ombres flamboyantes que jette l'incendie sur les maisons d'en face. Derrière lui, son aide dispose la pâte à pain dans les moules pour la première fournée de la journée. Il s'apprête à enfourner les miches, quand son maître lui saisit le bras.

– Laisse cela, dit-il d'une voix blanche.

Sans comprendre, l'aide repose la plaque. Le boulanger le tire par le bras et gravit quatre à quatre l'escalier qui mène au magasin. Au rez-de-chaussée, l'air est déjà irrespirable. La chaleur s'empare des deux hommes, les forçant à se protéger le visage de leurs mains. Le craquement sinistre d'une poutre les pousse à se hâter. D'un bond, ils traversent ce qui reste du magasin et se retrouvent dans la rue, leurs vêtements maculés de noir. Haletant, le boulanger se laisse tomber sur les genoux, cherchant à retrouver sa respiration. À ses côtés, son aide tousse et crache, les yeux injectés de sang. Quand enfin ils parviennent à recouvrer leurs esprits, la cloche des vigiles[4] résonne déjà, frénétique. Brusquement la nuit s'est éveillée. Des lumières tremblantes s'allument aux fenêtres, des silhouettes se penchent, des cris retentissent. Les voitures des vigiles arrivent de toutes parts, annoncées par le tintement affolé de leur cloche. Les rues désertes il y a encore un instant grouillent de monde. Dans leur coin, le boulanger et son aide observent sans y croire le ballet infernal des flammes qui dansent maintenant sur l'ensemble des boutiques.

De l'autre côté de la ville, le peintre Labius peine à

trouver son sommeil. Dans quelques heures, la *rheda*[5] de Marcus Luccius passera le prendre pour l'emmener loin de Rome, vers une bourgade du nom de Pompéi. L'imminence de son départ plonge Labius dans une grande nervosité. En dépit des bonnes paroles de ses amis venus l'assurer de leur fidélité, il reste persuadé que son absence momentanée nuira à l'ascension fulgurante de sa carrière. Il se retourne sur sa couche, maugréant contre Marcus Luccius qui l'a entraîné dans cette aventure. Plus il y réfléchit et moins il comprend comment il a pu accepter et se laisser ainsi acheter, comme une fille de joie. À présent il s'en mord les doigts et il se remémore avec colère la manière dont il est tombé dans le piège.

Marcus Luccius lui avait confié l'entière décoration de sa demeure sur la seule vision de quelques esquisses. En dépit de sa sévérité et de son austérité, le peintre lui était reconnaissant de cette confiance qui l'avait propulsé sur le devant de la scène mondaine et artistique. C'est pourquoi, lorsqu'il était venu un matin lui faire cette proposition extravagante, il n'avait pas su quoi répondre.

– Il me semble qu'il y a ici, à Rome, des gens qui seraient heureux de profiter de mes dons. Pourquoi chercher au loin ce que je peux trouver ici ? avait-il tenté de protester.

– Parce qu'il s'agit de l'un de mes amis, un homme d'influence : Suedius Vicario.

– Ce nom ne me dit rien.

– Bien sûr, il n'habite pas à Rome, comment pourrais-tu le connaître ? Il mène une carrière politique en Campanie. À Pompéi, très exactement.

– Pompéi ? N'est-ce pas la ville natale de l'impératrice ?

Marcus Luccius avait hoché la tête :

– Absolument. Je ne crois pas que la ville en ait tiré grand profit jusqu'à présent. Mais de nombreux citoyens romains installés là-bas pensent que cette filiation leur sera bénéfique. Peut-être l'impératrice se souviendra-t-elle de sa ville un jour où l'autre ?

– Que veux-tu que je fasse chez Suedius Vicario ? J'ai des commandes à Rome, je ne peux m'absenter si loin en ce moment.

Marcus Luccius avait dardé sur lui un regard pénétrant.

– Pompéi a été détruit il y a deux ans par un important tremblement de terre. Suedius Vicario a été nommé *praefectus lege Petronia*[6]. La tâche qui lui incombe est grande car les dégâts sont énormes. Il n'y a plus d'eau, plus de temples, plus de forum. Les maisons de nombreux notables se sont écroulées. Celle de Suedius Vicario est restée debout, mais il n'a pas voulu la réintégrer. Il s'en est fait construire une nouvelle sur les hauteurs. La vue est magnifique, paraît-il. Elle le console de la tristesse de ses murs, restés en l'état vierge jusqu'à présent. Ne vois-tu pas là un beau chantier ?

Labius donne un coup de poing sur son matelas. Il entend si bien la voix sèche de Marcus Luccius qu'il a l'impression de revivre la scène. C'est là qu'il aurait dû dire non.

Oh ! il avait bien essayé, évoquant ses nombreux projets et son emploi de temps si chargé. Mais l'autre l'écoutait distraitement, serrant contre lui une tablette recouverte de signes. Quand Labius eut fini ses explications laborieuses, il porta la tablette à ses yeux et lut d'un ton tranquille les conditions offertes. Elles étaient à la hauteur du sacrifice que représentait l'acceptation de ce chantier : plus du double des conditions habituelles, avec l'assurance d'un logement dans la partie privée de la maison. Une offre vraiment très honorable, que Labius ne sut comment décliner : il était trop sensible à la valeur que les gens se faisaient de sa personne.

Les premières lueurs de l'aube percent à travers la fenêtre. Les bagages du peintre sont prêts. Il les a préparés la veille en compagnie de ses amis Antonius et Termalon, venus le distraire de son humeur maussade. Ils ont festoyé et offert des offrandes aux Lares[7] pour attirer leur protection sur le voyageur. La table était bonne et, un instant, Labius s'était senti ravigoté. Mais à présent, il contemple avec hargne ses baluchons, et pas même la bourse d'or qui cliquette contre sa cuisse ne parvient à lui rendre le sourire. Le calme de l'aube naissante est soudain troublé par des bruits inhabituels. Une cloche au loin semble sonner par intermittence. Un brouhaha étrange s'est levé de l'autre côté de la ville. Perplexe, Labius se lève pour aller à la fenêtre mais ne distingue rien d'anormal. Le cocher de Marcus Luccius ne va plus tarder. Il plonge son visage dans la cuvette d'eau fraîche et entreprend de se raser. Le morceau de miroir lui renvoie l'image d'un visage plaisant, mais fatigué par les libations de la nuit. Ses yeux très clairs tranchent sur son teint foncé. Ils sont encore mis en valeur par les hautes pommettes saillantes. L'abondance de sa chevelure entoure son visage de boucles auburn dans lesquelles les mains des femmes aiment se perdre. Mais qui en profitera à Pompéi ? Il s'apprête à se coiffer quand trois coups résonnent à sa porte. Le cocher de Marcus Luccius se tient dans l'embrasure, la mine rogue. Derrière lui le peintre aperçoit la rheda et les huit mulets qui tapent du sabot. L'heure du départ a sonné. La douleur de quitter Rome le submerge un instant. Sa main effleure les pièces d'or qui chantent sur sa hanche. Leur froid contact le rassérène. Il se reprend :

– Mes bagages sont dans la chambre, dit-il au cocher.

L'homme traverse d'un pas lourd la pièce et revient avec les quelques paquets du peintre.

– Est-ce tout ? demande-t-il.

Sur le signe affirmatif du peintre, il dépose sans ménagement les bagages dans le chariot.

Bientôt celui-ci s'ébranle. La via Appia va les conduire

tout droit en Campanie, sur les cent trente-huit milles[8] qui séparent Rome de Pompéi.

Labius a rejoint le cocher sur sa banquette ; il ne veut rien perdre des dernières images de ce paysage romain qu'il aime tant.

Les matrones s'affairent déjà devant les boutiques, écoutant le boniment des marchands, soupesant la marchandise et parlant fort. Le cocher manque de renverser un boulanger qui traversait sans regarder, un large plateau couvert de pains calé contre l'épaule. Cette gaieté matinale, que le peintre trouvait parfois bruyante, lui paraît ce matin-là délicieuse. Elle sent bon la Rome authentique. Une ville en mouvement perpétuel, où la nouveauté le dispute à la tradition. Et Labius se demande quelle empreinte va y laisser le divin Néron, puisque depuis Auguste, chaque empereur tient à marquer la ville de son sceau.

L'activité a beau être déjà dense à cette heure, elle ne justifie pas une agitation très inhabituelle. Le son qu'il a perçu plus tôt dans la matinée s'est démultiplié. Les cloches semblent sonner maintenant aux quatre coins de la ville. Et Labius comprend soudain. L'odeur de fumée qui le prend aux narines est âcre. Elle ne ressemble en rien à cette graisse obsédante des braseros qui cuisent en permanence les aliments des *thermopolia*[9]. L'irruption des vigiles donne corps à ses craintes : un nouvel incendie s'est déclaré à Rome. Le cocher de Marcus hausse les épaules : « Un jour tout brûlera ! Les vigiles ne peuvent vaincre à chaque fois », grommelle-t-il entre ses dents. Les mesures prises il y a cinquante ans par Auguste ne sont plus suffisantes. La hauteur des bâtiments, désormais limitée, et la circulation interdite dans les ruelles surpeuplées de jour ne suffisent pas à réduire la fréquence des incendies : la bataille des vigiles contre le feu apparaît sans fin. Faudrait-il encore prendre de nouvelles décisions de sécurité. L'empereur en sera-t-il capable ? On murmure qu'il envisage la construction d'un nouveau palais dans Rome. Il n'a sans doute pas appréhendé le problème : la Domus Transitoria[10], si belle soit-elle, est déjà une erreur. Il y a trop d'habitations serrées les unes contre les autres. Comment la ville supporterait-elle un palais de plus ?

Labius avise un boutiquier :

– Où est le feu ? demande-t-il.

– Au centre de la ville, dans les boutiques qui entourent le Grand Cirque, répond-il.

Il a quitté son échoppe et marche aux côtés de la voiture pour poursuivre la conversation.

– Cela a commencé cette nuit, ajoute-t-il. Les vigiles n'arrivent pas à en venir à bout. On nous a déjà fait passer des avertissements nous demandant de nous tenir prêts à quitter les lieux.

Sa voix tranquille ne trahit aucune angoisse. C'est ainsi, à Rome. Chaque habitant sait qu'il sera un jour ou l'autre confronté au feu. Il salue Labius et le cocher, et regagne paisiblement son commerce.

Cependant la fumée devient de plus en plus épaisse. L'incendie dont les deux hommes voient rougeoyer les flammes semble très important. En dépit de sa proximité, les gens vaquent à leurs occupations habituelles sans manifester d'inquiétude. La circulation est juste devenue plus difficile car certaines artères du centre ont dû être fermées par les vigiles. La rheda s'est engagée dans une ruelle étroite. Le calme règne, insolent pied de nez aux volutes qui s'élèvent dans le ciel. Soudain le cocher arrête brutalement ses bêtes. Devant eux, tel un barrage flamboyant, le feu s'est emparé des étages en torchis de deux maisons. Des vigiles se précipitent.

– Éloignez-vous, hurlent-ils.

De grosses gouttes de sueur perlant sur son front, le cocher tente de faire demi-tour. Mais la rheda est trop large et les mulets refusent d'obéir, affolés par le grondement tout proche.

Labius saute de la banquette et s'empare avec fermeté du licol des bêtes.

– Je m'en occupe, dit-il, s'efforçant de maîtriser la peur qui envahit sa voix.

À force de claquements de fouet et de jurons, les mulets finissent par tourner. Ils sont couverts de cendres et roulent des yeux blancs de peur.

– Va maintenant, dit Labius en sautant à côté du cocher. Emmène-nous loin de ce brasier.

La circulation est à présent très dense. Les premiers fuyards marchent précipitamment avec leurs effets sur le dos. Quelques chariots en provenance des zones sinistrées traversent la ville. Le teint blafard des rescapés achève d'inquiéter les plus optimistes. Des récits déformés de l'incendie font état de plusieurs dizaines de morts. D'un seul coup la tension est montée. Impuissant, le cocher se retrouve entraîné dans une longue file de chariots recouverts d'objets hétéroclites. Des enfants hagards sont juchés au sommet tandis que les mères aident leurs époux à pousser l'attelage.

Inquiets, les marchands commencent à tirer leurs volets. Les badauds ont quitté les trottoirs. La panique, contagieuse, les a poussés sur la chaussée. Le cocher et Labius sont pris dans le flot des fuyards. Le peintre avait certes imaginé meilleur départ que cette fuite dans le désordre.

– Dégage-nous de là, intime-t-il au cocher.

– Je ne peux rien faire, répond celui-ci.

La longue file des attelages en fuite est si serrée qu'il est impossible de manœuvrer. La mort dans l'âme, Labius doit supporter les pleurs des enfants qui appellent leurs mères. Il pense à Antonius et à Termalon : sont-ils eux aussi en train de fuir ?

Soudain, au cœur de cette cohue sans fin, le cocher avise une rue transversale. La rheda bifurque, abandonnant le long flot des fuyards sur la voie principale. Peu à peu le calme revient. L'odeur de l'incendie se dissipe, camouflée par celle des fours des thermopolia.

Ils parviennent bientôt à la sortie de la ville. Le cocher claque de la langue et les mulets s'élancent.

La sérénité des paysages alentour semble un vivant démenti aux instants que Labius vient de vivre. Il regarde ses mains où le licol des mulets a laissé des traces rouges. Jamais il n'a vu le feu de si près. Il ne peut retenir l'angoisse qui le submerge : les vigiles parviendront-ils à éteindre l'incendie ? Il s'empêche de se retourner tout de suite. La force de ses sentiments envers sa cité bien-aimée l'étonne lui-même. Il se sent comme oppressé, et son cœur donne de grands coups sourds. Il tente de se distraire en regardant les tombes et les autels funéraires élevés aux portes de la ville en souvenir de défunts illustres et moins illustres. Certains sont de vrais chefs-d'œuvre, ornés de statues somptueuses. Leur magnificence trahit l'immense fortune des grandes familles de l'empire. D'autres, plus modestes, se composent d'une simple dalle de marbre gravée au nom du disparu. Elles s'étendent à perte de vue, et cette nécropole silencieuse, où la voix des humains s'est effacée sous le chant des cigales, laisse éclater la puissance de Rome et de ses habitants.

Enfin, le peintre pivote pour jeter un dernier coup d'œil sur la cité impériale. Il reste pétrifié. La ville tout entière est enveloppée de fumée. Du centre, les flammes ont gagné les quartiers périphériques, plus hautes à chaque minute. Il ordonne au cocher de s'arrêter. La peine qu'il lit sur son visage lui rend l'homme presque sympathique. De là où ils sont, nul bruit ne leur parvient. Ils voient Rome en feu, et ce spectacle silencieux les saisit d'autant plus. Ils restent là un long moment, la gorge sèche.

– Les vigiles connaissent leur travail, murmure enfin le cocher.

Il tente de se convaincre. Sans attendre d'ordre, il fouette ses mulets. Labius ne dit rien. Il a le cou endolori tant il se tourne pour voir les derniers feux. Enfin la ville disparaît derrière une colline. Il ne reste plus rien de l'effroyable vision.

La rheda de Marcus Luccius est spacieuse. Ses matelas confortables amortissent les cahots de la route. Marcus lui a demandé de prendre ses bagages avec lui, au lieu de les faire suivre dans une seconde voiture. Il a accepté sans broncher. Ses valises sont modestes et une ou deux personnes pourraient encore se joindre à lui. Si cela n'avait tenu qu'à lui, il aurait préféré voyager en *cisium*[11]. Cela aurait été plus rapide, et peut-être moins dangereux. Les voies romaines sont peu sûres, et il ne fait pas bon s'y attarder quand le soir tombe.

Labius pensait que Marcus Luccius l'aurait fait escorter d'un de ses hommes de main. Mais la carrure de son cocher laisse présager qu'il conjugue les deux activités avec un égal brio. En tout cas, l'homme n'est pas bavard. Enveloppé dans son *pœunula*[12] bien rabattu sur son front, il n'ouvre la bouche que pour houspiller ses bêtes. Ce faisant, il avale une bonne dose de poussière car la route est sèche et les sabots des mulets soulèvent un important nuage de terre.

Pour se protéger, le peintre est rentré sous la bâche et boit régulièrement pour humidifier sa gorge.

– L'*Auberge rouge* ! On s'arrête ! crie soudain le cocher

L'*Auberge rouge* n'a rien qui justifie une pareille appellation. Les bâtiments sont blancs et propres, contrairement à de nombreux *mutationis*[13]. La *caupona*[14], toute en rondeurs, leur indique les écuries et la remise pour les voitures. Mais le cocher ne veut s'arrêter que pour manger. La porte ouverte de la taverne laisse échapper des cris joyeux qui semblent contrarier la caupona.

– Vous n'allez pas rentrer là, dit-elle. Il y a trop de monde. Si vous avez de quoi manger, vous n'avez qu'à vous installer à l'étage. Vous serez plus tranquilles.

– Je te remercie mais ni mon cocher ni moi-même n'avons de quoi préparer quelque chose à manger. Nous irons à la taverne.

Elle leur sert de la charcuterie et du vin. Il n'y a pas tant de monde. Mais les quatre ou cinq hommes qui bavardent dans la pièce sont très bruyants, et sans doute éméchés. Labius croit reconnaître parmi eux le mari de la caupona. Il porte un tablier et fait plus de bruit encore que ses compagnons. Le cocher a hâte de repartir.

– Nous allons encore parcourir une trentaine de milles et nous nous arrêterons dans une *mansio*[15]. J'en connais une très correcte près de Tarracina.

Le peintre n'a rien contre ce programme. Il a lui aussi hâte d'arriver. Les voyages sont trop fatigants sur ces routes irrégulières. Au moment de se lever, l'un des hommes vint au-devant d'eux.

– Tu vas vers Tarracina, demanda-t-il. Moi aussi. Puis-je me joindre à toi ? La route sera moins longue à deux, et surtout plus sûre.

– Soit, mais nous partons dans l'immédiat.

– Je suis prêt.

Il s'agit d'un commerçant de Capua[16]. Il voyage à cheval et revient de Rome avec son affranchi. Comme il logeait chez son frère qui tient une boutique à côté du Grand Cirque, il a été aux premières loges de l'incendie qui danse encore devant les yeux du peintre.

– On m'a dit qu'un brasero s'est renversé chez l'orfèvre, explique-t-il. Cela a débuté lorsque je m'apprêtais à prendre congé de mon frère. Les vigiles sont venus très vite. Ils ont pu circonscrire l'incendie.

– Eh bien l'incendie a repris, lui dit Labius Et plus fort que jamais. À la première heure[17] ce matin, la fumée était si forte qu'elle piquait la gorge. Un boutiquier avait reçu l'ordre de se préparer à évacuer les lieux. Il semble que les vigiles aient été dépassés par l'incendie.

À sa grande surprise, le commerçant se met brusquement en colère.

– Je l'ai toujours dit à mon frère, Rome n'est pas une ville où s'installer. Y vivre est infernal ! Mon pauvre frère n'a pas fini de payer ses rêves de grandeur. Sais-tu que depuis dix ans, il a connu quatre incendies et deux agressions ! Et une fois rentré dans son *insula*[18], il doit supporter les cris du voisin du second étage, les odeurs de cuisine du premier et combien d'autres désagréments ! Il a de plus le malheur d'habiter le quatrième étage : le torchis laisse passer le froid comme le chaud. Ah oui, quelle joie d'habiter Rome ! J'ignore où te mènent tes pas aujourd'hui, mais je te souhaite de découvrir la tranquillité d'une cité de province. Tu risques d'y prendre goût, tant la vie y est belle.

Les propos si virulents de son compagnon étonnent le peintre. Lui qui aime tellement sa cité ne peut imaginer que certains lui voient des points négatifs.

– Eh bien ! ton souhait va se réaliser plus vite encore que tu ne le croies, dit-il d'un ton badin. Tel que tu me vois, je suis en route pour Pompéi. Le peu que j'en connaisse ne me plonge pas encore dans la joie que tu me prédis. Mais qui sait ? En tout cas, tu remarqueras que les événements malheureux ne surviennent pas qu'à Rome. Pompéi se réveille tout juste d'un fort tremblement de terre.

L'homme lève les sourcils, étonné.

– Pompéi ? Je t'aurais plutôt imaginé partant à Herculanum ou Sorrentum[19]. Ou encore à Stabiae[20]. Mais Pompéi...

Il marque un temps de silence qui intrigue le peintre.

– Ce n'est certes pas l'endroit que je te souhaitais, reprend-il enfin. Pompéi est plus un paysage de désolation qu'un pays accueillant. Pourquoi ne te rends-tu pas plutôt à Napolis ou Capua ? Là tu découvrirais les vraies joies de la Campanie. Et d'ailleurs, que vas-tu faire là-bas ?

– Je suis peintre. Je pars décorer la villa de Suedius Vicario.

– Suedius Vicario ! Oh ! Oh ! L'homme fort de Pompéi.

À nouveau le silence, puis :

– Tu vois, je ne suis que marchand. Je gagne certes bien ma vie en gérant au mieux mes affaires, mais je ne suis pas un homme instruit. Pourtant j'ai le sentiment que quelque chose s'est brisé à Pompéi. Si j'y habitais, je la quitterais. Les dieux se sont fâchés une fois : rien ne les empêchera de se fâcher une seconde fois.

La remarque est proférée sur un ton tranquille. Mais elle effraie le peintre. Il n'aime pas ces sombres prédictions émanant de profanes : elles revêtent pour lui une force inquiétante.

Il prétexte un peu de fatigue pour se retirer au calme dans la rheda. Il s'allonge de tout son long sur les matelas douillets de Marcus Luccius, et s'endort bientôt.

L'immobilité de la voiture le réveille. Ils sont arrivés à la mansio de Tarracina dont le cocher a parlé. Partout grouillent des rhedae pleines de bagages et de voyageurs. Seul un *arcuma*[21], garé le long de la remise, dépareille l'ensemble. Il ne voit nulle part ses compagnons de voyage. Finalement c'est l'affranchi du marchand de Tarracina qui le trouve. Son maître et le cocher l'attendent à l'étage.

– Vous êtes mes invités, lance le marchand lorsqu'il le voit arriver. Nous avons réussi à prendre deux chambres, juste avant que le gros des voyageurs n'arrive.

– C'est une étape connue pour sa qualité, explique le cocher. Il y a toujours beaucoup de monde.

– Ton cocher me dit que tu n'as pas de provisions, reprit le marchand. C'est une idée curieuse. Tu ne sais donc pas que les tavernes nourrissent mal ?

Tout en parlant il distribue du fromage, des fruits et de la viande séchée. Autour d'eux les gens s'affairent. Une mère de famille modeste coupe des portions de pain pour trois enfants assis devant elle. Un peu plus loin, des esclaves font revenir sur un brasero de voyage des saucisses et autres charcuteries pour leurs maîtres qui se reposent dans une chambre. Les fumets les plus divers se mélangent pour le plaisir des papilles.

– Voilà qui va te rappeler les joies de l'insula, dit Labius, un rien moqueur.

– Cela n'a rien à voir, réplique l'autre. Ici c'est le

charme du voyage, l'excitation des rencontres passagères. Dans une insula, il faut se supporter bon gré mal gré.

À la fin du repas, ils font le point. Le cocher est satisfait : ils ont déjà parcouru une trentaine de milles. La cadence est bonne. Le peintre se sent surtout courbaturé. Après avoir été allongé toute la journée, il a besoin de se détendre. Il quitte ses compagnons et part faire quelques pas autour de la mansio. L'air s'est rafraîchi avec la fin d'après-midi. La via Appia est étrangement déserte. La circulation s'est ralentie en même temps que le coucher du soleil. Pour la première fois il goûte un calme inconnu à Rome. Il s'assoit sur un talus et tente d'imaginer Pompéi : champs de ruines ou ville ? Lui qui déteste l'incertitude doit se résigner à l'attente pour connaître enfin la réponse. De toute façon il n'y sera pas pour longtemps. La décoration de la villa de Suedius Vicario lui prendra quelques mois, guère plus. Ensuite il reprendra le chemin de la gloire : Rome.

Le lendemain, le cocher le réveille avant la première heure. Il veut profiter de la fraîcheur de l'aube pour rouler. Le marchand et son affranchi sont déjà debout et harnachent leurs montures.

– Nous vous quittons ici, dit le marchand. Garde le reste de nos provisions, nous n'en avons plus besoin. Ma femme a dû me préparer un repas digne d'une cena. C'est toujours ainsi quand je rentre à la maison. Après je ne peux plus rien avaler de la journée. Et quand arrive l'heure de la vraie cena, elle s'offusque parce que je n'y fais pas honneur !

– Je te remercie, tes provisions nous seront précieuses. Que les dieux te gardent sur ton chemin du retour !

– Qu'ils te gardent aussi, et qu'ils veillent sur mon frère. Tes propos d'hier m'ont inquiété. J'aimerais en savoir davantage sur la situation à Rome.

Il monte sur son cheval, imité par son affranchi, et après un dernier signe de la main, il s'éloigne.

Le cocher a déjà sorti la rheda de la remise et harnaché ses huit mulets.

– Monte vite, l'heure avance et le soleil chauffe, dit-il.

Labius n'a pas envie de s'enfermer à nouveau dans la voiture, si confortables soient les matelas. Être seul de longues heures à ne parler qu'à lui-même finit par le rendre nostalgique. Il préfère grimper aux côtés du cocher, qui se pousse sans protester.

La route est à nouveau chargée. Des groupes de voitures roulent ensemble pour rendre leur voyage plus sûr. Ils passent devant une *statio*[22] où veillent quelques soldats. Labius demande au cocher s'il ne veut pas faire la route avec un convoi allant dans la même direction. Mais cela ne le tente pas.

– Cela signifie deux fois plus de poussière et deux fois moins de vitesse, explique-t-il.

Effectivement, les rhedae devant eux dégagent un gros nuage de terre. Le peintre s'enveloppe de son *cucullus*[23] et protège son nez d'un foulard.

– La poussière l'été, les fondrières l'hiver... Les routes ne sont guère agréables, maugrée le cocher.

– Peut-être cela tient-il au fait que la via Appia est la plus ancienne route de l'empire ? remarque Labius.

Le cocher hausse les épaules : « Via Appia, via Latina, via Aemilia... Elles sont toutes pareilles. »

Labius résiste environ une heure à ses côtés puis la poussière le chasse à l'intérieur de la voiture. Le bruit des tombereaux, les secousses de la voiture et la chaleur qui devient très forte l'épuisent.

Autour d'eux le paysage change peu à peu. On lui a parlé de la richesse de la Campanie, grenier de l'empire. Il ne peut que la constater au vu des immenses champs de blé qui s'étendent à perte de vue. Des grappes de paysans fauchent, multitude de touches de couleur dans ce paysage doré. C'est l'époque de la moisson et l'on voit les reflets métalliques de leurs lames s'abattre sur les tiges. Derrière suivent les femmes qui lient en fagots les épis fraîchement coupés. Tous portent des chapeaux pour se protéger du soleil. L'œil du peintre s'attarde sur une jeune fille qui a noué sa *stola*[24] au-dessus de ses genoux pour être plus libre de ses mouvements. Elle découvre ainsi deux jambes d'une exquise finesse pour une paysanne. À l'abri du rideau de la rheda, le peintre l'observe à loisir se baisser jusqu'à disparaître dans les blés, puis se relever, une gerbe dans les mains qu'elle trie d'un geste précis et rapide. Elle pose le tout puis reprend son mouvement plein de grâce. Elle a une telle présence que ses compagnes de travail semblent inexistantes. Le droit tracé de la route lui permet de la contempler longuement, jusqu'à ce qu'elle devienne un petit point noir au loin. Il est heureux de cet intermède plein de charme. Et si la Campanie lui réservait d'autres surprises de ce genre ? Un bruit de galop interrompt le cours de ses pensées bucoliques. Il n'a pas le temps de regarder que déjà deux cavaliers lancés à grande vitesse les dépassent. Un tourbillon de poussière s'abat sur eux, et le cocher doit freiner brusquement. Le peintre est pris d'une violente quinte de toux.

– Quelles sont ces brutes ? s'exclame-t-il en crachant.

Il est furieux, quoique encore haletant.

Le cocher a arrêté l'attelage et se cache le visage dans sa pœunula.

– J'ai cru reconnaître le *cursus*[25], répond-il. Sans doute une nouvelle importante qui ne souffre pas le moindre retard.

– Par Mithra, ils auraient pu nous faire verser avec toute cette poussière ! Quand donc arriverons-nous à la prochaine mansio ?

– Nous y serons pour le *prandium*[26]. À toi de décider ensuite si tu veux poursuivre.

– Bien sûr que je veux poursuivre : il me tarde d'être arrivé. Ce voyage n'en finit pas ! Plus vite nous irons, plus vite ce sera terminé.

– Il y a un mutatio à quatre milles, dit le cocher en avisant une borne milliaire. Nous pouvons nous y arrêter puis reprendre jusqu'à la prochaine mansio. Je la connais aussi, c'est un endroit propre et de bon aloi.

– De bon aloi ! Voilà qui m'est bien égal ! Je ne vais pas choisir mes étapes en fonction de mes hôtes mais selon mon état de fatigue. Et j'ai faim à présent, dépêche-toi donc !

La poussière s'est immiscée jusque sous son *pallium*[27]. Il a beau se secouer, elle ne part pas, collée par la transpiration. Son exaspération est telle qu'il se sent prêt à accepter n'importe quoi pour accéder à des bains et rincer cette saleté.

Bien sûr, des bains, il ne faut pas y compter au mutatio ; au vu de l'état des murs extérieurs, Labius doute même de trouver quelque pitance honnête à se mettre sous la dent. L'aire de repos aménagée devant l'entrée de la taverne, encombrée de chariots et de chevaux, ne fait qu'accroître sa mauvaise humeur. Avec autant de monde, il est peu probable qu'il reste encore de la place à l'intérieur.

Deux chevaux haletants et blancs de poussière boivent dans une auge, devant les écuries.

– Ce sont les chevaux de tout à l'heure, remarque le cocher. Regarde, ils sont marqués du signe du cursus sur l'arrière.

– Leurs propriétaires sont donc là ! Ils vont m'entendre !

– Ce sont des courriers officiels, tu ne peux rien contre eux.

– Je peux au moins leur exprimer mon opinion sur leur conduite : vois l'état de notre voiture et celui de nos vêtements ! Si tu n'avais pas eu le réflexe de freiner, nous aurions versé.

Et il entre furibond dans la taverne.

Elle est pleine, mais curieusement très silencieuse. Les consommateurs se regardent sans mot dire, comme sous un choc. Ceux qui parlent le font à voix basse. Cette ambiance inattendue freine les ardeurs belliqueuses de Labius. Et c'est d'une voix beaucoup plus douce qu'il demande au *caupo*[28] où se trouvent les cavaliers du cursus.

– Ils sont déjà repartis, noble voyageur. Ils ont juste changé leurs chevaux pour des montures plus fraîches. Les pauvres bêtes galopaient depuis Rome sans un seul arrêt. Ils doivent arriver au plus vite à Beneventum[29] où se trouve le légat M. Paulinus Seius.

– Pourquoi donc doivent-ils joindre le légat ?

– Ah, tu ne sais pas encore l'atroce nouvelle, murmure l'aubergiste.

Il paraît accablé. Un affreux pressentiment envahit Labius :

– Quelle affreuse nouvelle ? De quoi parles-tu ?

– Il s'agit de Rome, la ville impériale, gémit-il, les yeux pleins de larmes.

Labius a compris :

– Rome a brûlé... C'est bien cela ? dit-il, anéanti.

– Les feux ravagent un quartier après l'autre, ajoute d'un air sombre un voyageur attablé.

– Il paraît que trois régions[30] ont déjà disparu et cinq sont sur le point de faire de même, intervient un autre.

– Mais... les vigiles ?

– Une vingtaine d'entre eux a déjà péri dans l'incendie. Les victimes ne se comptent plus...

Labius se laisse tomber sur un banc.

– Quelles sont les régions qui ont disparu ? demande-t-il.

– Les cavaliers du cursus n'ont pas donné beaucoup de détails. Ils n'auraient sans doute pas dû nous en parler. Mais ils n'ont pu s'en empêcher.

– Et que se passe-t-il, maintenant ?

Le voyageur lève les bras en signe d'impuissance.

– Qu'est-ce qui se passe, maintenant ? répète-t-il. Nous n'en savons rien. Rome brûle, ou Rome a déjà brûlé, à l'heure où nous parlons. Seuls les dieux pourraient nous dire ce qui s'y passe, et ce qui va se passer. Je n'ose imaginer le nombre de morts...

Le cocher s'avance vers lui :

– Et la *domus*[31] de Marcus Luccius, sais-tu si elle est encore debout ?

– Marcus Luccius, qui est-ce donc ?

– Mon maître.

– Non, bien sûr que non. Je n'en sais rien. Je ne suis qu'un voyageur qui a eu le malheur d'entrer dans ce mutatio en même temps que les cavaliers du cursus. Je ne sais rien de plus que ce qu'ils ont dit. Pas de noms, pas de détails. Une seule certitude : Rome brûle. J'espère que ton maître ne fait pas partie du brasier.

Le cocher reste droit, abasourdi.

– On dit que le feu est criminel, reprend une femme.

– Non, corrige machinalement le peintre. C'est le brasero d'un commerçant qui s'est enflammé dans l'une des boutiques autour du Grand Cirque.

– Comment sais-tu cela ?

– J'ai quitté Rome alors que le feu commençait. Un marchand qui en était parti en même temps que moi m'a raconté les causes de l'incendie. Il logeait chez son frère, dont la boutique était dans le quartier.

– Moi j'ai d'autres idées sur la question, dit un voyageur qui n'était pas encore intervenu.

La richesse de son pallium laisse deviner la noblesse de son état. On le regarde avec respect.

– Je pense que cet incendie arrangera certainement tous ceux qui rêvent ouvertement d'une *nova urbs*[32]. Rome n'avait pas bonne cote ces derniers temps. Les critiques ne manquaient pas sur son urbanisme sauvage. Les architectes de l'empereur se feront une joie de tout reconstruire selon de nouvelles normes.

– Es-tu en train d'engager la responsabilité de Néron dans cet incendie ? demande avec stupéfaction le caupo.

L'homme comprend qu'il a trop parlé. Il se lève et fait un signe à un esclave.

– Je n'ai rien dit de tel. C'est toi qui résumes à ton idée. Il est temps pour moi de reprendre la route. Je vous salue tous.

À peine a-t-il quitté la taverne que les langues se délient :

– Néron est un bon empereur, pourquoi ferait-il une chose pareille ?

– Il sait bien que le peuple lui est dévoué, pourquoi l'aurait-il mis à mort dans un tel incendie ?

Labius écoute ces propos sans les entendre. Il revoit la fumée noire qui a escorté son départ de Rome, il se souvient des traits du boutiquier qui l'a renseigné hier matin, et il se demande s'il a pu fuir à temps, de ce même pas tranquille avec lequel il a ensuite regagné son échoppe. Il revoit le Palatin, le Forum, la Domus Transitoria qui faisait la fierté de Néron, ses fresques sur les murs de Marcus Luccius, ses tavernes favorites. Il se souvient avec intensité de ce vin de Falerne qu'il a partagé avec Antonius et Termalon la veille de son départ.

Le cocher de Marcus n'a pas l'air plus en forme que lui. Il a trouvé le courage de sortir un peu de la nourriture du marchand et mange sans y penser.

Labius se lève avec brusquerie.

– Allez, on y va. Je veux arriver vite. Tu as intérêt à mener tes bêtes avec énergie.

Ils reprennent le voyage sans un échange de paroles.

Ils roulent dans le seul bruit des essieux jusqu'à *l'Auberge du Rossignol*, proche de Capua. La campagne magnifique ne parvient cependant pas à distraire le peintre de ses sombres réflexions. Et quand la rheda s'arrête à nouveau, il tente de convaincre le cocher de continuer.

– Je ne peux pas forcer les mulets, objecte-t-il. Si tu veux vraiment arriver à Pompéi, il faut tenir compte de leur état. Demain nous quittons la via Appia et nous prendrons une route secondaire. Le trajet sera plus difficile et plus lent. La via Appia est large et droite. Mais pas le chemin qui mène à Pompéi. Toi qui te plaignais de la poussière tout à l'heure, tu comprendras la différence.

Ils retrouvent dans la mansio le voyageur élégant du précédent mutatio. Il n'est pas seul. Une femme vêtue d'une stola fixée à l'épaule par une fibule[33] d'or lui tient compagnie. Plusieurs esclaves s'affairent autour d'eux. Lorsqu'il aperçoit Labius, il envoie un esclave l'inviter à son repas. La femme le salue d'un bref signe de la tête, puis se lève pour gagner l'étage supérieur. Deux esclaves la précèdent, portant chacun une lourde malle.

Le peintre n'a guère envie de compagnie. La fatigue de la route et le choc de l'incendie de Rome l'ont épuisé. Mais il devine que son hôte serait homme à se vexer d'un refus, si poli soit-il. Malgré lui, il le rejoint.

– Tu voyages comme un prince dans cette superbe voiture, mais tu n'en as pas l'allure, s'enquiert d'emblée le voyageur. Tu n'as pas le pallium d'un sage, ni celui d'un homme modeste. Tu dois être un artiste. Peut-être un artiste important, si j'en crois le grand train de ton attelage.

– Je suis peintre.

– Ah, tu es un *dealbator*[34] sans doute. Peindre des affiches électorales est un travail précieux. Tu dois savoir les libeller de façon particulièrement intelligente pour que l'on te traite si bien.

Labius n'apprécie pas ses airs hautains. Il répond d'un ton sec :

– Peindre des affiches est un bon métier, mais ce n'est pas le mien. Je suis peintre d'intérieur. Je viens de Rome pour aller décorer une villa de Pompéi.

– À Pompéi ! Ne serais-tu pas Labius, par hasard ?

Labius ne cache pas sa surprise.

– Tu as l'air étonné. Mais tout le monde ne parle que de toi ! Laisse-moi me présenter : Marius Rufus. Je suis le nouveau *duumvir*[35] de Pompéi. Excuse mes propos s'ils t'ont offensé. Je ne le voulais pas. C'est un honneur pour moi de te rencontrer. J'ai entendu parler de ta prochaine arrivée dans la ville. Suedius Vicario le clame à qui veut l'entendre ! Tous les habitants de notre ville savent que leur praefectus lege Petronia va recevoir le plus grand peintre de Rome pour décorer sa villa. Il faudrait être sourd pour l'ignorer.

Le peintre ne sait comment il doit prendre cette dernière remarque. Mais l'intérêt que lui témoigne soudain l'une des personnalités de la ville le flatte.

Déjà Marius Rufus s'empare d'une amphore de vin :

– Je bois à ta santé !

Son vin est gouleyant à souhait. Le peintre se sent revigoré. Le duumvir lui explique le subtil mélange de ce vin de Tivoli à une dose d'eau de mer, pratique courante dans la région, sauf pour le vin réputé de Falerne. C'est un homme jovial. Son visage rond et son léger embonpoint, atténués par sa haute stature, laissent imaginer un caractère enjoué que dément la vivacité de ses yeux noirs. Le personnage est certainement plus profond que son joyeux bavardage ne le laisse croire. Car il parle volontiers et beaucoup. La venue de Labius à Pompéi l'étonne et il le dit. Et comme Labius s'empêtre dans ses explications, il l'interrompt :

– Je devine que Suedius Vicario a eu des arguments qui ne se discutent pas. C'est l'une des forces de notre magistrat : il dispose de moyens financiers si importants que les Sages l'ont élu presque sur cette seule raison. Les autres candidats n'étaient pas de taille à se mesurer à lui.

Le peintre est content de n'avoir pas dû avouer que l'argent seul motive sa venue. Il change de sujet :

– As-tu eu d'autres nouvelles de l'incendie ?

– Hélas ! non. Les cavaliers du cursus sont venus ici également, mais ils n'ont rien dit de nouveau. Chaque heure qui passe me serre le cœur. Combien de morts en plus, combien de régions en moins ? Ce sont les deux seules questions qui me hantent.

Il marque un long temps de silence. Puis :

– Tu as aperçu mon épouse tout à l'heure. Nous arrivons de Rome également. Mais nous devons rouler moins vite que toi. Il faut dire que nous avons besoin de deux chariots pour transporter les bagages de mon Octavia !

L'homme est sympathique et sa nourriture excellente. Deux éléments qui lui rendent un peu de joie.

– Nous allons d'abord à Herculanum où Octavia possède une importante villa. Nous rejoindrons ensuite Pompéi, poursuit-il entre deux bouchées de pain. Tu ne connais pas encore la ville, n'est-ce pas ?

Labius secoue la tête.

– La cité est-elle très marquée par le séisme ?

– Marquée ? il émet un rire semblable à un grincement. Tout a basculé, oui ! Des troupeaux entiers ont été décimés. Les dieux devaient être très en colère. Les Pompéiens ne sont peut-être pas assez pieux ? Avec Suedius Vicario, ils vont vite le redevenir. Ce n'est pas un homme qui badine avec les rites. Il s'occupe beaucoup de religion. Avec lui, tout peut toujours s'expliquer, même si les explications sont en désaccord avec les cultes officiels. Il a déjà relevé les deux temples des Lares et il incite avec force les notables de la ville à participer à la reconstruction. Seulement voilà, personne ne dispose de ses moyens, surtout après une telle catastrophe.

– Voilà un homme doté d'une belle énergie, dit le peintre.

– Il a beaucoup d'énergie, certes, approuve Marius. Il s'arrête un instant avant de reprendre, presque lyrique : Tu vas travailler là-bas pour un homme remarquable. Je pense que le Sénat a bien fait de lui confier les pouvoirs municipaux. Suedius Vicario est un homme pondéré et intègre. Si quelqu'un peut réussir à rétablir l'ordre, c'est bien lui. Mais la tâche est immense. Il lui faudra certainement plusieurs années avant d'obtenir des résultats. Je m'emploierai à le seconder de mon mieux durant l'année de mon duumvirat.

La déclaration sonne incongrue sur ce palier modeste

d'une mansio. Mais Labius hoche la tête. Il est heureux d'avoir rencontré « son » premier habitant de Pompéi.

Ils décident d'un commun accord de poursuivre la route ensemble demain. Marius Rufus pense arriver dans l'après-midi à Herculanum. Il conseille au peintre de s'arrêter encore pour la nuit suivante, afin d'être en bonne forme pour le prandium chez Suedius Vicario.

L'idée de passer encore une nuit sur la route contrarie Labius. Mais la décision est sage. Le cocher a mené ses mulets à une bonne cadence. Et s'ils progressent si bien, c'est sans nul doute parce qu'il sait ménager ses bêtes et sa propre fatigue. Le peintre se range donc à l'avis de Marius et part s'allonger dans sa chambre.

Le lendemain, ils quittent la via Appia pour l'une de ces routes secondaires qui desservent les villes de moindre importance. Leur convoi est impressionnant : la rheda d'Octavia ouvre la route, escortée de plusieurs hommes de main à cheval. Marius Rufus lui-même monte un étalon bai. Derrière suivent deux chariots pleins de bagages, que les mulets ont peine à tirer. Puis vient leur rheda. Le cocher n'est pas heureux de leur attelage :

– Non seulement les routes sont deux fois plus étroites, mais il faut encore que nous soyons deux fois plus nombreux ! Tu vas voir la poussière que nous aurons. Ce voyage va être infernal.

Octavia a surpris le regard amusé du peintre sur ses bagages, lors du départ. Elle a un joli sourire pour dire avec humour :

– Une femme ne voyage jamais sans ses menues affaires.

Il ne peut que s'incliner, en signe d'approbation.

– D'ailleurs cela aurait pu être pire. L'une de mes amies ne se déplace qu'en litière, portée par des Bithyniens[36], bien entendu... Mais Marius n'a pas voulu en entendre parler. Je persiste néanmoins à penser que les cahots auraient été bien moins durs pour mon dos.

Et d'un geste charmant, elle referme le rideau, signifiant ainsi que la conversation est close.

Le cocher avait raison : la via Appia est une pure merveille en comparaison de ce chemin étroit et plein de fondrières. La rheda tressaute, ballottée d'un cahot à une crevasse. L'air marin rend la poussière collante et les voyageurs sont blancs des pieds à la tête, en dépit de leurs manteaux. Par un étrange retournement de situation, c'est Labius qui a la plus mauvaise part. Alors qu'il devrait être à l'abri au fond de la voiture, il se sent enveloppé de moiteur et terriblement sale. L'air est devenu irrespirable sous la bâche, tant par la chaleur que par la poussière qui stagne, prisonnière des cloisons. Il décide de rejoindre le cocher sur sa banquette.

Marius Rufus chevauche un peu plus loin. Il lui fait un signe amical de la main.

– Regarde ton nouveau pays ! N'est-il pas magnifique ?

La vue est en effet spectaculaire. On aperçoit la mer Tyrrhénienne au loin, trait bleu scintillant, puis des masses d'un vert changeant, sans doute les champs de culture. Les troncs noirs des oliviers, comme tordus sous l'effet d'un incendie, semblent presque étrangers. Le contraste des couleurs confère au paysage une beauté irréelle, accentuée encore par la lumière blanche du soleil. Labius n'entend plus ni les roues, ni les sabots des mulets. Il ne voit qu'une magnifique source d'inspiration, une palette de couleurs que n'importe quel artiste lui envierait. Et brusquement il se sent heureux d'être là.

– Ce n'est pas sans raison que les nobles familles romaines se font construire des villae ici, crie Marius. (Son large sourire témoigne de sa joie de voir son plaisir partagé.) C'est sans doute l'un des coins les plus beaux de l'empire. Je suis étonné que Néron ne songe pas à y faire édifier un palais.

– Peut-être que Poppée ne souhaite pas revenir au pays de son enfance, répond le peintre.

– La famille de l'impératrice est l'une des plus riches

de Pompéi. Ils y possèdent deux ou trois très belles demeures. Si Néron voulait passer quelque temps dans ce pays, il pourrait y loger, suppose Marius.

– Que racontes-tu là, Marius ! Néron est déjà venu ici. Simplement nous n'y étions pas, intervient Octavia. (Elle a un éventail à la main qu'elle agite avec vigueur.) C'était l'année dernière, je crois. Il n'est pas resté longtemps. Et il n'a pas logé chez Poppée mais dans l'un des palais de Tibère.

– Je ne me souviens pas de cette visite.

– C'est Halunia qui me l'a rapportée. Il paraît qu'il envisagerait d'y revenir tant la contrée l'a enchanté. Tu me vois comblée de t'apprendre quelque chose que tu ne savais pas déjà, ajoute-t-elle avec malice.

Marius éclate de rire. La complicité entre les deux époux semble parfaite.

– Octavia aime me rappeler qu'elle m'est indispensable, confie-t-il au peintre, l'air badin. Cela fait sept ans que j'en suis convaincu, mais elle entretient le jeu : il lui plaît. C'est peut-être pour cela qu'elle ne me répudie pas !

– Te répudier ?

– Eh quoi ! Pourquoi ris-tu de la sorte ? Tu n'as pas entendu parler de cette femme qui a divorcé vingt-deux fois et s'est mariée pour la vingt-troisième fois avec un homme qui avait eu vingt épouses auparavant[37] ?

– Allons, c'est une exception !

– À ce point-là, certes. Mais le fait mérite d'être médité. Les femmes ont leur mot à dire. J'ai un ami qui a avancé de l'argent à son épouse, sous condition écrite qu'elle ne le répudie jamais ! Et c'est vrai !

– L'a-t-elle fait ?

– Pas encore. Mais il ne faut jamais donner ce genre d'idées à une femme. Octavia est une bonne épouse et une bonne mère. Elle m'a donné deux fils et une fille. Mais la grande liberté dont elle jouit aujourd'hui en comparaison de la vie de sa mère ou de sa grand-mère exige de nous autres, hommes, une grande attention.

– Je vois que tes expériences passées t'ont rendu prudent, lance Octavia d'un drôle de ton.

Elle ne sourit plus, et Labius sent une gêne soudaine s'installer.

Un large *plaustrum*[38] apparaît en face d'eux. Il est tiré par deux bœufs et transporte du blé fraîchement moissonné.

– La rencontre va être compliquée ! Ce sont les joies de ces routes de campagne, dit Marius.

La voie doit faire deux mètres de large : s'y croiser semble à première vue impossible. Le paysan a stoppé ses bêtes et attend de passer. Labius se demande comment un cocher de Rome va se débrouiller sur des routes si différentes. L'homme ne s'affole pas. Il fait basculer ses mulets sur la droite, dans l'herbe jusqu'au garrot. Les cochers de Marius font de même. Rassuré, le paysan claque son fouet et reprend sa route, non sans saluer avec respect les nobles voyageurs. Derrière lui, des épis de blé tombés du plaustrum marquent son passage d'un sillage odorant. Les cochers rétablissent leurs mulets sur la voie, et le convoi repart.

– Nous allons arriver à Napolis. C'est une ville superbe. La vue est sans conteste la plus belle de la baie, explique Marius. Beaucoup de Romains y ont une villa.

– À t'entendre, les patriciens romains ont des villae sur toute la baie de Napolis, remarque Labius en souriant.

– Marius est un inconditionnel de cette région, précise Octavia.

En dépit de la poussière qui ne l'a pas épargnée, elle conserve une grande dignité.

– Tu ne crois pas si bien dire, rétorque son mari. Certains Romains se partagent entre leur domaine campanien et leurs obligations à Rome. D'autres ne viennent que pour le plaisir, sans la moindre raison économique. Ils sont beaucoup moins nombreux, bien sûr. Quel intérêt de ne pas tirer profit d'une si belle terre ? Depuis Sylla, les Romains se sont installés en masse dans la région et l'ont fait fructifier. Et puis il y a l'aristocratie locale, Vicario ou moi-même, par exemple. (Il rit.) Les relations ne sont pas toujours excellentes entre les Romains de Rome et les Romains de Campanie. Les premiers sont peut-être arrogants, je ne sais pas. Et les seconds les voient d'un mauvais œil coloniser les terres encore vierges. Enfin ! c'est l'éternel conflit entre la cité et la province.

– Connais-tu ce genre de problème, toi ? demande Labius.

– Je me refuse à les prendre en compte. Je veux avant tout rentabiliser mes terres. Mais je sais que l'on jase derrière mon dos. J'ai innové cette année pour la récolte : ce sont des esclaves qui la font à la place des hommes libres que j'employais auparavant. Je reconnais qu'ils travaillent moins bien : là où deux ouvriers suffisent, il faut le double d'esclaves. Mais le prix de revient est sans comparaison !

Il soupire :

– Certains pensent qu'en agissant de la sorte je prive de travail la population. Ils croient encore à la sportule[39], alors qu'à Rome, les distributions de blé sont depuis longtemps gratuites, pour subvenir aux besoins de tous et sauver de la ruine les chefs de *gens*[40] ! Mais arrêtons cette conversation, regarde plutôt Napolis qui apparaît là-bas. Qu'en dis-tu, n'est-ce pas une vision d'enchantement ?

La ville baigne dans les eaux brillantes de la mer, encadrée des îles d'Ischia et de Capri. On distingue sur cette dernière de nombreuses villae de grande taille. Marius a suivi le regard du peintre.

– Capri, l'île de Tibère, dit-il. Il y a vécu dix ans et s'est fait construire une douzaine de villae. Tu vois, tu ne viens pas dans une région isolée. Les plus grands s'y sont installés. Tu es un peintre chanceux, Labius. Marcus Luccius aurait pu te prier d'aller en Gaule ou en Germanie ! Làbas, tu n'aurais pas connu le même plaisir des yeux.

Tout l'attrait de Napolis tient à sa situation idéale. Et Labius découvre soudain une atmosphère qui le change de tout ce qu'il a connu auparavant. Les habitants sont insouciants, comme dégagés de contraintes et de soucis. Les matrones, suivies de leurs esclaves, s'apostrophent joyeusement d'un trottoir à l'autre, tandis que les hommes discutent, assis devant les thermopolia, un verre de *gustaticium*[41] à la main. On se sent bien, et même le cocher de Marcus Luccius laisse voir sa satisfaction.

– N'as-tu pas envie de t'arrêter, Marius Rufus ? demande le peintre.

Il se sent gagné par cette ambiance insouciante.

– Je n'ai guère le temps, répond-il. Mais je serai heureux de boire encore à ton succès en Campanie. Plus loin, je connais un thermopolium qui vend d'excellents anchois à la saumure. Il a aussi un petit vin que tu devrais apprécier.

Les rhedae se frayent avec difficulté un chemin dans la foule bigarrée. Les mulets sont nerveux.

– Je ne pourrai jamais m'arrêter dans des artères si étroites. Je bloquerai le passage, dit le cocher de Labius. Je vais poursuivre jusqu'à la sortie de la ville. Il doit bien y avoir une auberge là-bas où je pourrai t'attendre.

– Il serait bon que nos chariots ne se séparent pas. Octavia connaît les lieux. Elle vous emmènera à la sortie de la ville.

Octavia manifeste son accord par un geste de la main et les deux hommes les laissent continuer.

Marius entraîne alors Labius dans une ruelle si étroite que les derniers étages des insulae se touchent. Ils reçoivent des gouttes d'eau du linge encore trempé qui pend entre les façades et aux fenêtres. Au rez-de-chaussée d'une insula se trouve le fameux thermopolium, tenu par un affranchi. Les anchois sont excellents. Labius prend aussi des poulpes frits et quelques beignets. Il laisse à Marius le soin de choisir le vin. Son Tivoli l'a suffisamment convaincu hier soir pour qu'il lui accorde entière confiance. Le duumvir se décide pour un Velletri, que l'affranchi puise d'un cratère[42]. Il est frais et son goût prononcé les ragaillardit.

– Je suis séduit par cette ambiance si particulière, avoue le peintre. Il me tarde d'arriver à Pompéi.

– Pompéi n'a plus grand-chose à voir avec Napolis, depuis les événements, le prévient Marius. Le peuple a gardé sa joie de vivre mais le décor n'y est plus. Il faut te préparer à une première vision peu encourageante de notre cité. Ensuite... Ensuite tu t'amuseras...

Une expression curieuse a envahi ses traits. Le peintre le regarde, intrigué :

– M'amuser ?

– Entre ceux qui préconisent d'étranges cultes comme solution à nos malheurs et ceux qui leur trouvent des explications naturelles, il y a matière à rire... ou à pleurer, répond Marius, mystérieux.

– Tu me présentes là un bien curieux tableau de ta cité, remarque Labius.

– Tu as raison, je plaisantais. Si tu aimes Napolis, tu aimeras la Campanie. Et tu seras un homme heureux à Pompéi. Allez, viens ! Il nous faut continuer. Mon intendant m'attend sûrement.

Labius suit Marius dans la rue. Il est songeur.

– Tes propos m'étonnent, dit-il enfin. Tu évoques une ambiance étrange pour une petite ville de province.

– Il n'y a pas d'atmosphère particulière dans ma ville, réplique Marius d'un ton presque cassant. Et ce n'est pas une si petite ville que cela. Certains comportements prêtent à la confusion, c'est tout. Ils sont isolés et tu apprendras très vite à en sourire comme moi je le fais.

Le peintre n'insiste pas.

Les rhedae attendent à la sortie de la ville, comme convenu. Le cocher de Marcus s'est rafraîchi le gosier en compagnie des autres cochers. Et son air réjoui en dit long sur le nombre de coupes qu'ils ont partagées. Allongée sous un palmier, Octavia se laisse éventer par une esclave attentive.

– Vous voilà donc ! Je me demandais si vous ne réapparaîtriez jamais ! dit-elle. Je pensais profiter de cette halte pour prendre un bain, mais cette auberge n'a pas même de *sudatorium*[43] !

– La chaleur en fait office, ma chère. Mais l'endroit ne convient guère à ton bain. Tu te baigneras à la maison. Les esclaves ont dû tout préparer.

Ils reprennent la route dans la bonne humeur. Le vin du thermopolium n'y est pas étranger, en dépit des propos de Marius qui ont jeté le trouble dans l'esprit du peintre. Il aurait presque hâte d'arriver pour comprendre enfin le sujet de tant de mystères.

Herculanum est vite atteint. Le départ de Marius Rufus et son épouse, quelques milles plus loin, contrarie le peintre. Il les a trouvés sympathiques. Ils sont bien loin de la froideur de Marcus Luccius. Sans doute cette chaleur leur vient-elle de leurs attaches campaniennes. Ils le saluent eux aussi à regret.

– Nous restons quelques jours seulement à Herculanum, dit Marius. Nous nous reverrons bientôt.

– Peut-être que Labius accepterait de décorer aussi notre domus, suggère Octavia. Notre atrium est bien triste depuis que l'orage l'a dévasté. Je serais heureuse d'avoir de nouvelles fresques.

– C'est une excellente idée, mais nous n'allons pas inviter Labius chez nous alors qu'il est attendu ailleurs. Je n'ose imaginer la réaction de notre ami Vicario si nous lui empruntions « son » peintre avant lui.

– N'importe qui réagirait de la même manière. Je pensais plus tard, après le chantier de Vicario.

– Labius ne sera peut-être plus à Pompéi.

– Il sera temps de voir alors, répond le peintre.

– Soit. J'ai été très honorée de faire la connaissance d'un artiste tel que toi, Labius. Porte-toi bien à Pompéi.

Elle agite sa main baguée tandis que sa rheda reprend la route.

Marius lui a conseillé une auberge à Oplontis, dernier village avant Pompéi. Il aurait été heureux de le recevoir à Herculanum, mais Labius craint comme lui de froisser Suedius Vicario en s'attardant chez l'un de ses voisins. L'auberge lui paraît un lieu plus neutre.

Depuis qu'ils longent le littoral, le voyage a pris un attrait nouveau et magique. La proximité de la mer change leur état d'esprit. Même les mulets semblent marcher d'un meilleur pas. L'auberge est de petite taille en comparaison de celles où ils se sont arrêtés plus tôt. Mais sa vue plongeante sur la baie de Napolis compense largement sa modestie. Labius prend quelque nourriture froide à la taverne qu'il emporte sur la plage. Le cocher reste garder les bêtes. Le sable est encore chaud de soleil. Il s'allonge de tout son long, la tête appuyée sur son cucullus qu'il a roulé en guise d'oreiller. Une légère brise souffle des grains de sable sur son visage et il garde avec soin les paupières closes.

Le voici presque heureux de son sort, alors qu'il ne sait rien encore de son travail ni de son commanditaire. Il s'amuse de son impatience à arriver à présent à Pompéi et de rencontrer Vicario. Le peu que Marius lui en a dit suscite sa sympathie. Les hommes droits sont l'idéal de la société romaine. Il lui plaît de travailler pour de tels justes. Il se demande quels motifs lui plairont. Voudra-t-il suivre l'élan baroque dont l'empereur a lancé la mode avec les décorations de la Domus Transitoria ? D'après ce qu'il commence à savoir du personnage, il opte plutôt pour du classique : peinture de paysage pour agrandir son péristyle[44], victuailles appétissantes dans le triclinum[45].

La fatigue s'est emparée de lui. Demain, il sera arrivé. Demain, il pourra enfin se faire sa propre opinion de Pompéi.

II

Labius a un bref sentiment de panique avant de se rappeler où il se trouve : une petite auberge perdue sur les bords de la mer Tyrrhénienne. Il se lève rapidement et descend dans la taverne. La première heure s'achève et le soleil se montre juste supportable. Un toit de paille protège les consommateurs de l'ardeur des rayons. On lui sert du fromage de brebis et du lait. Il aurait aimé quelques fruits mais un client plus matinal les a tous mangés. Labius songe que l'intendance de l'auberge n'était pas à la hauteur de sa vue. Qu'importe, il s'en consolera avec ce pain blanc que la caupona vient de poser devant lui. Il a presque terminé quand le cocher surgit, l'haleine chargée d'alcool. Labius se réjouit de la fin proche du voyage. Il n'avait pas remarqué jusqu'à Napolis le penchant de son chauffeur pour les vins de l'empire.

Le cocher, cependant, ne semble guère affecté par ses libations. Il mange avec lenteur, mastiquant sans fin chaque morceau de pain et de fromage qu'il enfourne dans sa bouche édentée.

– Le fromage de Campanie me paraît plus fort que le nôtre, remarque-t-il.

– Peut-être. Son vin en tout cas semble te convenir.

– Le vin est très bon, c'est vrai, acquiesce-t-il sans relever le ton sarcastique.

Labius avise la caupona :

– Pompéi est-il loin d'ici ?

– Si tu pars maintenant, tu arriveras pour le prandium, lui répond-elle. Sauf si la route n'a pas été réparée.

– Réparée ?

– Il y a eu un éboulement qui oblige à un détour. Les terrassiers sont restés une semaine à Oplontis pour récupérer des matériaux de réfection. Ils doivent à présent avoir achevé la besogne.

Il n'y a plus qu'à l'espérer. Le peintre sort dans la cour attendre son cocher. L'agitation qui s'empare chaque matin de toutes les villes de l'empire a gagné aussi le petit village d'Oplontis. Les boutiquiers haranguent les clients, qui discutent avec véhémence les prix. Labius sourit. Où qu'il se soit trouvé ces dernières années, il a toujours retrouvé cette animation matinale qui s'empare des villes romaines, véritable marque de l'empire.

Le chemin qui mène à Pompéi quitte les bords de la mer pour s'enfoncer dans les terres. Privée de la petite brise propre au littoral, la chaleur s'alourdit. La circulation est déjà chargée. De nombreux plaustrum vont et viennent pour chercher le blé et l'emmener à l'abri. La moisson entraîne avec elle l'apparition d'un flot d'insectes qui parfois s'égarent à l'intérieur de la rheda. Labius se lève alors et tape entre ses mains dans l'espoir d'en écraser un. Le cocher, la tête enfouie dans sa pœunula, se retourne et lui demande avec rudesse de se rasseoir :

– Tes acrobaties troublent mes bêtes ! Ne bouge donc pas tant !

Enfin, Pompéi apparaît.

La ville danse à travers la chaleur déjà forte du matin. Elle dresse ses murs blancs et ocre autour d'un port bruissant du mouvement des bateaux. Sur les hauteurs, les taches claires des demeures construites à l'écart du centre ressortent parmi les vignes et les oliviers. Le tableau d'ensemble est charmant, bien que quelque chose d'inachevé heurte presque à l'instant l'œil de l'artiste. À mesure que la rheda s'en approche, son étrange sentiment se précise. À l'orée des premières maisons, il comprend enfin son malaise : *il n'y a plus de ville*. Une habitation sur deux est à l'état de ruine.

Et plus ils avancent, plus le désastre se précise. Ce n'est qu'amoncellement de pierres et de murs en ruine. Un temple consacré à Auguste Vivant ne conserve plus que sa niche dans laquelle une statue sans bras rappelle l'empereur sacré. Pas un seul édifice public ne semble avoir échappé à la terre en transe. Labius ne voit à perte de vue que des ruines, plus ou moins hautes. Les seuls bâtiments en activité sont les boutiques. Les rez-de-chaussée des belles maisons ont été restaurés en toute hâte pour les accueillir. En revanche, les étages suivants ne sont plus que des murs branlants, devant lesquels des filets ont été tirés pour retenir une mauvaise chute de pierres. Quelques maisons modestes sont déjà reconstruites. On reconnaît dans leurs façades irrégulières l'utilisation d'anciens matériaux. Sans doute sont-ils les restes de maisons détruites durant le tremblement de terre. Certaines toitures, fraîchement refaites, témoignent de cette récupération : des tuiles de couleur différente se chevauchent, créant ainsi un camaïeu d'ocre insolite mais non dénué de charme.

Cet aspect désolant se heurte à l'agitation des habitants qui vont et viennent comme des acteurs sur une scène de théâtre : l'aspect extérieur de leurs murs ne modifie en rien leur comportement. Ils agissent exactement comme les habitants de n'importe quelle ville romaine, *sauf que la leur est en ruine*. Les boutiquiers vantent leurs produits, les thermopolia font terrasse comble, les matrones discutent avec vivacité la marchandise, les colporteurs agitent leur crécelle. Et à quelques pas, un maçon reconstruit un mur, un couvreur achève une toiture... Ce mélange de vie et de désolation donne à la ville une atmosphère irréelle. Et les paroles de Marius reviennent à l'esprit de Labius : « Le peuple a gardé sa joie de vivre, mais sans le décor. »

– Par Mithra, je n'aurais jamais pensé que pareille chose fût possible, murmure le peintre.

Il sent la tentation du découragement s'emparer de lui.

– Tu dois être content, il y a là beaucoup de travail pour un peintre.

Le cocher a-t-il dit cela avec innocence ou pour se moquer ? Labius décide qu'il ne veut pas savoir.

– Il y a surtout beaucoup de travail pour les architectes et les maçons.

– Tout n'est pas démoli, remarque le cocher. Regarde ici, ce quartier semble avoir été préservé.

La rheda s'est en effet engagée dans une voie bordée de belles maisons patriciennes, rescapées incongrues du désastre. Mais en les regardant de plus près, toutes portent des séquelles : un porche abîmé, une façade de travers, une fenêtre déséquilibrée ou une statue mutilée. Le silence qui règne dans les rues désertes rend l'endroit mystérieux. Bien que résidentiel, ce quartier n'aurait pas dû être si tranquille. Labius comprend soudain d'où vient ce calme en avisant une fontaine dont le dieu Neptune ne crache plus d'eau. Il réalise alors qu'il n'a pas vu une fontaine en état de marche depuis leur entrée dans la ville. L'eau, omniprésente dans toute ville romaine, a déserté Pompéi.

Curieusement, ce sont les quartiers populaires que Labius et son compagnon viennent de traverser qui ont le mieux surmonté le désastre. Le calme presque morbide de ce coin résidentiel accentue encore l'état misérable de la ville. Au contraire, la vie qui s'échappe des ruelles commerçantes est synonyme d'espoir et de reconstruction.

La route débouche au centre de la ville, sur une large place où se dresse un grand temple de marbre, dédié aux Lares publics. Il est manifestement récent, et son éclat contraste avec le paysage environnant. Le sol en terre de la place porte encore les marques des pierres qui l'avaient pavée. Elles s'entassent maintenant en piles sur le côté, dans l'attente d'une prochaine évacuation. La disparition du pavement a favorisé l'apparition de profondes ornières qui rendent la circulation difficile. Les passants enjambent les trous sans trop de mal, mais les chevaux font des écarts. Les cochers rivalisent de ruse pour éviter qu'une roue de leur chariot ne soit prise au piège.

Marius avait dit que Suedius Vicario était un homme pieux, et qu'il saurait ramener les Pompéiens vers leurs dieux. De toute évidence, ce temple a été construit pour implorer la protection des Lares après la catastrophe.

– Sais-tu où nous devons aller ? demande le cocher.

– Je n'en ai pas la moindre idée. Suedius Vicario doit être à la curie[1], sans doute. Nous devrions la trouver non loin d'ici.

Ils passent devant un autre temple, tout aussi récent que le précédent. Il s'élève en l'honneur des Lares impériaux. « Vicario n'a pas perdu de temps », songe Labius. La rheda se fraye un chemin sans trop de difficultés parmi la foule bon enfant qui arpente les rues. Mais rien à l'horizon ne vient annoncer la curie ou un autre bâtiment municipal. Pourtant Labius comme le cocher savent à peu près où ils devraient la trouver. Les villes romaines se ressemblent et les bâtiments municipaux se trouvent souvent dans le centre. Mais les ruines éparses qui les entourent troublent leurs habitudes.

Labius saute à terre et se dirige vers un thermopolium. Plusieurs clients y sont attablés.

– *Ave.* Je cherche la curie. Quelqu'un pourrait-il m'aider ?

Un grand homme se lève, un sourire aux lèvres :

– La curie ? Tu peux la chercher longtemps ! Elle est tombée il y a deux ans !

Labius reste bouche bée. Un large éclat de rire accueille sa mine stupéfaite. Il se reprend :

– Alors où pourrai-je trouver Suedius Vicario ?

– Tu as peut-être une chance à la basilique[2]. Prends à droite après le croisement. Sinon, il doit être chez lui pour le prandium.

Le cocher suit les indications données, tandis que

Labius médite la nouvelle : la curie détruite ! En bon Romain, il ne peut imaginer une ville fonctionner sans curie. La disparition de ce bâtiment entraîne forcément à ses yeux la dissolution de la ville. Et pourtant Pompéi continue de vivre ! Il se sent dépassé par cette soif de vivre qui contraste si fort avec les décombres de la cité.

À l'exception d'une colonnade tombée à terre, la basilique ne semble pas avoir souffert du tremblement de terre. À cette heure-ci, l'affluence traditionnelle qu'elle draine s'est tarie. Et Labius n'est guère étonné de ne trouver personne à l'intérieur. Seul un esclave passe le balai. Il s'exprime avec difficulté, et Labius comprend tant bien que mal que la villa de Vicario est en dehors de la ville, sur la route de Salernum[3]. Il revient en soupirant auprès du cocher.

– Il est temps que j'arrive, mon estomac fait entendre sa complainte.

– Moi aussi. Si nous ne trouvons pas la villa de Vicario, je propose que nous nous arrêtions déjeuner quelque part.

– Cela me convient.

Par chance, la villa de Vicario est très repérable. Bien que nichée dans un épais bosquet d'arbres, sa masse claire attire aussitôt l'œil.

Deux esclaves se précipitent :

– Je suis le peintre Labius, de Rome. Est-ce que ton maître est là ?

– Le maître et la maîtresse sont là. Ils vont être heureux de te savoir arrivé. Suis-nous, répond le plus âgé des deux hommes. Ils sont tous les deux très noirs de peau et se ressemblent. « Sans doute des Nubiens, le père et le fils », songe Labius.

Il n'est pas mécontent d'être enfin arrivé. Les joies qu'il a ressenties à Napolis se sont évaporées avec la découverte de Pompéi. Son optimisme a besoin de repos pour renaître.

Ils traversent l'*atrium*[4] et le péristyle, jusqu'à l'*œcus*[5]. Les dimensions de la villa sont imposantes. On sent que vit là un notable d'importance. Seuls les murs bruts nuisent à l'impression de richesse que dégage le volume de la maison.

– Labius ! Te voilà enfin !

Un petit homme très mince, au crâne dégarni, se précipite. Il étreint Labius et le regarde avec satisfaction :

– Le temps m'a paru si long depuis que tu as donné ton accord. Je n'en pouvais plus de compter les jours et les nuits ! C'est un grand honneur pour ma famille et moi de te recevoir ici. Mais viens : tu dois être affamé. Je commençais justement le prandium.

Il l'entraîne jusqu'au triclinium d'été, orienté au nord pour la fraîcheur. Une brise légère rafraîchit l'air. Sur la table sont posées des saucisses dont le fumet excite l'appétit de Labius.

– J'avoue que ton offre est la bienvenue, dit-il, en salivant déjà.

– Prends place, dit Vicario en lui indiquant le *lectus summus*[6]. Lui-même s'était installé sur le *lectus medius*[7] et plongeait ses doigts dans le plat.

– Va, sers-toi. Je suis affamé tout comme toi, mais pas pour les mêmes raisons. La reconstruction de Pompéi me prend toutes mes forces. Alors il me faut manger le double pour poursuivre ma tâche.

La force de sa mastication laisse en effet imaginer l'ampleur de son appétit. Labius se sent à son aise et pioche une grosse saucisse dans le plat. Elle est chaude et dégoulinante de graisse. Un régal comme il n'en a pas connu depuis son départ de Rome. À l'exception de ce thermopolium où l'a entraîné Marius à Napolis.

En silence durant de longues minutes, les deux hommes savourent le plat en mastiquant longuement, afin de ne pas perdre une miette de leur plaisir. Quand le plat est presque vide, Vicario tape un coup bref dans ses mains.

Un esclave vient leur rincer les doigts avec une aiguière d'argent.

– Alors Labius, comment va mon ami Marcus Luccius ?

Labius se frotte les mains sous le filet d'eau que lui verse l'esclave. Au ton badin sur lequel est posée la question, il devine que Vicario ne sait rien encore de l'incendie de Rome.

– À l'heure où je l'ai quitté, il allait bien, répondit-il. Il marque un bref instant d'hésitation avant d'ajouter à contrecœur :

– Mais Rome a brûlé, depuis.

Vicario le regarde sans comprendre.

– Rome a brûlé ? Quelle est cette plaisanterie ?

– Ce n'est pas une plaisanterie. Sur mon chemin vers Pompéi, j'ai été dépassé par deux cavaliers du cursus. J'ai su ensuite qu'ils étaient porteurs de cette nouvelle.

Vicario se lève et arpente de long en large le triclinium. Quelque chose comme de l'exaltation s'est emparé de lui. Il se retourne vers le peintre.

– Ah ! c'est terrible, dit-il. (Mais sa voix ne trahit aucune émotion.) Te voilà porteur d'une abominable nouvelle. Si Rome brûle, tout l'empire brûle ! Qui se souciera encore d'une ville comme la nôtre après une telle catastrophe ? Personne bien sûr.

Son ton détaché étonne le peintre.

– Je me bats depuis si longtemps pour que la ville retrouve son visage d'avant, murmure Vicario. Quelles que soient les portes où je frappe, je me heurte toujours à l'indifférence. Tout le monde se moque de ce qui nous est arrivé. D'ailleurs, au lendemain du tremblement de terre, un message de l'empereur nous encourageait à quitter ces lieux maudits et à reconstruire ailleurs notre cité.

Il abat son poing sur la table et plante un regard farouche dans les yeux de Labius.

– Quand je pense que Tibère a accordé des subventions exceptionnelles pour aider à la reconstruction des douze villes d'Asie Mineure détruites par un tremblement de terre en l'an 770 [8] et en l'an 776 [9] ! Et Néron n'a pas donné un as pour Pompéi ! Pas un seul ! Alors que l'impératrice est née ici ! Comment expliquer cela ? Son seul geste a été de nous retirer l'interdiction de jeux prononcée à notre encontre par le Sénat romain [10] en l'an 812.

Labius regarde le rouge envahir les joues de son interlocuteur et monter jusqu'à son front. Brusquement Vicario apparaît plus retors, plus malin. Il en perd son côté bonhomme.

– Si Pompéi se relève de ses ruines, ce sera à moi seul qu'elle le devra, dit-il tranquillement. À mon équipe et à moi. C'est tout. Et que Rome brûle ou pas, cela n'y changera rien.

Il tape dans ses mains. Un esclave entre aussitôt, une corbeille de fruits dans les bras.

– Pose-les ici, ordonne-t-il.

Il se rassied et s'empare d'une cerise tandis qu'il retrouve peu à peu son calme.

– Tu t'es promené dans Pompéi ?

– Je ne savais pas où tu étais. J'ai pensé que je te trouverais à la curie. Mais on m'a dit qu'elle s'était écroulée.

– Eh oui ! Tout comme le Capitole et le Grand Théâtre. Nous avons beaucoup de ruines ici, ajoute-t-il avec un humour triste.

Il croque sa cerise.

– Comment as-tu trouvé la ville ?

– Je l'ai trouvée... en reconstruction. N'est-ce pas d'ailleurs ce qu'elle est ?

– Tu es sous le choc, n'est-ce pas ? Pourtant tu n'as pas connu le pire, lorsque la terre a cessé de trembler et qu'il a fallu constater les dégâts. Les gens erraient comme des fous dans ce qui restait de rues. Ils recherchaient leurs proches disparus, ou bien tentaient de reconnaître leur maison dans l'amas de pierres qui se trouvait devant eux. Nous avons eu beaucoup de morts. Les animaux n'ont pas été épargnés : un troupeau de six cents moutons a été décimé. Le propriétaire est ruiné... comme de nombreux autres, d'ailleurs. Tout ce qui faisait notre richesse a disparu en quelques instants. C'est une impression terrible, sais-tu, de se retrouver sans rien d'un seul coup.

Labius écoute sans mot dire. Il a pris une grenade qu'il savoure lentement. Il songe qu'au milieu de telles misères Suedius Vicario a eu de la chance de conserver assez d'argent pour se faire construire une si belle maison. Il admire aussi la vitalité que dégage ce petit homme maigre. Elle n'est pas superflue pour le travail qui l'attend. Les Pompéiens ne se sont pas trompés en le choisissant pour régler leurs problèmes.

– Je vais te montrer ta chambre. J'espère que tu en seras satisfait.

– Il faudra que tu me dises ce que tu veux comme peinture.

– Bien sûr, mais nous avons le temps. Repose-toi d'abord. Tu excuseras le bruit des travaux que tu entends. Les ouvriers sont en train d'achever la *piscina* [11]. La maison sera ensuite terminée. Il n'y aura plus que tes peintures pour donner la touche finale.

– Tu as perdu ton ancienne maison dans le tremblement de terre ?

Vicario a un drôle de rire :

– Oui et non. Disons que j'ai surtout perdu l'envie d'y habiter. Par une chance étonnante, ma maison est l'une de celles que l'on peut encore voir dans le centre de Pompéi. Mais mon épouse n'a jamais voulu y retourner. Nous avons récupéré les meubles et la vaisselle. Et nous avons abandonné le reste, comme s'il était maudit. Puis nous avons reconstruit ici, sur ce terrain qui m'appartenait. Quant à ma maison, je l'ai louée à une foulerie.

Il marque un bref silence, avant de reprendre d'une voix ironique :

– Ce doit être la foulerie la plus luxueuse de Pompéi. D'ailleurs toutes les fouleries de Pompéi sont maintenant installées dans d'anciennes maisons de patriciens qui, comme moi, n'ont pas voulu réintégrer leur demeure.

Quelquefois, j'imagine les ouvriers en train de fouler leurs tissus devant mes fresques, et cela me fait rire. Quelle ironie du sort ! Je suis là, dans une maison aux murs blancs, tandis qu'à quelques pas de moi, les fresques de mon ancienne maison égayent des ouvriers qui n'en ont que faire !

Tout en parlant, ils sont arrivés à la chambre de Labius. Elle ouvre sur un patio, séparé du jardin par un portique. Le peintre est frappé par les nombreux lauriers-roses qui poussent en bosquets contre les murs de la maison.

– Tu n'as rien vu encore ! Le plus spectaculaire reste le jardin. C'est ma femme qui s'en occupe. C'est son passe-temps, explique Vicario. Nous n'avions pas fait les plans qu'elle plantait déjà le jardin ! La maison s'est ensuite articulée autour de ce qu'elle avait imaginé. L'architecte a créé une villa très différente de ce que nous avions : de larges fenêtres qui ouvrent sur le jardin ou des patios. C'est pourquoi ma femme ne cesse de planter, pour que nos patios embaument en toute saison.

Il entraîne Labius au-delà du portique. Le peintre est saisi par la magnificence du lieu. Un jardinier de génie a sculpté dans les ifs une flotte entière de trirèmes [12], fanion flottant au vent. Les animaux ne sont pas en reste, taillés dans un bestiaire d'ifs que surplombe une charmille de roses au puissant parfum. Une pelouse d'un vert étonnamment frais accueille deux statues de nymphes charmantes. La vue est splendide. La mer s'étale, étincelant des mille feux qu'allume le soleil à sa surface. On ressent à la fois un sentiment de paix et de jouissance. Labius en reste muet. Vicario ne parle plus non plus. Les deux hommes se laissent happer par la beauté du paysage. Seules les cigales continuent leur chant grinçant avec obstination.

– Ce paysage est magnifique, dit enfin Labius, comme sortant d'un long rêve.

– Les dieux ont comblé de bienfaits cette région, approuve Vicario. Elle est d'une richesse immense. Seules les secousses régulières de la terre [13] nous rappellent que nous sommes à la merci de sa colère. Mais rien ne pouvait laisser présager la catastrophe que nous avons connue. Cela reste un mystère. Il fait si beau ici que les Pompéiens en ont peut-être oublié l'existence de leurs dieux.

Sa voix baisse brusquement :

– Ou peut-être ont-ils négligé certains cultes. On croit bien faire parfois, mais l'on se trompe. Il faut écouter sa voix intérieure. Elle vaut souvent tous les oracles.

Labius le contemple, perplexe.

– J'ai remarqué des temples fraîchement reconstruits.

– Nous avons élevé des temples en hommage aux Lares, pour calmer leur colère et implorer leur clémence. Un ami [14] a même reconstruit à ses propres frais le temple d'Isis. Le peuple espère qu'ainsi les dieux voudront bien lui accorder sa protection et lui éviter une nouvelle catastrophe.

– Suedius ?

Les deux hommes se retournent dans un même mouvement. Une jolie femme se tient à l'entrée du jardin.

– Ah, Marcia ! Je faisais justement les honneurs de ton jardin à notre invité. Labius, je te présente ma femme, Marcia.

Marcia est beaucoup plus jeune que Vicario. Elle salue le peintre avec respect.

– Ce jardin est très beau, dit Labius. Les couleurs sont très variées. J'ai peine à croire qu'il n'a que deux ans.

– Oh ! mais il est bien plus vieux, dit-elle. Tu ne lui as donc pas dit, Vicario ? Ce jardin appartenait à des gens qui sont morts durant le tremblement de terre. Vicario a racheté le terrain aux héritiers. Nous avons construit notre maison avec les pierres de celle qui s'élevait là avant. Elle était trop laide.

Labius imagine la destruction de l'ancienne maison alors que la ville entière est en ruines. Il est étonné par l'audace des Vicarii. Car il en faut pour oser détruire une des seules maisons qui ont tenu durant le séisme.

– Marcia, ma chère, Labius va se reposer un peu de son

voyage, dit Vicario. Nous partirons ensuite ensemble en ville. Je voudrais organiser une cena de fête en son honneur demain soir. Crois-tu que cela soit possible ?

– Mais bien sûr. Je vais tout de suite envoyer un esclave porter les invitations. Puis avec un sourire radieux à l'intention de Labius : Nous sommes si heureux de t'avoir parmi nous. Cela réjouit toute la maison. Je ne sais comment te remercier d'avoir accepté l'offre de mon époux.

Labius s'incline. Tant de déférence le comble. Vicario et Marcia s'éclipsent, tandis qu'il va s'allonger sur sa couche. Un esclave vient déposer ses bagages. Il lui transmet un message du cocher. Ce dernier annonce qu'il repart le lendemain à l'aube pour Rome. Labius a-t-il un message à lui donner ? Le peintre n'a rien à dire, sinon qu'il lui souhaite une bonne route. L'esclave se retire.

De sa première journée à Pompéi, Labius se souvient surtout de sa visite à l'atelier de peinture de la ville. L'homme qui le dirige, un certain Clefus, a bonne réputation. Son atelier se situe au fond d'une impasse calme, bordée de lauriers. Le sol est encombré d'amphores pleines de pigments. Visiblement très honoré de la présence de Labius, Clefus lui fait visiter l'atelier et lui présente les six peintres qu'il emploie. Chacun a sa spécialité. L'un prépare les fonds, l'autre peint les trompe-l'œil, le troisième excelle dans les végétaux. Labius veut voir un exemple du travail de chacun. Il est surpris de la qualité de leur peinture. Le choix des pigments lui semble en particulier très étudié. Il remarque une étonnante palette de rouges dont l'un l'intéresse particulièrement. Clefus l'obtient avec de l'oxyde de fer. Deux autres rouges, d'une luminosité exceptionnelle, se fabriquent à base de sinope et d'ocre brûlé. Voyant l'intérêt de Labius pour cette couleur, Clefus lui présente un quatrième échantillon, très brillant. Celui-là s'obtient avec du minium[15]. Il donne un rouge vernis de toute beauté. Labius est fasciné. Il a déjà vu de belles teintes de rouge à Rome, mais rien qui ne soit aussi achevé que ce que Clefus lui présente aujourd'hui. À l'évidence, ce dernier maîtrise à la perfection la composition des couleurs.

Il reste longtemps dans l'atelier, concentré sur les différentes compositions que lui présente Clefus. Les deux hommes se sont vite reconnus comme les deux faces d'une même pièce. Leur complémentarité fera des merveilles, Labius en est certain. Les autres peintres se sont rassemblés autour d'eux et les écoutent discuter. Lorsque Labius prend enfin congé, l'accolade qu'il échange avec Clefus est bien plus profonde qu'à son entrée une heure plus tôt. Il craignait de trouver des débutants, ou, pire encore, des professionnels médiocres imbus d'eux-mêmes. Il découvre au contraire des artisans épris de leur art, des hommes qui maîtrisent parfaitement leur technique.

La table dressée sur les indications de Marcia brille des feux de l'argenterie frottée à neuf. Les esclaves ont disposé des gerbes de fleurs de chaque côté, et jeté quelques rameaux d'olivier sur la table elle-même. Quatre chandelles de suif et une importante lampe à huile éclairent la pièce d'une douce lumière. Dans un coin, une collection de pièces anciennes brille faiblement dans un écrin de cuir fauve. Le soleil vient de disparaître à l'horizon, sonnant ainsi l'heure de se mettre à table[16]. Vicario a un sourire approbateur à l'intention de son épouse lorsqu'il fait entrer ses invités dans le triclinium. Ils sont sept, choisis parmi les hommes les plus importants de Pompéi. Vicario veut à la fois honorer ses hôtes par la présence de Labius, et satisfaire la vanité de celui-ci par l'hommage de ces notables. Parmi eux, le peintre retrouve avec joie son compagnon de voyage, le duumvir Marius Rufus.

– Je reconnais la main de Marcia dans cette belle table ! s'exclame ce dernier.

– La décoration est à chaque fois plus somptueuse, approuve Holconius Priscus.

Holconius Priscus est l'autre duumvir de la ville. Plus âgé, il paraît effacé aux côtés de Marius, manifestement l'homme fort de la nouvelle équipe.

Vicario les fait allonger à sa droite et met Labius entre eux. En face, il installe Fabius Eupor, le responsable de la communauté juive de Pompéi, et Paulus Vibius, un riche producteur de vin issu de l'une des plus anciennes familles samnites de la région. Le banquier Caecilius Jucundus se glisse à leurs côtés, tandis que les deux autres convives, des hommes d'affaires, s'installent sur le lectus medius, près de Vicario.

– Avant toute chose, buvons à la santé de Labius, dit le maître de maison.

Tous lèvent leur cyathe[17] et vident d'un coup son contenu.

– Ah, Suedius ! Tu nous as choisi un bon vin ! s'exclame le banquier. Je parierai pour du Falerne de l'année du consul Jutus[18].

– Je vous sers la dernière amphore ce soir. Après il faudra passer à plus récent.

Deux esclaves déposent sur la table des plats de friandises salées et un saladier d'œufs de poissons.

– Alors Labius, que penses-tu de notre ville ? demande Holconius Priscus, la bouche pleine.

– Je suis sous le charme, répond évasivement le peintre.

– Labius est surtout sous le choc de l'état de notre pauvre cité, corrige Vicario.

– Bientôt, intervient avec assurance Marius Rufus, tout cela ne sera plus qu'un vilain souvenir. Car avec Holconius, nous allons rebâtir Pompéi plus belle qu'elle n'a jamais été. N'est-ce pas, mes amis ?

– Évidemment !

Ils trinquent à nouveau, à l'exception de Vicario.

– Tu remarqueras, mon cher, que je ne t'ai pas attendu pour commencer, dit-il avec désinvolture.

Le silence qui suit est pesant. Le banquier le rompt :

– J'ai eu des nouvelles de Rome tout à l'heure. La ville brûle encore, paraît-il. Deux tiers sont déjà partis en fumée. Le palais de Néron, sa Domus Transitoria, n'est plus qu'un tas de cendres, ainsi que tous les palais impériaux du Palatin. Il n'y a que quatre régions préservées sur les quatorze de notre cité impériale.

– C'est affreux, murmure le peintre.

– C'est affreux, il est vrai, reconnaît le banquier. Mais je suis certain que Néron saura reconstruire Rome.

– Si ce n'est pas lui qui l'a incendiée ! rétorque Fabius Eupor.

Cette remarque, proférée d'un ton tranquille, ne provoque pas le même tollé qu'à l'auberge.

Vicario hausse seulement les épaules :

– L'empereur n'était pas dans la cité : il se trouvait à Antium dont il revint avec précipitation. On le dit bouleversé.

Il se tourne vers Marcia, qui se tient assise sans rien dire sur le bout du lit de son époux.

– Alors, ma chère, que nous as-tu concocté pour la suite de notre repas ?

– Une venaison comme tu les aimes, Suedius, répond-elle, un sourire malicieux aux lèvres.

Elle fait un signe de la main. Aussitôt trois esclaves entrent, portant avec précaution un énorme plat sur lequel reposent dans un jus encore bouillonnant trois cuissots de chevreuil. Ils sont dorés et brillants de graisse. Leur seul aspect donne l'eau à la bouche.

– À toi l'honneur ! Labius, dit Vicario.

Le peintre ne se fait pas prier. Il tend la main et s'empare d'un des morceaux que le cuisinier a prédécoupés dans sa cuisine. La contexture molle de la viande l'étonne. Le regard rieur de Marcia ne le quitte pas. Il goûte, et ses yeux s'écarquillent :

– Mais... c'est du poisson !

– Du mulet au garum déguisé en venaison ! s'exclame-t-elle. N'est-ce pas merveilleusement drôle ?

Tous les convives l'applaudissent avec chaleur. Chacun connaît cette mode gastronomique qui consiste à changer l'aspect d'un plat, mais nul n'a encore eu loisir de l'essayer, à l'exception du peintre.

– Je rends hommage à ton imagination, Marcia, dit Labius. Tu rivalises avec les meilleures maîtresses de maison de Rome. J'avais déjà mangé du porc à l'allure de volaille, mais jamais je ne me suis autant laissé tromper par cette venaison de mer !

Ce plat spectaculaire redonne de la gaieté au dîner. On évoque Pompéi et tous les problèmes qui l'assaillent. Fabius Eupor se lèche les doigts avec soin, il ne veut rien perdre de son poisson.

– L'eau est certainement notre souci majeur, dit Caecilius Jucundus à Labius. Tout le système hydraulique a été endommagé.

– L'aqueduc est très abîmé, certes, reconnaît Vicario. Il nous reste heureusement les puits. Et puis les travaux ont commencé. Nous avons voté la restauration des colonnes élévatrices de chaque quartier. Deux quartiers sont déjà terminés.

– Avez-vous noté à quelle vitesse le petit peuple a rebâti ses maisons et ses boutiques ? remarque Paulus Vibius.

– Plus vite que nous, il est vrai ! dit Holconius Priscus. Je reconnais volontiers que j'ai d'abord pensé à restaurer le bas de ma maison afin de le louer et de retrouver un certain revenu. Maintenant, je peux envisager de reconstruire les étages.

– Il n'y a que Vicario pour avoir fait construire si vite, buvons à sa santé ! s'exclame le banquier.

Personne ne porte de coupe à ses lèvres. Un silence flotte dans la pièce. Labius se demande si tous les convives pensent comme lui à l'ancienne maison qui se dressait là, et dont les pierres intactes ont servi à l'édification du palais de Vicario.

– C'est vrai, dit Vicario, rompant le malaise. Marcia et moi n'avons pas voulu attendre. D'autres nous ont suivis depuis. Tous nous avons eu le même raisonnement : quitter le centre pour nous installer en périphérie.

– Tant que tu t'installes sur un terrain t'appartenant, tout va bien, renchérit aussitôt le banquier. Le problème, ce sont ceux qui t'ont imité et qui construisent délibérément sur des terrains appartenant à la ville. Et nous en connaissons beaucoup qui agissent ainsi.

– Comment cela est-il possible ? demande Labius.

Marius Rufus soupire :

– Le *tabularium*[19] a été entièrement détruit. Alors les gens en profitent. Et sans archives, il nous est impossible de prouver que les terrains appartiennent à la ville. Certaines fermes ne paient plus leur loyer, arguant qu'elles ne doivent rien à Pompéi, alors que nous savons tous qu'elles sont la propriété de la colonie.

– C'est un vrai casse-tête, dit Vicario. Pompéi n'a déjà pas beaucoup d'argent, mais de surcroît, elle n'en gagne plus. À la longue, le problème va devenir crucial. Car quoique investi d'une grande autorité, je n'arrive pas à démêler les fils de cet écheveau. Il y a tant à faire que pendant que nous nous occupons d'une chose, les gens en profitent pour s'emparer d'un bien de la colonie.

– Beau sens civique ! conclut Paulus Vetius.

Il ne reste plus que des miettes de mulet dans le plat. Un esclave le retire et le remplace par une murène rôtie à la face grimaçante.

– Qu'allons-nous découvrir cette fois-ci, Marcia, un poulet ? Une fricassée de grives ? Un porc au miel ? plaisante Paulus Vibius.

– Il n'y a pas de surprise cette fois-ci. Il s'agit vraiment d'une murène, apprêtée selon une recette secrète, répond-elle.

Elle sourit toujours et Labius se demande si elle sait se fâcher quelquefois. Il se sert avec générosité de poisson, curieux de goûter à ce qu'il sait être un mets de choix.

C'est effectivement délicieux, en dépit de l'aspect repoussant de la bête. Marcia lui fait passer des légumes coupés en petits morceaux, aspergés de citron. Il se régale.

– Néron va maintenant être confronté aux mêmes problèmes que nous, mais à une échelle dix fois supérieure, lâche Holconius.

– Oui, et avec des moyens dix fois supérieurs ! répond Marius Rufus. La situation n'est pas comparable. Rome sera reconstruite avant même que nous ayons terminé Pompéi. Il a des moyens que nous n'avons pas. Et Rome est une ville sacrée. Qu'est-ce que Pompéi au regard d'une cité telle que Rome ?

– Il faudra pourtant bien reconstruire, et reconstruire vite, dit Fabius Eupor.

La rareté de ses interventions crée aussitôt le silence, et chacun l'écoute avec curiosité.

– Je suis étonné que pas l'un d'entre vous n'évoque ces graffitis contre Rome qui recouvrent nos murs, poursuit-il. Ils ne me disent pourtant rien de bon.

Labius voit que le juif a abordé un sujet sensible à la gêne qui accueille sa question. Vicario est le premier à réagir.

– Je suis heureux que tu parles de cela, dit-il. Ces graffitis m'inquiètent beaucoup. Ils témoignent d'un état d'esprit rebelle, qui met en cause l'ordre de la ville et, pourquoi pas, de l'empire.

– Des graffitis, on en trouve sur tous nos murs, remarque Marius. Messages d'amour, messages politiques, injures.

– Et propagande subversive, assène Fabius Eupor.

– Ce sont des blagues de jeunes hommes qui s'exercent sur nos murs, répond Marius. Des jeunes qui sont à l'école du rhéteur[20] et qui aiguisent leur style par des graffitis.

– Ce n'est pas ainsi que je vois les choses, rétorque Vicario. Je pense au contraire que ces messages sont dangereux pour la cohésion de la colonie. J'en veux pour exemple les récents meurtres que nous avons constatés.

– Ces meurtres n'ont rien à voir, proteste Marius. Ces graffitis sont des plaisanteries, un point c'est tout.

– J'aimerais les trouver aussi drôles que toi, dit Fabius Eupor. Mais j'avoue ne pas y arriver.

Labius s'attend que quelqu'un lui explique ce que sont ces messages et ces meurtres. Mais personne ne croit bon de l'informer. Le sujet semble épineux.

– J'avais entendu parler de ces morts, dit Paulus Vibius. Est-il prouvé qu'ils ont un lien avec ces messages ?

Marius va répondre mais Vicario est plus rapide :

– Aucun graffiti ne revendique ces meurtres. Mais leur apparition sur nos murs coïncide avec le premier assassinat. Nous savons tous qu'il y a au sein de notre cité des gens à la pensée audacieuse. Ils sont parfois manipulés par des gens redoutables. Notre devoir est de les surveiller.

– Ton raisonnement est tout aussi audacieux, réplique Marius. Les gens auxquels tu fais allusion se piquent de recherche scientifique, et non pas de rébellion. Cela suffit à les innocenter. Il faut plutôt chercher du côté des déçus de Rome, ceux qui n'acceptent pas le désintérêt de l'empereur pour notre sort.

– Ils sont nombreux à ne pas comprendre l'attitude de Néron, dit Fabius Eupor.

– Est-ce une raison suffisante pour tuer ? interroge Vicario. Non, je ne le pense pas.

– Tu réponds donc toi-même à l'hypothèse que tu soulevais : ceux qui écrivent les graffitis ne peuvent être les auteurs de ces crimes, dit Marius.

– Mon hypothèse est tout autre, réplique le magistrat. Cette campagne ne serait-elle pas le fruit d'esprits agités par des théories nouvelles ?

– Et entreprendre des recherches sur l'origine du tremblement de terre entre, bien sûr, dans ces théories nouvelles, réplique Marius, ironique.

Vicario secoue la tête, désolé.

– Les liens trop étroits qui t'ont uni à Romula Popidia ne te rendent pas objectif, déplore-t-il.

Le silence se fait à nouveau, tandis que l'ombre d'une femme plane sur les convives. Le visage de Marius s'est renfrogné. Interloqué, Labius renonce à comprendre. À Rome, les agressions émaillent la vie quotidienne et l'on n'y prête guère attention. Lui-même n'en a jamais été victime. Il trouve plutôt cocasse l'idée d'être agressé dans une bourgade de province, quand il ne lui est jamais rien arrivé dans la capitale de l'empire.

– J'aimerais que tu nous expliques alors la présence de cet as [21] dans la bouche de chacune des victimes, dit Marius.

Et comme Fabius Eupor s'étonne, Vicario explique :

– Toutes les victimes avaient un as dans la bouche. Un as à l'effigie de Néron. Comme si les victimes payaient leur appartenance à l'empire romain.

Plusieurs esclaves entrent, porteurs d'une aiguière d'eau et d'un linge propre. Ils versent l'eau sur les mains des convives et les essuient. L'esclave qui a accueilli Labius deux jours auparavant paraît, chargé de nouvelles chandelles de suif. Il souffle celles qui se consument sur la table et les remplace. Puis il vérifie la lampe à huile, et en ajoute deux nouvelles qu'il accroche sur le mur. La nuit est maintenant noire, et les lueurs tremblotantes des bougies créent des ombres démesurées qui transforment le triclinium en un théâtre mystérieux. Les visages blancs des invités ressortent, étrangement pâles.

Marcia s'est éclipsée pour s'occuper de la suite du repas. Des paniers de fruits arrivent bientôt : des figues, des prunes, des pêches et des grenades. Chacun pioche avec bonheur.

Les esclaves apportent d'autres amphores de vin. Le banquier s'en empare et se sert largement.

– Qui me suit ? demande-t-il à la cantonade.

Tous les cyathes se lèvent en réponse.

– Eh bien Jucundus, tu t'es désigné toi-même comme maître du repas [22] ! s'exclame Vicario. À toi de transformer le festin de Marcia en apothéose : sois un maître de repas digne de son menu.

– Je relève le défi. Buvons à la santé de Marcia et de son délicieux dîner.

Labius suit avec empressement le mouvement général. On le sert une fois, deux fois, puis il ne se souvient plus très bien. Le vin coule à flots : tous les crus locaux, tivoli, frascati, velletri, massique, se succèdent. Certains se sont levés et déclament d'une voix pâteuse des vers d'Homère. Le banquier Caecilius Jucundus mime des scènes de Plaute avec Holconius Priscus, et Marius Rufus chante d'une voix éraillée un hymne d'amour à une belle inconnue. Le très sérieux Fabius Eupor a préféré s'éclipser, arguant de ses responsabilités religieuses pour ne pas suivre les libations de ses voisins. Bien que sentant la terre tourner autour de lui, Labius ne veut pas quitter la fête. Sous les effets de l'alcool, Pompéi revêt un charme qu'il n'a pas décelé auparavant. Ses habitants bon vivants lui plaisent. Et c'est en s'appuyant sur deux esclaves qu'il rejoint enfin sa couche.

Suedius Vicario est debout de bonne heure. Sa solide constitution a éliminé dans la nuit les vapeurs de vin et le trop de bonne chère. Seul le chant des cigales lui donne un léger mal de tête par son insistance. Ce matin, il doit siéger à la basilique. Il verra sans doute défiler les classiques affaires de terre usurpée et des chamailleries entre voisins. Depuis le tremblement de terre, les disputes sont plus nombreuses. Il y a bon nombre de Pompéiens envieux de la richesse de ceux qui ont tiré profit de la catastrophe. Les fouleries sont ainsi en permanence prises à partie par leurs voisins immédiats. Autrefois installées en périphérie, elles ont envahi le centre-ville en louant les grandes demeures désertées par les patriciens. L'odeur âcre de l'urine qu'elles utilisent dans le traitement des tissus dérange certains qui viennent se plaindre avec régularité auprès des représentants de l'autorité municipale.

Lorsqu'il pénètre dans la basilique, Vicario reconnaît tout de suite les protagonistes en place : le foulon Veranius Hypsaeus[23] et le commerçant Couessinus. Chacun a ses témoins de bonne foi. Vicario sait déjà ce qu'il va entendre. Le second va vilipender les odeurs du premier, et celui-ci se défendra en invoquant la liberté de commerce. Marius Rufus est déjà là, la tête fraîche et reposée.

Il salue Vicario et, avec un sourire en coin :

– Nous allons avoir un nouvel épisode de la guerre Hypsaeus contre Couessinus.

Vicario soupire :

– Je crois que je connais déjà la teneur des propos de la défense et de l'accusation.

– Bien sûr. C'est devenu un jeu. Ils ne se renouvellent pas beaucoup. En revanche, je promets une belle surprise à Couessinus.

Vicario se demande ce que Marius entend par ces mots sibyllins. Il n'a guère le temps d'y penser davantage car sitôt sa présence remarquée, le débat commence. Il est sans surprise, les arguments sont traditionnels et les témoignages désormais bien connus. La surprise vient de Marius Rufus. Lorsque les deux hommes achèvent leurs explications, le duumvir regarde Couessinus avec ironie.

– Je ne nie pas l'odeur que provoquent les activités d'Hypsaeus. Mais je me demande si tu ne fais pas de cette histoire une affaire personnelle, sachant les liens de famille qui t'unissent malgré toi à Hypsaeus. (Il saisit une tablette.) Devant la régularité de tes plaintes auprès des autorités municipales, et après vérification des nuisances supposées, nous avons mené une enquête. Ta petite-fille a ainsi épousé le neveu d'Hypsaeus, contre le gré de ta famille. Depuis, tu poursuis de ta haine Hypsaeus qui a eu le tort d'approuver cette union.

Couessinus serre les lèvres, furibond.

– Nous te rappelons, Couessinus, que nous ne sommes

pas là pour régler tes affaires de famille, sauf si tu nous le demandes expressément. Dans le cas précis de l'affaire qui t'oppose à Hypsaeus, nous t'encourageons à plus de tolérance et nous demandons à la foulerie de fermer ses fenêtres lors des phases les plus odorantes du foulage. Affaire suivante !

Les patriciens qui siègent aux côtés de Marius ne cachent pas leur satisfaction. Ils s'étaient lassés de voir revenir chaque semaine Couessinus et ses histoires de foulerie.

Un grand tumulte s'élève alors à l'entrée de la basilique. La foule s'écarte pour laisser passer un homme au visage ensanglanté.

– Regarde ce que m'a fait le barbier, hurle-t-il.

Il écarte la main qu'il tient sur son nez et tous voient une large et profonde entaille. Elle saigne abondamment.

– Que quelqu'un apporte un linge pour essuyer ce malheureux, dit Marius Rufus. Et surtout que l'on appelle le médecin. Puis, s'adressant à l'homme : Qui t'a rasé de si près ?

– C'est Riantus. Des amis l'amènent car il s'est évanoui.

Vicario se retient de ne pas rire. La situation y prête : le barbier s'évanouit d'horreur pendant que son blessé va porter plainte !

La foule s'est écartée à nouveau et l'auteur du massacre apparaît, encadré de deux solides gaillards.

– Eh bien, Riantus, ta main a dérapé une fois de plus, observe Marius Rufus. C'est à croire que la loi[24] concernant ta profession a été écrite pour toi. Le médecin est-il arrivé ?

Personne ne bouge dans la foule.

– Nous allons donc devoir attendre sa venue pour estimer cette blessure, conclut Marius.

Il se penche vers Vicario :

– Le médecin Pachrios ne doit-il pas se tenir à notre disposition durant les heures d'audition ? chuchote-t-il. Il retarde tout.

Vicario hausse les épaules en signe d'impuissance.

– Sans doute a-t-il été appelé ailleurs, répond-il sur le même ton.

À cet instant, un homme sort de la foule, haletant. Il semble en proie à une violente émotion. Il porte une trousse de cuir à la main.

– Ha ! Pachrios, s'écrie avec soulagement Marius. Nous ne t'espérions plus ! Nous sommes une fois de plus réunis pour constater les méfaits de Paulus Riantus. Dis-nous ce que tu en penses.

Le blessé se laisse examiner en gémissant. Le linge qu'on lui a fourni est déjà sale. Une femme – sans doute la sienne, que l'on a dû prévenir – lui en tend un autre.

– L'entaille est profonde. Elle a entamé l'os du nez, constate le médecin.

– Le nez est-il cassé ? demande Vicario.

– Sans aucun doute.

À ces mots le barbier se met à pleurer bruyamment.

– C'est lui qui a bougé, gémit-il. Tout se serait bien passé s'il n'avait pas regardé ailleurs !

– Dis-moi, Paulus Riantus, il a dû vraiment bouger pour être à ce point marqué ! rétorque gaiement Marius. De toute façon la loi est la loi. Tu lui dois cinq sesterces de bronze.

– Cinq sesterces ! Le barbier s'est arrêté net de gémir. Mais tu veux me ruiner ! Comment un nez peut-il valoir aussi cher ! Allons, trois sesterces et je les lui donne maintenant !

– Ce sera cinq sesterces et tu les lui donnes aussi maintenant, corrige Marius. Et je ne saurai trop t'encourager à changer de métier. Car tu vas certainement finir par te ruiner !

Le barbier paie et part en grommelant. Le blessé s'appuie sur des amis et quitte l'audience pour rejoindre l'officine de Pachrios. Le médecin se rapproche de Vicario et Marius.

– Je te prie d'excuser mon retard, dit-il à voix basse, mais j'ai été appelé pour un cas urgent.

– Tu sais que nous aimons pourtant t'avoir à proximité durant les audiences, dit Vicario.

– Ce n'était pas un cas ordinaire, dit le médecin. Il s'agit vraisemblablement d'un meurtre.

Les deux magistrats le dévisagent, intrigués.

– L'homme avait un stylet dans le cœur, et cette pièce dans la bouche, poursuit Pachrios. Il était déjà mort quand je suis arrivé.

Vicario a pris la pièce. Marius reconnaît un as à l'effigie de Néron.

– Quelqu'un peut-il témoigner ? demande-t-il.

– Non, il n'y avait personne. C'est sa femme qui l'a découvert. La mort remonte à hier soir.

Il s'éloigne. Vicario regarde Marius.

– Encore un nouveau meurtre, dit-il. Et pendant que nous étions tous chez moi en train d'en parler !

– J'admire ton calme, dit Marius.

– Et que veux-tu que je fasse ? Les meurtriers veulent justement semer la panique dans la ville. Ils n'y parviendront pas.

– Il faudra pourtant bien résoudre cette affaire.

– Je suis d'avis de la passer sous silence. C'est notre meilleur moyen de ne pas provoquer l'inquiétude.

– Et l'enquête ? proteste Marius.

– Elle est en cours depuis le premier meurtre, et avant même que tu n'aies été élu, répond Vicario, sur un ton sec. Et je la supervise personnellement.

Marius ne répond rien. D'un geste de la main, Vicario a ordonné la reprise des audiences.

Elles se succèdent sans interruption. Il y a beaucoup de peccadilles que les magistrats règlent à l'amiable. Ils ont même la satisfaction de voir deux ennemis irréductibles repartir bras dessus bras dessous, enchantés du bon conseil de Marius : « Buvez donc à votre réconciliation ! »

Deux jeunes hommes frais émoulus de l'école du rhéteur interviennent dans une affaire d'héritage complexe – la seule de la matinée. Ils s'essayent avec succès à une plaidoirie de défense pour chacun des héritiers. Ils ont revêtu la toge virile[25], conformément aux souhaits du défunt empereur Auguste[26], auxquels Pompéi obéit avec scrupule. Cela rend l'exercice de la justice plus imposant, même lorsqu'il ne s'agit que de broutilles. Parfois les magistrats ont l'impression que leur travail ne sert à rien. Les Pompéiens continuent de s'accuser des maux les plus futiles alors que la ville entière nécessite un formidable effort de reconstruction.

En fin de séance, alors que Vicario s'apprête à quitter les lieux, Marius le rattrape :

– J'aimerais connaître les différents éléments de l'enquête que tu mènes sur ces meurtres.

– Tu as bien assez à faire avec tes fonctions de duumvir.

– L'ordre de la cité rentre aussi dans mes prérogatives.

– Mais surtout dans les miennes. Pour notre bonne entente, je crois qu'il serait bon que nous ne mélangions pas nos domaines.

– J'ai été élu pour t'épauler, proteste Marius.

– Oui, et tu es sous mon autorité. Aussi je te demande de t'occuper des affaires courantes et de me laisser gérer les autres. Il est inutile de mobiliser nos forces sur un seul point. Il y a trop à faire pour s'offrir ce luxe.

La rage au cœur, Marius n'insiste pas.

Labius a apprécié son repas au-delà de ce qu'il aurait pu imaginer. Il en fait grand compliment à Marcia qu'il croise lors du prandium. Il en profite pour l'informer de son désir de commencer la décoration de la maison par l'œcus. Elle s'en montre ravie. Elle rêve, lui confie-t-elle, d'une composition florale donnant l'illusion d'un jardin. Le peintre lui promet alors un jardin digne de ses rêves.Il a invité Clefus à le rejoindre dès aujourd'hui. Une bonne préparation des murs demande du temps, aussi souhaite-t-il commencer le chantier dès que possible. Si Clefus se met à l'ouvrage aujourd'hui, il peut envisager de commencer à peindre d'ici une petite semaine. La brève conversation qu'il a eue le matin même avec Marcia et le peu qu'il sait déjà de Vicario lui indiquent les goûts très classiques de ses commanditaires. Ils sont encore loin de partager la passion néronienne pour le baroque ornemental. Un baroque si magistralement interprété par Fabulus et Dorothéios[27] dans la Domus Transitoria. Cette pensée lui provoque un pincement de cœur. Le si beau travail de ses amis est à présent en cendres. La Domus Transitoria n'est qu'un souvenir dont parleront peut-être certains historiens. Mais évoqueront-ils l'audace de la peinture qu'a insufflée Néron ?

Clefus vient le rejoindre avec l'un de ses hommes, Nathio, en début d'après-midi. Les deux hommes passent leurs mains sur les murs, notant chaque aspérité. Il faut une surface plane pour que la peinture puisse s'exprimer à son aise. Bien que neufs, les murs présentent de nombreux défauts invisibles à l'œil, mais que le pinceau relève aussitôt.

Nathio est le spécialiste de la préparation des murs. C'est un Grec bourru, à l'accent prononcé. Il a entouré sa tête d'un turban blanc et enfilé un tablier d'une couleur indéfinissable. Il palpe le mur comme un éleveur palperait une bête. Sa paume calleuse enregistre les dénivellations imperceptibles, tandis que l'oreille collée au mur, il tape légèrement de l'autre main avec le manche de sa truelle. Il fait le tour de la pièce à son rythme, sous l'œil attentif de ses compagnons. Labius admire cette façon « d'écouter le mur » – c'est Nathio lui-même qui a employé l'expression. Un mur mal préparé ne peut accueillir sa peinture. Elle ne tiendrait pas et s'écaillerait.

Lorsqu'il a terminé, Clefus et Labius savent à son visage satisfait que l'examen est bon. Il n'y aura guère à faire pour que la surface devienne parfaite.

Ses compagnons amènent la chaux et le sable l'après-midi même. La manœuvre est délicate et on se pousse pour laisser Nathio vaquer à son aise. Il jette le sable dans la chaux bouillante et mélange avec force. Lorsque la mixture prend l'apparence d'une crème épaisse, il saisit sa truelle et d'un geste rapide en dépose sur le mur. Puis d'un mouvement ferme, il recouvre peu à peu la surface d'une couche épaisse de quatre centimètres. Il travaille sans parler, en sifflotant juste une petite ritournelle qui résonne étrangement dans la pièce. Les autres surveillent l'enduit afin qu'il n'épaississe pas. Labius salue en son for intérieur le professionnalisme de Nathio. Beaucoup de ses connaissances romaines auraient mis d'emblée une couche plus épaisse, nonobstant l'état du mur. Or Nathio a tout de suite estimé la couche nécessaire. Quatre centimètres à la pose, puis trois après ponçage. Le résultat sera impeccable.

Le Grec prend son temps pour peaufiner son travail. Lorsqu'il a achevé la pièce, il recule de quelques pas et, plissant les yeux, pivote lentement sur lui-même en observant les murs. Deux fois il remet de la chaux sur un endroit que ni Labius ni Clefus n'ont remarqué. Enfin, il pose sa truelle et se tourne vers Clefus.

– Deux jours de séchage, dit-il juste.

– Tant que cela ? s'étonne Clefus.

– Délai de sécurité, répond Nathio. Après deux jours, on pourra attaquer la seconde couche en toute tranquillité. Avant, ce n'est pas raisonnable.

– Tu connais ton travail, je te fais confiance. Cela te conviendra-t-il, Labius ?

– Je préfère un fond bien préparé, même s'il me faut patienter plus longtemps. En attendant que cela sèche, je vais m'entretenir avec tes peintres.

Labius a une idée claire en tête. Il voit très bien le jardin de Marcia en premier plan avec ses lauriers roses et blancs. Il y ajoutera ensuite quelques éléments idylliques qui lui semblent correspondre au caractère de la maîtresse de maison : une bergère, un bélier, un troupeau de vaches, un bois sacré et un sanctuaire de taille modeste. Bien sûr, une telle peinture ne laisse pas libre cours à son imagination. Il s'enferme dans les topia[28], genre qu'il n'a jamais vraiment affectionné. Mais il sent bien que toute autre composition déplaira à Vicario. Il pourra peut-être lâcher sa bride créatrice plus tard, quand les Vicarii seront plus mûrs aux novations picturales.

Lorsqu'il en parle à l'équipe de Clefus, tous approuvent son choix. De fait, peu connaissent l'élan nouveau donné par Néron à la peinture. Ils en ont entendu parler mais n'en ont jamais vu l'illustration. Ils sont habitués à peindre des topia et toute variation leur paraît suspecte. L'un d'eux suggère de glisser dans le paysage des portiques et des colonnes d'inspiration hellénique. Labius accepte. Marcia sera comblée de cet apport grec.

Deux jours plus tard, Nathio est de retour. Il inspecte longuement son travail. La chaux a durci en séchant et présente une couche uniforme. Le Grec ponce certains endroits qui ne répondent pas comme il l'entend à la caresse de sa main. Une légère poussière blanche vient recouvrir son tablier. Puis il brosse avec application les surfaces enduites. Cela accompli, il prépare le second mélange : une mixture de chaux et de calcite choisie parmi des matériaux de premier choix. Cette seconde couche ne doit pas dépasser trois centimètres. Sa truelle écrase sans merci toute velléité d'épaisseur. Là aussi, il décrète deux jours de repos.

– C'est beaucoup trop, grogne Clefus.

Labius pense également qu'un jour suffira. Mais connaissant mal encore les habitudes des artisans de Clefus, il préfère les laisser agir à leur guise. Il les corrigera au besoin pour le second chantier, lorsqu'il aura pu expérimenter lui-même leur savoir-faire.

Après deux jours, Nathio aborde enfin la phase finale de la préparation : recouvrir les murs d'un mélange aqueux de chaux et de savon, dont le secret réside dans l'exacte proportion des ingrédients. Labius a connu quelques artisans à Rome qui excellaient dans cette préparation. Leur recette était secrète, et l'on éprouvait le plus grand respect devant leur science. Labius espère que Nathio sera à la hauteur de ce qu'il a déjà accompli. Il ne le quitte pas des yeux tandis qu'il effectue son mélange. Lorsque celui-ci est bien chaud, Nathio saisit deux coupelles de cire et de poudre de craie. Il jette leur contenu dans la préparation et mélange vivement. Une odeur âcre se répand dans la pièce. Pour la troisième fois en quatre jours, Nathio recouvre les murs de l'œcus de ce nouvel enduit. Il applique une très fine pellicule qu'il travaille avec vigueur à la spatule.

Cette fois-ci, l'enduit sèche beaucoup plus vite. Armé d'un cylindre de marbre, le Grec se met à polir l'ensemble. Un second artisan est venu l'épauler. Visiblement Nathio préfère travailler seul. Il ne cesse de houspiller son second, qui, flegmatique, continue comme s'il n'entendait pas. Ils polissent longtemps. La pièce brille lorsqu'ils achèvent enfin le dernier pan de mur.

Labius promène un regard appréciateur sur les murs. Nathio a accompli un bon travail. À son tour maintenant. Déjà les peintres de Clefus ont préparé les pinceaux, les couleurs et une amphore de solution aqueuse de chaux et de savon, additionnée de cire. Ils ont disposé l'ensemble à terre, aux pieds de Labius. Il leur rappelle brièvement le dessin qu'il leur a présenté deux jours auparavant. C'est un topia classique et tous l'ont réalisé auparavant chez d'autres particuliers. Labius répartit le travail selon les compétences de chacun. L'un d'eux, Alieti, s'est déjà juché sur un tabouret et attaque les corniches. Il en a manifestement l'expérience, au vu de la précision de son trait et de sa rapidité d'exécution. Labius constate avec plaisir qu'à Pompéi aussi la fresque obéit toujours à la même technique : du haut vers le bas. Il corrige le choix de certaines couleurs et regarde le travail s'organiser. Lorsque Alieti achève un mur, il se pousse pour commencer le suivant. Les spécialistes du fond interviennent alors. Retenant les instructions de Labius, ils peignent un ciel où flottent de légers nuages. Puis ils organisent l'espace en créant des bosquets d'arbres et des perspectives. L'un d'entre eux s'est installé par terre et commence les plinthes. Le chantier avance vite car l'équipe de Clefus est rodée par des années de travail en commun. Le premier mur est bientôt achevé. C'est à Labius de prendre à présent le pinceau. Il s'avance, vêtu d'un simple tissu noué autour des hanches. Il aime peindre ainsi et sentir l'effort de la création mouiller son dos. Il sent mieux son sujet. Tous les artistes ont interrompu leur travail, autant par respect que par curiosité. Pas un bruit ne vient troubler l'atmosphère.

Labius choisit un pinceau très fin. Il a en tête une gracieuse bergère vêtue de blanc. Il mélange la couleur à la solution aqueuse de l'amphore ; il peint à sec, comme on le lui a appris. La fluidité du mélange lui donne une grande aisance. En quelques traits, la silhouette de la bergère apparaît, diaphane apparition parmi les arbres et les buissons. Il y ajoute un bélier et un troupeau de vaches. Puis il retravaille le fond dans les zones proches de ses sujets, soucieux de bien les mettre en valeur. Il peint vite et d'une main très sûre. Il ne se reprend qu'une seule fois pour la robe de l'une des vaches. Bien que le sujet du topia ne l'inspire pas, il a hâte d'essayer les différentes nuances de rouge proposées par Clefus. Il lui semble que ce paysage bucolique sera un parfait terrain d'essai. Il rehausse ainsi le vêtement de la bergère d'un trait de rouge brillant, puis les cornes des bovins d'une ombre d'ocre brûlé. Il s'amuse de la sorte sur tout le panneau, créant progressivement un étonnant camaïeu de rouge là où les peintres de Clefus ont imaginé un classique paysage de campagne. Debout derrière lui, Clefus ne perd pas un instant de son travail, stupéfait de ce topia aux couleurs de feu. Bientôt le premier panneau est achevé.

Les hommes de Clefus l'applaudissent avec force. Ils admirent l'audace du pinceau de l'artiste. Pourtant Labius ne tire aucune gloriole de ce travail qu'il juge sans difficulté. Il se montre néanmoins sensible à l'hommage des applaudissements et les remercie. La suite de la journée est consacrée aux murs restants. Le rythme pris lors du premier panneau est toujours respecté : d'abord les artistes de Clefus, puis l'intervention de Labius. Lorsque le soleil tombe, chacun reprend ses affaires. Il est convenu de se retrouver le lendemain à la deuxième[29] heure pour poursuivre l'ouvrage.

Labius part rejoindre les Vicarii pour la cena. Profitant de leur intimité, Marcia s'est allongée aux côtés de son époux. Un jeune homme allongé en face mange sans rien dire. Dès que Labius paraît, il saute sur ses pieds et s'incline.

– Caius Puzzus. Je suis le neveu de Suedius Vicario.

– Je n'aurai même pas eu le temps de vous présenter, plaisante ce dernier. Caius est mon seul neveu. Marcia et moi l'avons invité à partager notre cena car il revient de Rome. Les nouvelles qu'il en rapporte ne sont hélas guère réjouissantes. Mais j'ai pensé que tu serais heureux de les entendre de vive voix.

– Je te remercie de cette attention. Comment va donc notre belle cité, s'enquiert le peintre.

– Elle ne ressemble plus au souvenir que tu en as gardé, répond Caius. Ce ne sont que ruines et décombres. Tout le centre de la ville est détruit. Il y a des milliers de gens sans abri, que Néron a accueillis au Champ de Mars et dans ses jardins privés. Le paysage me rappelle celui de Pompéi au lendemain du tremblement de terre.

– Y a-t-il eu beaucoup de morts ?

– On ne compte plus les disparitions rapportées chaque jour par des proches sans nouvelles. La ville est comme anéantie par le poids de la catastrophe.

Labius se laisse tomber sur la banquette. Sa peinture l'a fatigué, et les informations assénées sur un ton tranquille par ce jeune homme souriant achèvent de l'épuiser.

– Qui aurait pu penser qu'une chose pareille surviendrait ? dit Vicario, la bouche pleine.

Il recrache un os de poulet et s'essuie les lèvres. Tout à la reconstruction de sa ville, le sort de Rome lui tient manifestement peu à cœur. Mais il veut se montrer solidaire de la peine ressentie par Labius.

– L'empereur est très présent auprès de la population, continue Caius Puzzus. Il a d'abord fixé le prix du blé au plus bas. Puis il a ordonné des subventions exceptionnelles pour aider les gens à reconstruire leur maison. Jamais on a vu autant d'argent couler !

Il dit cela en souriant davantage encore, et Labius déteste son inconscience de jeune coq.

– Qu'est-ce que l'argent face à la perte de tant de vies ? demande-t-il d'une voix amère.

– L'argent est une bonne chose, dit Vicario.

– Certes, reconnaît Caius, cela ne fera pas revenir le passé. Mais je crois que les habitants de Rome vont y gagner. L'empereur a pris à cœur de reconstruire la ville plus belle qu'elle n'était. Il a déjà organisé le déblaiement des décombres en les chargeant sur les bateaux à blé vides qui repartent vers Ostie. C'est une excellente idée, car les bateaux à blé sont nombreux.

– Connaît-on les projets de l'empereur pour la ville ?

– On parle d'une série de mesures prises pour juguler les risques d'incendie. Il paraît que Néron veut interdire les entassements de bâtiments et détruire les édifices trop fragiles. On dit aussi qu'il veut limiter la hauteur des insulae et réglementer l'usage des matériaux.

– Il devrait aussi faire en sorte que les rues ne soient pas si étroites ! s'exclame Vicario. On ne peut pas marcher à Rome, il n'y a pas de place !

– C'est à l'étude, répond Caius Puzzus.

Et comme Labius ne parle pas, perdu dans ses souvenirs, il s'excuse :

– Je te prie de pardonner ma fougue. Rome est détruite, il est vrai. Mais les projets que notre empereur semble nourrir à son égard réjouissent tous ceux qui sont dans la peine. Cela va être une *nova urbs*[30] dont tout le monde parlera.

– Tu as raison, jeune Caius Puzzus. Mais ce n'est pas tant l'architecture perdue qui me désole que l'incertitude du sort de mes amis, répondit Labius.

– Pourquoi ne leur écris-tu pas ? suggère Vicario.

– Je crains que mes lettres n'arrivent jamais, si l'adresse n'existe plus !

– Rien de mieux que d'essayer, insiste Vicario. Si ta lettre ne revient pas, ce sera un signe positif. Peut-être as-tu donné ton adresse à quelques-uns de tes amis, et prendront-ils eux-mêmes contact avec toi ?

– Il est vrai que certains connaissent mon adresse ici. Je vais attendre un peu, puis je leur écrirai.

– Rien ne t'empêche de leur écrire tout de suite ! Fais-le donc, tu te sentiras plus léger !

– Je m'y attellerai demain matin, avant que Clefus et ses hommes ne me rejoignent.

Au nom de « Clefus », Marcia s'est relevée, les yeux brillant d'excitation :

– Comment s'est donc passée cette première journée de travail ? demande-t-elle. J'ai failli venir te voir plusieurs fois tellement je suis impatiente de contempler ton œuvre. Et puis j'ai songé que Suedius m'en aurait terriblement voulu si j'avais vu la fresque avant lui !

– Tu as eu raison, Marcia. Je suis aussi impatient que toi de contempler le chef-d'œuvre de Labius. Mais nous l'admirerons ensemble, lorsqu'il nous y conviera.

– Il faudrait d'ailleurs que nous envisagions ensemble la suite de la décoration, dit Labius. Sans doute voudras-tu, Vicario, une représentation des dieux dans ta maison. Je peux te proposer plusieurs idées.

Vicario affecte une indifférence que l'éclat de ses yeux dément.

– Je ne souhaite rien de tel, dit-il enfin. Il y a des temples pour les dieux, et des maisons pour les hommes. Laissons les uns et les autres demeurer ainsi.

Labius cache avec soin son étonnement. La maison de Vicario sera la première qu'il n'ornementera pas de représentations divines.

– Je ne sais si vous souhaitez à chaque fois des topia ou si vous avez quelque autre idée en tête, dit-il.

– J'avoue que je laisserai volontiers Labius peindre ce dont il a envie, dit Marcia.

– Certaines techniques d'inspiration que j'ai apprises à Rome vous étonneront peut-être, prévient le peintre.

– Nous ne t'avons pas prié de venir jusqu'à nous pour faire ce que n'importe qui ici sait faire, répond Vicario.

– Je me suis borné à un registre très classique pour la décoration de l'œcus.

– Laisse parler ton talent dans les autres pièces. La mode romaine nous passionne, Marcia et moi. Enfin, surtout Marcia, qui a plus de temps à y consacrer que moi. Mais je serais très honoré si ma villa pouvait rivaliser avec celles de Rome. Par exemple avec celle de Marcus Luccius grâce auquel je t'ai connu.

Lorsque Labius regagne sa couche, le soir, il est fatigué mais heureux. Peindre est pour lui une nécessité qui grandit avec le temps. Chaque instant sans pinceau à la main disparaît de sa mémoire, comme s'il n'avait jamais existé. Il y a ainsi dans son souvenir une longue suite ininterrompue de panneaux, d'où disparaissent miraculeusement toutes les petites choses de la vie quotidienne. S'il ne peint pas, il rêve à sa prochaine fresque. Il la met en place dans sa tête, pèse chaque détail et chaque couleur. La peinture est devenue sa seconde nature. On l'empêcherait de peindre qu'il ne survivrait pas. Il en a maintenant autant besoin que de boire et de manger.

Les compliments de Marcia et la confiance de Vicario lui apportent une joie dénuée d'orgueil. Un plaisir simple qu'il ne goûte pas à Rome tant l'émotion y est d'abord mondaine. Il n'en revient pas de se plaire dans cette ville en ruines. La seule explication valable qui lui vient à l'esprit est le respect et l'amour dont les Pompéiens entourent la peinture. Chez eux elle prend vie. À Rome, elle a avant tout pour fonction d'émerveiller le visiteur. Si elle atteint ce but, le propriétaire des lieux s'estime satisfait. Ici Vicario et son épouse se réjouissent de son travail avant même d'en avoir rien vu. Ils aiment l'odeur, le sentiment et l'image qu'ils s'en font. Ils sont comme deux enfants à qui on aurait promis une sucrerie. Jamais Labius n'a connu une telle excitation chez l'un de ses commanditaires. Elle suscite en lui une énergie décuplée et une inspiration renouvelée. Ce soir, il est un peintre comblé.

Durant toute la semaine, l'atelier de Clefus se consacre aux panneaux de l'œcus. L'organisation du travail reste immuable. Labius intervient en dernier et chacun s'arrête pour voir le maître en action. La virtuosité dont il fait preuve continue d'émerveiller ses compagnons. Ils restent béats devant la force de ses compositions tandis que sa réputation se répand en ville. Labius ne s'en rend guère compte, absorbé dans la réalisation de sa fresque. Il ne sort plus et décline même les invitations à dîner de Vicario. Imprégné de son sujet, il ne veut s'en détourner à aucun prix.

Ce n'est pas chose facile, car la maison des Vicarii est un lieu de rassemblement pour tous les notables de la région. L'importance sociale et politique du maître des lieux draine une foule que Vicario reçoit chaque matin dans l'atrium avant de se rendre en ville. La grande majorité se compose de membres de la gens de Vicario qui viennent recevoir la sportule. Beaucoup ne se remettent pas du séisme et vivent dans la plus grande précarité. Vicario a la main large, et les distributions de pain vont bon train. Son intendant, un affranchi devenu son bras droit pour tout ce qui concerne la maison, grave avec soin sur des tablettes de cire ce qui revient à chacun. Parfois Labius aperçoit des patriciens qui viennent rencontrer en privé Vicario. Les portes se ferment et l'intendant prend la relève de son maître dans l'atrium. L'atmosphère feutrée qui règne alors dans la maison durant ces entrevues pèse sur les peintres. Ils prennent garde de ne pas hausser le ton et travaillent dans un silence qui ne leur ressemble pas. Les patriciens sont peu nombreux à solliciter des entrevues personnelles ; la plupart savent qu'ils verront Vicario plus tard en ville, à la basilique ou au forum, lieu de prédilection pour palabrer sans fin. Le plus régulier est Caecilius Jucundus. Son commis reste à la porte de l'atrium tandis que son maître et Vicario discutent longuement. Sans doute le banquier a-t-il investi dans la reconstruction et souhaite-t-il en suivre les effets de près. En ressortant de ces entretiens, il a toujours un mot aimable pour le peintre.

Labius connaît la prochaine pièce qu'il lui faudra décorer : l'atrium. Cette perspective ne le réjouit guère car il aime travailler seul ou entouré d'hommes de son art. L'idée d'être jeté en pâture aux regards des visiteurs de Vicario lui déplaît. Il craint que cela n'influence sa peinture. Déjà la présence silencieuse de Marcia qui marche à pas légers dans la maison durant le jour, marquant toujours un arrêt devant l'œcus, le gêne. Plus les jours passent et plus l'ambiance de la maison lui pèse. Il a besoin de sortir régulièrement dans le jardin pour prendre de longues bouffées d'air. Le soleil ne le gêne pas. Au contraire. Il s'amuse à le fixer quelques secondes, et lorsqu'il referme ses yeux éblouis, des milliers de taches multicolores dansent sous ses paupières. Il a l'impression d'avoir plongé dans une amphore de peinture et se secoue machinalement comme pour ôter les quelques particules de couleurs encore accrochées. En rentrant dans l'œcus où l'attendent les peintres, il lui semble qu'il revient d'un long voyage. Il regarde chacun comme hébété, avant de saisir son pinceau et de dissiper les dernières vapeurs de soleil par quelques traits appuyés sur la paroi lisse de Nathio.

Ces instants d'évasion sont précieux pour son inspiration. Mais ils sont trop rares. Artiste consciencieux, Labius ne conçoit pas de quitter son chantier plus d'une poignée de minutes. Lorsque le soir tombe et que la pénombre l'empêche de poursuivre, il demande une lampe à huile. Il la pose sur un petit coffre et observe les ombres qui se posent sur la fresque. Les couleurs que l'on admire de jour doivent soutenir sans faillir l'épreuve de la pénombre. Il faut que la fresque soit admirable de jour comme de nuit. Il reprend souvent son pinceau, ajoutant une touche de lumière là où la fresque s'efface. Puis il recule, ferme un œil, reprend si cela est nécessaire. Le matin, il se lève bien avant ses hôtes et court dans l'œcus regarder la lumière éclairer peu à peu les murs. La plupart du temps, ses corrections de la veille se fondent dans l'ensemble. Mais parfois la note de couleur dérange. Il doit alors la retravailler, afin qu'elle disparaisse de jour et rehausse la fresque de nuit. Cela représente un travail de chaque instant ; et toutes les pensées de Labius se ramènent à son chantier, quelle que soit l'heure du jour ou de la nuit. Ses seuls moments de parfaite détente, il les trouve dans le jardin, sous les rayons brûlants du soleil de Campanie. Le soir, lorsqu'il regagne son lit et s'allonge enfin, il lui semble entendre respirer sa peinture à travers les murs. Il met alors ses bras autour de sa tête et s'endort recroquevillé, un pan de tissu jeté sur le corps.

Bientôt, la décoration de l'œcus est achevée. Nathio est intervenu en dernier pour polir et lustrer les fresques avec un cylindre de verre. Lorsqu'il a terminé, l'ensemble des peintres s'exclament devant le spectacle qui s'offre à leurs yeux : certes, Labius a peint un topia, un décor qu'ils connaissent à la perfection pour l'avoir représenté mille fois chez d'autres, mais le choix des couleurs le rend inédit et terriblement novateur. Leur stupéfaction et leur admiration finissent par inquiéter le peintre. Il pensait avoir réalisé un dessin très classique. Comment Vicario et Marcia vont-ils réagir ?

Ils sont enchantés. Marcia n'en peut plus de contempler l'adorable bergère et de se récrier devant les éléments grecs que Labius a glissés dans le paysage. Vicario fait à petits pas le tour de la pièce, sidéré qu'un thème aussi familier lui apparaisse soudain si étranger.

– Ce sont les couleurs qui changent tout, n'est-ce pas, demande-t-il au peintre.

– J'ai découvert grâce à Clefus une palette de rouges qui m'inspire, répond celui-ci.

– Et ce jaune ! Où as-tu trouvé un tel rayonnement ?

– C'est toujours grâce à Clefus.

Vicario entreprend un nouveau tour de l'œcus sous le regard amusé de Marcia. Il regarde chaque détail, attentif aux couleurs et aux éléments de la fresque.

– Eh bien ! je crois n'avoir jamais vu un tel travail, finit-il par dire. Tu nous avais parlé d'un décor classique pour ne pas nous effrayer. Et tu as réalisé un topia original qui me comble. Qu'en penses-tu, Marcia ?

– Je suis aussi heureuse que toi, Suedius. Labius m'offre un jardin que je ne pouvais imaginer. Nous avons désormais deux jardins ici : le mien et le sien !

– Je m'attends maintenant à des inventions extraordinaires pour tes futurs chantiers ! dit en riant Vicario. Tu nous avais demandé l'autorisation de laisser libre cours à ton imagination pour la suite de la décoration. Mais ton génie s'est déjà échappé dans la réalisation de l'œcus ! À quoi devons-nous nous attendre pour la suite ?

Labius rit. Sa fatigue s'est comme dissipée sous les compliments. Encouragé par son succès, il ose enfin demander ce qu'il rumine depuis déjà quelques jours : quitter la demeure des Vicarii pour un endroit moins exposé. Il étouffe de vivre en huis clos sur son chantier. Il n'a pas commencé à parler que Marcia le regarde, le sourcil froncé. Labius s'enhardit, choisissant avec soin ses mots. Il ne veut surtout pas vexer ses hôtes.

– Votre accueil et vos attentions quotidiennes me sont précieux. Le chantier de l'œcus a été l'un des plus agréables que j'ai menés à ce jour. Il me paraît néanmoins important que je sépare mon lieu de travail de celui de mon espace privé. Je n'arrive plus à marquer de frontière entre les deux. Et cela nuit à mon état physique.

– J'ai remarqué effectivement que tu semblais très fatigué ces derniers jours, dit Vicario.

– Je suis épuisé, avoue Labius sans ambages. J'ai besoin de reprendre mes esprits le soir dans une maison autre que celle où je travaille.

– Je te comprends très bien, dit presque avec empressement Vicario. Je ne pourrais pas non plus vivre en permanence dans l'enceinte de la basilique. Où pourrais-tu t'installer ?

– Je pensais louer une chambre en ville.

– Je croyais que la vue des ruines t'inspirait tristesse et nostalgie ? remarque Marcia d'une voix aigre. Elle est à l'évidence courroucée.

– Je n'ai rien à reprocher à ton hospitalité, Marcia, et à tes délicieux repas qui me ragaillardissent. Encore une fois accepte cette requête sans colère. Ce n'est pas vous que je fuis mais mon travail.

– Mais tu as tout à fait raison, Labius, s'exclame Vicario. Et Marcia le comprendra aussi, j'en suis certain. Je me demande juste où tu pourras te loger convenablement en ville. Que crois-tu, Marcia ?

– Je n'en ai pas la moindre idée.

– Allons, ma chère, tu connais tant de monde !

La sollicitude de Vicario, si pleine de compréhension, touche le peintre autant qu'elle le vexe : le magistrat semble presque content de le voir partir.

– Il n'y a que chez Julia Felix [31], répond enfin Marcia. (Sa voix s'est radoucie.) Elle possède l'une des plus grandes maisons en centre-ville. Son mari est mort durant le tremblement de terre. Depuis, elle est obligée de louer une partie des bâtiments pour subvenir à ses besoins. Je pense que Labius pourrait y trouver une chambre convenable. Je vais envoyer Ertila se renseigner.

Labius s'incline en signe de reconnaissance.

– Je vous remercie tous les deux de la gentillesse avec

laquelle vous accueillez ma demande. Soyez assurés que mon travail sera à la hauteur de vos espérances.

– Nous sommes déjà comblés, répond Vicario.

Sa mine rayonne. On le dirait infiniment soulagé.

– Et nous le serons encore plus si tu continues de partager le prandium avec nous, ajoute Marcia.

– Ce sera un honneur pour moi.

– Alors fêtons cela dès ce soir : tu restes pour la cena. Ensuite tu iras prendre tes quartiers chez Julia Felix. Cela te convient-il ?

– C'est parfait.

III

La maison de Julia Felix marque le croisement des deux principales artères de la ville. Un large panneau indique sur la façade : « Dans la propriété de Julia Felix, fille de Spurius, on loue les thermes de la jeunesse pompéienne, des boutiques et leurs logements, des appartements, et on offre un bail de cinq ans [1]. »

La maîtresse des lieux est une femme accorte et bavarde. Héberger un artiste aussi renommé que Labius la comble d'aise. Elle a aussitôt signifié son expulsion à un colporteur qui occupe la seule chambre qu'elle estime assez belle pour son hôte. L'homme a protesté mais Julia Felix n'est pas femme à se laisser intimider.

– Tu ne paies plus rien depuis des mois ! De quoi te plains-tu alors que ma bourse est vide ?

La chambre donne sur un grand jardin que Julia réserve pour son usage personnel. Les locataires ont seulement le droit de le traverser pour accéder à leur chambre. Mais pour Labius, Julia se montre très conciliante. Elle lui répète plusieurs fois qu'il y sera le bienvenu à l'heure qui lui plaira. C'est un honneur et Labius ne manque pas de l'en remercier avec chaleur. Il se réjouit de cette invitation car le jardin est splendide. Il n'a pas ce raffinement recherché par Marcia, avec ses animaux taillés dans les ifs et ses charmilles de roses. Il est plus simple, s'ordonnant avec une certaine spontanéité autour d'un grand bassin à poissons. Cette simplicité reste cependant toute relative. Car avec un goût parfait, Julia Felix a disposé dans le jardin et sur l'ensemble de la demeure des statues de marbre et de terre cuite représentant des philosophes et des héros de la civilisation grecque. La propriété, immense, occupe tout un pâté de maisons. Depuis le tremblement de terre, Julia Felix a entrepris de la rentabiliser. Et à la façon gourmande dont elle le raconte, le peintre comprend qu'elle éprouve un grand plaisir à ce rôle de femme d'affaires.

D'emblée, Labius prend l'habitude de se reposer à l'ombre, rêvant aux retouches qu'il pourrait apporter à sa peinture. Car le chantier continue d'avancer à une cadence régulière. Son déménagement ne change rien au programme qu'il s'est fixé. Après l'œcus, il a attaqué l'atrium. Le travail est plus difficile car Vicario n'entend pas changer ses habitudes. Il continue de recevoir sa nombreuse clientèle le matin, tandis que Labius et ses compagnons préparent les murs. Une fois, Vicario leur a même demandé de sortir, voulant recevoir en tête à tête quelques notables pour des conciliabules sans fin. Outre le fait que Labius se demande de quoi ils peuvent parler quand la basilique les attend pour cela, la légèreté du renvoi de Vicario l'a exaspéré. Marcia a eu beau préparer un splendide prandium, Labius y a à peine touché tant sa contrariété était vive. Il a fallu que Vicario vienne s'excuser pour que le peintre retrouve sa sérénité. Désormais, Vicario reçoit sa clientèle particulière dans une autre pièce. Il n'empêche que Labius a hâte de terminer l'atrium. Il souffre de travailler dans le bruit. Il a réglé en partie le problème en envoyant les hommes de Clefus en avant-garde. Mais il s'agace de ne pas être auprès d'eux pour guider leurs pinceaux, et du temps perdu à les corriger.

Le choix du dessin a été une inspiration commune. Un topia, encore, mais un topia aux couleurs toujours inédites, qui met en scène un surprenant chien à l'allure de molosse. Il tire sur son collier, retenu par une énorme laisse, et semble prêt à dévorer le visiteur. Labius s'est retenu d'inscrire : « *Cave canum*[2] *!* », mais l'attitude menaçante de l'animal parle d'elle-même. Ce dessin reste raisonnable en comparaison d'esquisses plus burlesques que Labius a en tête. Il connaît l'esprit de dérision qui anime la majorité de ses concitoyens. Des saynètes comiques tirées du théâtre de Plaute[3] feraient le succès de l'atrium. Mais Vicario est un homme trop sage pour ces fariboles. Ces pièces, dont beaucoup de peintres tirent leur inspiration, ne sont pas du goût de l'homme qui s'emploie à relever Pompéi de ses ruines. Il veut des sujets nobles. Et c'est à cela que Labius s'emploie jour après jour, même si le choix de son commanditaire, réputé pourtant si religieux, l'étonne parfois. Vicario ne revient pas en effet sur ce qu'il a dit un jour : la place des dieux est dans leur temple.

Un soir, le cocher le dépose plus loin que d'habitude, et il doit traverser tout un bloc de maisons avant d'atteindre la rue de Julia. Plongé dans ses pensées, il marche dans une ruelle déserte lorsqu'il remarque deux hommes d'allure jeune, vêtus d'un pallium sombre. Quelque chose dans leur comportement l'intrigue. L'attitude de l'un d'eux, surtout. Il jette des regards à droite et à gauche, comme s'il était sur le qui-vive. Son compagnon, le dos tourné, semble appliqué à écrire quelque chose sur le mur. Soudain, le peintre se souvient des mystérieux graffitis antiromains qui alimentaient la conversation du dîner offert par Vicario. Instinctivement, il ralentit le pas et marche en se collant aux façades des maisons. Il se maudit d'avoir pris ce chemin et s'immobilise prudemment. En face, les deux hommes ne l'ont pas remarqué et poursuivent leur manège. Étrangement, pas un seul passant n'apparaît. Ils sont pourtant au cœur de la ville, là où l'animation est la plus vive. Il faut reconnaître que les demeures bordant la rue ont triste mine. Les efforts de reconstruction ne l'ont pas encore gagnée. Les deux hommes s'interrompent brusquement. Une femme mince et élégante s'approche, tenant un panier au bras. Elle s'est enveloppée de la palla qu'elle a rabattue sur sa tête. Les deux hommes se sont inclinés. Elle sort de son panier un paquet brun que l'un d'entre eux dissimule sous son pallium. Quelque chose tombe par terre, qu'aucun des protagonistes n'a remarqué. Puis ils engagent une conversation inaudible. Labius hésite à rebrousser discrètement chemin. Contourner le bloc de maisons par la gauche et retrouver la maison de Julia Felix est sans doute une meilleure idée que de rester là à espionner des gens qui ne manqueront pas de s'en prendre à lui s'ils viennent à le découvrir. L'image des morts et de leur as dans la bouche lui revient en mémoire. Il frissonne.

Il recule doucement, les yeux fixés sur le groupe qui continue de parler. De loin, on pourrait croire à la réunion de quelques passants échangeant des propos anodins. Et d'ailleurs, pourquoi ne serait-ce pas le cas ? Labius n'imagine-t-il pas des choses folles en les accusant de graffitis antiromains ? Il n'a même pas vu les graffitis – en supposant qu'il y en ait. Malgré tout, il poursuit sa prudente retraite jusqu'à l'endroit où l'a déposé le cocher de Vicario. Le bruit de la ville l'assaille à nouveau, rassurant. Mais il préfère cette animation trépidante à l'angoisse qu'il vient de vivre. Il reprend sa marche à grands pas, contourne la grande palestre[4] et l'amphithéâtre. Il se retrouve devant la villa de Julia Felix et se dirige vers sa chambre.

Julia Felix sort dès qu'elle l'entend. Bien qu'il la trouve charmante, Labius sait qu'elle ne perd rien de ses mouvements et doit répéter à l'envi le moindre détail le concernant. Il est devenu « sa chose » en s'installant chez elle. Le principal avantage de la situation est que tous ses désirs sont réalisés dans l'instant, même s'il s'en agace parfois.

– Bonsoir ! mon cher Labius. As-tu quelques instants à

me consacrer ? J'ai ici un ami qui souhaiterait te rencontrer.

Labius parvient à dissimuler sa contrariété et à afficher un sourire aimable.

– Je suis un peu fatigué ce soir.

– Quel dommage ! Je suis certaine que tu aurais été heureux de le rencontrer. Ne veux-tu pas prendre un bain et nous rejoindre ensuite ? Oh, s'excuse-t-elle navrée, je vois que je t'ennuie atrocement. Ce n'est pas grave, nous remettrons cela à une prochaine fois. Tu reviens si guilleret d'habitude que j'ai cru ta présence acquise à nos côtés ce soir.

Labius ne sait comment s'en dépêtrer.

– Je vais aller aux thermes, cela me fera du bien. Et si je suis en forme, je vous rejoins dans le triclinium.

Elle en bat les mains de joie :

– Quelle chance ! Prends bien ton temps, surtout.

Labius passe un long moment au *tepidarium*[5] : il lui semble que son angoisse s'évapore en même temps que la sueur. Lorsqu'il est entièrement mouillé de transpiration, il se frotte énergiquement avec un strigile[6], s'arrose d'eau froide, puis se laisse glisser dans le bain chaud. Peu à peu le calme revient en lui. Ces deux jeunes gens sont sans doute des amis qui préparent une farce à l'un de leurs compagnons. Un pamphlet, par exemple, qu'ils gravent sur le mur. Ils ont rencontré par hasard cette femme de leur connaissance qui en a profité pour leur confier un paquet qu'elle s'apprêtait à porter de l'autre côté de la ville. Et Labius en vient à se réjouir de cette magnifique opportunité qui a permis à la femme d'économiser ses pas. Les massages réguliers du Nubien qui l'inonde d'huile parfumée le ramènent à la réalité. Il se sent à présent détendu et serein. Son imagination le fait sourire. Peu lui importe finalement la teneur véritable de ce qu'il a vu. Complot ou rencontre amicale, cela ne le concerne pas. Il est peintre et non détective. Et encore moins témoin ! Il n'ira certainement pas raconter ce qu'il a vu aux autorités municipales.

Julia Felix a menti. Elle n'a pas qu'un invité à présenter à Labius, mais deux. Elle s'en excuse avec l'ombre d'une rougeur sur les joues. Mais il la sent ravie de cette soirée. Labius connaît déjà l'un des hommes, le propre neveu de Vicario, Caius Puzzus. Le second est un notable, propriétaire d'une entreprise de textiles, du nom de Suettius Certus. Labius apprend dans la conversation qu'il s'est présenté sans succès aux élections du duumvirat, contre l'équipe de Marius Rufus. Il accueille Labius avec entrain.

– Ta présence en nos murs est un honneur, s'exclame-t-il. Vicario a le don de nous redonner de l'espoir en attirant des artistes de ta renommée ici.

– Mon oncle ne cesse de nous étonner, approuve le neveu.

Il a un gentil sourire aux lèvres, et Labius le trouve plus sympathique que la dernière fois. Julia Felix les presse de s'asseoir et de goûter au gustaticium qu'un esclave vient d'apporter. Ils boivent à la santé du peintre, que ces marques de respect enchantent. La conversation roule une fois de plus sur l'état de Pompéi. Labius écoute d'une oreille distraite Caius Puzzus et Suettius Certus échanger leurs points de vue. Le nom de Marius Rufus le tire soudain de sa torpeur.

– Marius est un homme solide. Sa victoire au duumvirat finira bien par le consoler de son échec à la magistrature extraordinaire, est en train de dire Suettius Certus.

– Il n'aurait pas eu les épaules pour tout supporter, renchérit Caius Puzzus. Mon oncle, si dur peut-il se montrer parfois, est le seul à avoir la carrure nécessaire. Je ne vois, par exemple, que lui pour nous défendre des appétits du questeur[7] Mortemus qui était venu constater les dégâts au lendemain de la catastrophe.

Et comme Labius roule des yeux étonnés, Julia Felix

croit bon de donner quelques explications complémentaires :

– Marius Rufus était candidat avec Vicario pour la gestion de la ville. Le conseil a finalement voté pour Vicario.

Labius comprend mieux maintenant l'antagonisme latent entre les deux hommes.

– Marius sera un excellent duumvir, dit Suettius Certus.

– Si mon oncle le laisse faire ! murmure Caius Puzzus.

L'attention du peintre, un instant éveillée par la candidature malheureuse de Marius, s'est à nouveau éteinte. Décidée à ce que la conversation ne s'enferre pas autour de Pompéi, Julia Felix s'écrie alors :

– Savez-vous que j'ai eu de récentes nouvelles de Rome ?

Labius la regarde avec intérêt.

– Romula Popidia en revient. Elle est très éprouvée par ce qu'elle a vu. Il paraît que le spectacle est terrible. Tout ce qui n'est pas entièrement brûlé est achevé sur l'ordre de Néron. L'incendie serait d'origine criminelle.

Labius est interloqué :

– Ce n'est pas ce qui m'avait été dit en quittant Rome. Un marchand qui faisait route avec moi m'avait parlé d'un poêle à charbon renversé dans l'une des boutiques du centre.

– L'empereur a mené son enquête. Ce sont ces maudits chrétiens qui sont à l'origine du massacre. Leur punition sera à la hauteur de leur crime : ils seront immolés par le feu ! On les arrête par centaines. Cette secte est bien plus influente qu'on ne le soupçonnait. C'est incompréhensible.

– Peut-être ont-ils un savoir que nous ignorons, hasarde Suettius Certus.

Tous le regardent avec stupeur.

– Eh bien ! ils n'ont qu'à le dire, s'exclame Julia. Je n'aime pas ces extrémistes qui se cachent sous une apparence pacifique. Ils sont souvent plus dangereux que les autres.

– Tous les chrétiens de l'empire vont-ils être massacrés ? demande Labius.

– Je n'en sais rien. Mais ceux de Rome vont servir de torche la nuit. Quant à ceux des autres villes, ils devront être prudents. Les chrétiens de Pompéi, s'ils existent, auront intérêt à se faire discrets. Il ne faut pas oublier que nous sommes dans la ville natale de l'impératrice.

– Mon oncle ne tolérera pas ce culte dans nos murs, dit Caius Puzzus.

Julia Felix a un rire de gorge :

– Ah ! mon petit. Que sais-tu donc dire à part « mon oncle » par-ci, « mon oncle » par-là ?

Caius Puzzus se drape dans sa toge, offusqué. Julia lui pose une main apaisante sur l'épaule.

– Ne m'en veux pas. Nous savons tous que ton oncle est un homme de trempe.

Pensif, Labius se demande s'il aura jamais des nouvelles de ses amis de Rome. Il leur a adressé plusieurs lettres. En vain. Le temps passe et seul le silence lui répond.

La soirée tire à sa fin et il commence à ressentir la fatigue. Si aimables soient Suettius Certus et Caius Puzzus, il souhaiterait se retirer. Julia Felix tente de le retenir.

– Romula Popidia m'a promis de passer, ne veux-tu point l'attendre ?

En face de lui, le jeune Caius Puzzus s'est empourpré. Julia le taquine :

– Son seul nom te fait l'effet d'un brasero, Caius Puzzus ! Calme tes ardeurs ! Ton cher oncle ne les approuverait pas !

– L'exemple de Marius ne t'a-t-il pas suffi ? renchérit Suettius Certus.

Labius se souvient. Lors de la cena offerte en son honneur par Vicario, une remarque lapidaire du magistrat avait fait taire Marius : « Les liens trop étroits qui t'ont uni à Romula Popidia ne te rendent pas objectif. » S'il n'était pas si fatigué, il resterait dans le seul but d'apercevoir cette femme. Mais il n'en a pas le courage. Il se lève et prend congé.

Suettius Certus exprime le désir de le revoir bientôt. Labius est flatté de cette attention.

– Je réunis quelques amis dans deux jours à l'occasion du passage de Liberios, ce sage grec, disciple de Platon. Acceptes-tu d'être des nôtres ?

– Ce sera avec plaisir.

Labius ne regagne pas tout de suite sa chambre. Il s'assoit sur le rebord de la piscina et regarde les poissons évoluer avec lenteur dans l'eau. Il sème le trouble en agitant sa main à la surface de l'eau. Puis elle redevient lisse, et Labius laisse ses doigts tremper, immobiles. La soirée est belle et sereine. Il s'apprête à quitter le bassin lorsqu'un bruit de voix le fait tressaillir. Deux femmes se rapprochent. Il reconnaît la voix de la servante de Julia Felix. La seconde lui est inconnue.

– Ma maîtresse va être contente de te recevoir. Elle ne t'espérait plus.

– Ta maîtresse m'espère toujours, même quand elle n'y croit plus.

La voix est très basse, presque cassée. Deux silhouettes se découpent soudain sur le ciel. Celle, haute et massive, de Bonia, la servante de Julia, et celle, longiligne, de l'inconnue.

– Quels sont les invités de Julia ce soir ?

La réponse de Bonia disparaît dans la pénombre. Labius aperçoit encore un éclat d'argent, sans doute un liseré décoratif sur la tunique de l'invitée. Puis le silence revient.

– Ce doit être cette fameuse Romula Popidia, songe-t-il. Le jeune Caius va être comblé de sa venue.

La curiosité le gagne. À quoi peut ressembler cette femme qui semble avoir tant d'emprise sur les hommes de la ville ? Il esquisse un mouvement vers le triclinium, mais la fatigue l'emporte. Il aurait au moins souhaité avoir des nouvelles plus précises de Rome. Bah ! Julia le tiendra au courant dès demain, assurément.

Le lendemain matin, il ne voit pas Julia. Sans doute est-elle au temple d'Isis dont elle est la prêtresse ; les murs de ses appartements privés sont recouverts de fresques en l'honneur de la déesse. Il avale rapidement les mets froids qu'elle lui a préparés. Un autre pensionnaire s'est levé en même temps que lui. C'est un marchand de légumes, arrivé la veille pour participer au grand marché de Pompéi. Il habite Stabiae où il cultive un lopin de terre loué à la colonie. Il mange avec bruit et se plaint de la hausse des prix :

– Chaque année tout augmente. Le *mercatus*[8] a monté de cinq as ! À ce rythme-là, je ne pourrai bientôt plus rentabiliser mon déplacement. Et quand j'explique cela à Caecilius Jucundus, il hausse les épaules en justifiant l'état de la ville. Mais moi je n'y suis pour rien, si la ville est détruite ! Et je trouve que j'ai plutôt du mérite à continuer de venir !

– Caecilius Jucundus, le banquier ? interroge Labius.

– C'est cela. Banquier et fermier des impôts municipaux. En voilà un qui n'est pas à plaindre, avec tout ce qu'il soutire aux braves gens.

– Je crois au contraire qu'il peine beaucoup. Tu es un bon citoyen car tu paies ton impôt. Mais beaucoup de fermes appartenant à la colonie de Pompéi ne paient plus ni l'*avitum* ni le *patritum*[9]. Je suis sûr que Jucundus t'est reconnaissant de ton honnêteté.

Le marchand le regarde avec des yeux ronds. Et Labius se demande soudain pourquoi il défend Jucundus, un homme qu'il n'a vu qu'une seule fois et dont il ne sait rien.

– Tu ne dois pas être du métier, dit enfin le marchand. Personne de la région n'irait défendre un homme tel que Jucundus. C'est le fermier des impôts le plus dur que je connaisse.

Labius ne répond rien. Il pense déjà à son chantier.

Aujourd'hui il achève l'atrium et commence le *cubiculum*[10]. Il s'est mis d'accord avec Vicario : un trompe-l'œil audacieux ouvrira la chambre des maîtres de maison sur une ville imaginaire. Marcia est emballée par l'idée et se réjouit de recevoir ses amies dans un décor aussi féerique. Vicario a accepté car le cubiculum n'accueille que les amis intimes, ceux à qui l'on ouvre son cœur en espérant qu'ils n'en répéteront rien. Il ne prend cependant guère le risque de choquer car l'art de l'illusion est usité depuis longtemps. De nombreuses maisons cachent leurs modestes proportions sous des artifices de perspective. Là où il n'y a qu'un mur s'étend soudain une ravissante cour intérieure avec une ouverture sur le ciel. Labius est fidèle à un style qui existe depuis le début du siècle. Seule la magie de son talent peut renouveler le genre.

Deux jours plus tard, il se rend chez Suettius Certus. Celui-ci possède l'une des plus anciennes maisons de la ville. Les murs perpétuent une mode oubliée : la peinture donne l'apparence d'un plaquage de panneaux de pierre, agrémentés par endroits de fausses colonnes et de fausses corniches. Labius regarde cela avec étonnement quand le maître de maison vient le rejoindre.

– Ah ! Tu admires mes murs ! Sache que tu es ici dans une très vieille maison. La décoration est d'époque. Lorsqu'elle s'abîme, je la fais restaurer à l'identique. Je ne suis pas un novateur. J'aime la tradition. Les trompe-l'œil et autres saynètes ne m'attirent pas. Je n'ai consenti qu'à une exception, dans le triclinium. Viens donc voir.

Labius reste muet en rentrant dans la salle à manger. La décoration est stupéfiante de réalisme après le classicisme des autres pièces. D'inspiration égyptienne, elle représente les animaux peuplant le Nil et ses rives : l'hippopotame, la mangouste, le serpent à lunette et le crocodile. Suettius Certus regarde le peintre avec jubilation.

– Alors qu'en dis-tu ? Étonnant, n'est-ce pas ?

– Je reconnais que je ne m'attendais pas à une telle fresque chez toi, avoue le peintre. L'interprétation est magistrale. Qui a réalisé ce travail ?

– Un Grec, mort depuis. Je crois qu'il avait du talent.

– Certes. Son travail est éblouissant.

– Eh bien ! ta réaction m'enchante. Qu'un homme de ton talent reconnaisse ainsi celui d'un autre est à ton honneur. Nous allons boire à ta santé !

Tout en parlant, il a entraîné Labius jusqu'au jardin. Plusieurs personnes s'y trouvent, un cyathe à la main. Un homme se distingue des autres. Il porte le pallium et le bas de son visage disparaît sous une barbe abondante. C'est sans nul doute le philosophe Liberios. Tous interrompent leur conversation à l'arrivée de Suettius.

– Tu vois, nous n'attendions que toi. Tu connais déjà beaucoup de monde ici. Je te présente surtout Liberios, qui nous fait la joie de sa présence parmi nous ce soir.

Labius est lui-même étonné de connaître autant de gens. Il a rencontré la plupart d'entre eux chez les Vicarii, que ce soit pour un repas ou le matin, lorsque Vicario reçoit dans l'atrium. Chacun tient à venir le saluer. Fabius Eupor s'avance vers lui en souriant :

– Je me suis rendu il y a quelques jours chez Vicario. J'ai pu admirer tes fresques. Elles sont magnifiques. J'envie Vicario de vivre dans un tel décor.

Ce compliment inattendu dans la bouche d'un homme aussi austère satisfait Labius. Il va répondre lorsqu'une voix s'élève :

– J'aimerais pouvoir en dire autant, mais je n'ai pas cette chance.

Labius se retourne. Cette voix basse et cassée est la même que celle qu'il a entendue dans le jardin de Julia Felix.

Une jeune femme mince et brune le regarde en inclinant légèrement la tête, comme si elle attendait une réponse. Labius est saisi par l'éclat de ses yeux sombres qui tranchent avec la pâleur de son teint. Ses cheveux, ramenés en boucles sur le haut de sa tête, accentuent la finesse de son nez aquilin et les pommettes qui soulignent le regard. Il s'incline sans un mot. Il ne sait brusquement pas quoi dire.

Fabius Eupor se gratte la gorge.

– Labius, tu ne connais sans doute pas Romula Popidia, dit-il enfin. C'est une femme honorable et...

Il prend brusquement conscience de ce qu'il vient de dire et devient aussi rouge qu'un coq.

– Enfin, bafouille-t-il, je veux dire une personnalité incontournable de Pompéi, une grande connaissance de Vicario.

Romula le laisse parler, les yeux baissés, dans une attitude humble. Pourtant Labius croit deviner dans le léger tremblement de son menton une envie de rire irrépressible. Elle lève enfin les yeux et les plante droit dans ceux de Labius. Le peintre détourne aussitôt la tête.

– Merci de cette présentation, Fabius, dit-il. J'avais déjà entendu parler de Romula Popidia. Je suis heureux de faire sa connaissance.

Il a la gorge nouée et les mains moites.

– Moi aussi, dit Romula. J'ai beaucoup entendu parler de toi, Labius. Je reviens de Rome où l'on m'a donné un message pour toi. Un certain Termalon.

– Termalon ? Que Mithra soit béni ! Il est donc sain et sauf !

– Il m'a confié une lettre pour toi. Elle est chez moi car je ne savais pas que je te croiserais ici. J'enverrai un esclave te la porter chez mon amie Julia.

– Sois-en remerciée. Mais as-tu d'autres nouvelles de Rome ? On m'a dit que tu y étais restée quelques jours.

– Quelques jours, oui, qui m'ont semblé une éternité. (Son ton est soudain triste.) Rome ne ressemble plus en rien à ce que nous aimions.

Le « nous » l'atteint droit au cœur. Il doit prendre sur lui pour ne pas laisser paraître son trouble. Il la suit jusqu'à un banc de bronze où elle se laisse tomber avec délicatesse.

Romula Popidia semble lasse. Elle parle à mi-voix et Labius doit se concentrer pour bien écouter :

– Rome est un âtre éteint dans lequel rougeoient encore quelques braises. Tout a brûlé, à l'exception de quatre quartiers. Les gens sont fatalistes. Ils veulent croire les promesses de Néron, qui les entretient sur sa propre cassette. Les architectes arpentent la ville pour tracer de nouveaux plans. Notre Rome n'existe plus. Je ne sais à quoi ressemblera la nouvelle Rome dont rêve Néron. Mais je sais que ce ne sera plus ma ville.

– Lorsque je t'écoute, j'ai l'impression que tu as vécu à Rome toute ta vie. Tu l'aimes autant que moi.

– Je n'ai jamais vécu à Rome. Il n'est pas nécessaire d'habiter une ville pour l'aimer et l'admirer.

Labius est persuadé du contraire, mais il ne veut pas heurter sa compagne et préfère changer de sujet :

– Julia Felix nous a dit que Néron avait démantelé un complot de chrétiens.

– C'est ce qu'il dit, en effet. Et le peuple le croit. Seuls les patriciens en doutent. Tous connaissent la mégalomanie de notre empereur. Et plusieurs pensent que Néron est le véritable responsable de cette catastrophe.

– Tu es la troisième personne à avancer cette hypothèse depuis mon départ. Je n'arrive pas à le croire.

– Je ne serai certainement pas la dernière. Il y a trop de morts autour de Néron pour ne pas se poser de questions. Qui a glissé le poison dans le verre de Britannicus [11] et d'Agrippine [12] ? Personne ne se fait d'illusions. La grogne monte et Néron ne s'en rend pas compte. L'éviction de Sénèque [13] au profit de Tigellin [14] ne cesse de tourmenter l'aristocratie sénatoriale. Il faudra bien réagir un jour. Cela risque de se terminer dans le sang.

– Tu es bien pessimiste.

– Je fréquente certains milieux informés, qui me tiennent au courant.

– Je ne pensais pas Pompéi si au fait.

Elle éclate de rire, brisant d'un coup l'atmosphère sombre que ses propos avaient dressée.

– Mais non ! C'est de Rome dont je parle.

Son rire détend Labius.

– Tu vas donc à Rome régulièrement.

– Je fais des recherches à Pompéi qui requièrent certaines connaissances. Je ne les trouve qu'à Rome.

Labius se demande quelles recherches peuvent amener une femme telle que Romula Popidia à affronter trois jours de voyage. Elle semble avoir lu dans son esprit :

– Ne me dis pas que tu ignores le but de mes recherches, dit-elle, étonnée. Tout le monde les connaît ici : on me raille suffisamment.

– J'avoue mon ignorance, reconnaît-il.

Il ne lui dit pas que son nom est sur toutes les lèvres depuis qu'il est arrivé à Pompéi. À tel point qu'il ne sait même plus pourquoi on parle d'elle. Est-ce à cause de Marius ou pour ses recherches ?

– J'étudie les mouvements de la terre, dit-elle. Ce qui s'est passé à Pompéi annonce peut-être de grandes catastrophes. Je ne veux rien laisser au hasard.

Il la regarde avec stupéfaction. Il s'attendait à des révélations étonnantes mais celle-ci dépasse encore ce qu'il imaginait.

– Le mouvement de la terre..., répète-t-il sans comprendre.

La seule association de ces deux mots, « mouvement » et « terre », lui apparaît extraordinaire. Romula Popidia n'est assurément pas une femme commune.

– Tu ne crois tout de même pas que la terre a bougé sans raison, lance-t-elle, presque agressive. Ou peut-être penses-tu, comme Vicario, que le titan Minas en est à l'origine ?

– Le titan Minas ?

Labius a l'impression de pénétrer un monde inconnu dont il ne détient plus aucune clef.

– Je ne connais pas Minas, dit-il.

Elle hausse les épaules avec mépris :

– Tu ne veux pas comprendre, dit-elle. Parlons d'autre chose.

– Mais non. Explique-moi. Cela m'intéresse.

Il n'ajoute pas que Romula aussi l'intéresse. Il la trouve surprenante. Ses manières ne ressemblent à rien de ce qu'il connaît et cela le déconcerte.

– Eh bien ce sera pour une autre fois, dit-elle en se relevant. Je ne peux passer la soirée à tes côtés. Ce ne serait pas convenable. Et tu as entendu Fabius Eupor : je suis une femme honorable ! Mes recherches représentent ma vie. Est-ce que l'on peut raconter sa vie en une soirée ? Non, n'est-ce pas ?

– Il faut sûrement plusieurs soirées, répond Labius, surpris lui-même de son audace.

Romula se met à rire à nouveau.

– Je ne m'attendais pas à cela, dit-elle. Tu es un homme amusant, Labius. Connais-tu bien Pompéi ?

– Que veux-tu dire ?

– Dis-moi plutôt si une visite guidée de la ville te plairait. Certains guides chevronnés te feront découvrir la ville comme personne.

Labius a une mine dubitative.

– Cela en vaut-il vraiment la peine ? Vicario m'a emmené faire un tour à mon arrivée. J'ai vu beaucoup de ruines. Je doute qu'elles se soient relevées depuis.

– Je te présenterai un autre visage de la ville, si tu me suis.

– Toi ?

Il ne s'attendait pas à cette proposition. Marcher à sa suite dans les rues de Pompéi lui paraît soudain la perspective la plus agréable qui soit.

– Arrange-toi avec Vicario et envoie-moi un message. Julia connaît mon adresse. Mais sois prêt à marcher beaucoup. La découverte de Pompéi ne se fait pas en suivant les trottoirs.

Labius rentre chez lui dans un état second. Romula est

certes l'une des femmes les plus charmantes qu'il ait rencontrées à ce jour. Il devine néanmoins sous cet aspect trompeur une autre femme qui le fascine. Il a tant de mal à trouver le sommeil qu'il finit par se relever pour une promenade dans le jardin. L'air s'est rafraîchi et la brise légère qui souffle lui fait du bien. Il s'apprête à regagner sa chambre quand Julia Felix s'encadre dans la porte de l'œcus. Elle non plus ne parvient pas à trouver le sommeil. Depuis le tremblement de terre, elle a chaque soir des insomnies. Elle veut savoir ce que Labius a pensé de sa soirée.

– Très belle, répond-il. Suettius Certus habite une maison très ancienne. La décoration est intéressante.

Elle bâille.

– Intéressante ? C'est amusant, ce que tu dis là. Ici, nous la jugeons plutôt démodée qu'intéressante. Une sorte de relique des temps anciens. Mais une relique qui a bien tenu lors du séisme. Suettius n'a eu presque aucun dégât à déplorer. Quelques statues renversées, des meubles abîmés, c'est tout. Le reste de la maison n'a pas bougé. As-tu vu les fresques du triclinium ?

– Elles sont magnifiques.

Elle s'est installée sur un banc, le dos appuyé à la façade de la maison.

– Le mur est encore chaud de soleil, constate-t-elle. Nous allons pourtant bientôt entrer dans l'hiver.

Labius se rend compte qu'il est à Pompéi depuis plusieurs mois déjà. Il n'a pas vu le temps passer tant son travail chez Vicario l'accapare. Sans le souci de ses amis, il n'aurait guère pensé à Rome. La cité impériale lui manque bien moins qu'il ne l'aurait imaginé.

– Je t'ai vu parler avec mon amie Romula, dit Julia.

– Oui.

Son cœur bat plus fort.

– Une belle femme, n'est-ce pas ? Je l'aime beaucoup. Elle a toujours des choses tellement amusantes à raconter. Personne à Pompéi ne lui ressemble. Elle est née ici et pourtant on la dirait venue d'ailleurs tant elle se passionne pour des sujets étranges. Enfin, j'imagine que l'on doit trouver de nombreuses personnes ainsi à Rome.

– Non, je ne crois pas. Je n'ai jamais rencontré quelqu'un de semblable auparavant.

Le ton particulier qu'il a employé lui attire un curieux regard de Julia.

– Caius Puzzus lui fait une cour assidue, dit-elle d'une voix tranquille. Il est très épris. Mais elle ne donne aucune suite. Ses précédents mariages ont dû lui suffire.

– Elle a été mariée ?

– Deux fois. Son premier mari était un vieux patricien de Pompéi, Antonius Popidius. Il est mort en lui laissant toute sa fortune. Quant au second, tu le connais : c'est Marius Rufus.

Bien que résolu à ne rien montrer de ses sentiments, Labius ne peut empêcher un mouvement de surprise. Il sent que ces informations, distillées dans une conversation anodine, ne sont pas innocentes.

– Leur union n'a guère duré : Romula n'est pas une épouse docile. Pas d'enfant, pas de famille. Elle est la seule maîtresse d'une fortune éparpillée dans l'empire. C'est ce qui lui permet de financer ses folles recherches sur les mouvements de la terre. Une passion qui ne lui apporte rien de bon. Les seuls à l'encourager sont des savants romains que l'on voit parfois ici arpenter notre sol. Vicario ne les supporte pas. Jamais il n'autorisera son neveu à épouser Romula. Elle est bien trop audacieuse pour lui.

Labius se sent soudain bien peu de chose par rapport à une personnalité si flamboyante. Le rappel de la visite qu'elle lui a proposée lui redonne espoir. Il est soudain pris d'une envie dévorante de la revoir. Comme il s'éloigne vers sa chambre, la voix de Julia le rattrape, sibylline :

– Bonne nuit... et ne rêve pas trop.

Il ne peut voir le sourire entendu qui s'est posé sur ses lèvres.

Durant la semaine, Labius travaille d'arrache-pied à la décoration du cubiculum de Vicario. Sur le panneau central, il imagine un jardin de rocaille en haut duquel il construit une arche de pierre recouverte de feuillage. Une balustrade ouvragée court tout autour de la chambre. Au panneau suivant, Labius veut représenter une ville imaginaire, sur laquelle s'ouvrira la fenêtre en trompe l'œil. Il dessine des colonnes doriques que les peintres de Clefus se chargent de peindre, en ajoutant les ombres indispensables à la perspective. Une fois le balcon recréé, Labius entreprend de peindre les premières maisons. Il est habité d'une joie sourde qui se trahit par les éclats de peintures rouge et ocre qu'il utilise. Ses maisons prennent forme à grands coups de pinceau flamboyants. Il leur adjoint des colonnes jaunes qui servent de faire-valoir à l'ensemble. Ses compagnons restent médusés. Pour cette première création, Labius a refusé de copier un modèle que Clefus avait dans son atelier. « Je ne suis pas un copiste mais un artiste », a-t-il expliqué, un brin vaniteux. Les hommes de Clefus se sont regardés, sceptiques. Ils n'en reviennent pas maintenant de voir cette ville naître de rien. Labius fait aussi pousser les jardins. Un grand cyprès a jailli d'une arrière-cour protégée par un muret. Il ajoute des palmiers et quelques pots de plantes vertes qu'il essaime sur les différents balcons de la ville. Au loin, en toile de fond, il installe un temple effilé sur lequel il plante un toit en chapiteau.

Mais ce qui lui prend le plus de temps est le dessin d'une petite sculpture qu'il veut mettre en premier plan, en haut d'une colonne. Elle ne lui semble jamais assez fine, jamais assez aérienne. Il poursuit à travers elle les propres traits de Romula Popidia. La tunique lui plaît, le mouvement du corps aussi. Il réussit à rendre toute la grâce qui l'a séduit. Mais il ne parvient pas à retrouver son visage. Il renonce alors et préfère laisser la figurine dans le flou.

À présent, il est libre. Le travail qu'il s'est fixé s'achève. Il lui faudra attaquer une autre pièce avec l'accord de Vicario. Ce sera la dernière, car Vicario, bien que généreux, ne veut pas tout refaire. Certains de ses visiteurs ont déjà pressenti le peintre pour leur propre maison. Il n'a pas voulu s'engager, pensant qu'il regagnerait Rome au plus vite. Mais tout a soudain changé. Rome est en ruines. Romula Popidia est apparue.

Il envoie un message le soir même à la jeune femme, lui indiquant qu'il est disponible le lendemain pour cette visite de Pompéi. Sa réponse le déçoit. Elle ne peut se libérer durant les deux jours suivants. En revanche elle lui propose le troisième jour. Il a tellement attendu cette visite que patienter trois jours encore lui apparaît inimaginable. Il n'a pourtant pas le choix. Il répond alors qu'il accepte. En retour, elle lui fait porter la lettre de Termalon. C'est une tablette courte. Termalon y donne peu de détails sur l'état de la ville. Il le rassure surtout sur la santé de leurs amis communs. Fabullus[15] n'est pas trop anéanti par la destruction de la Domus Transitoria. Antonius a perdu des parents dans l'incendie et lui, Termalon, remercie les dieux d'avoir sauvé sa maison, située par chance dans l'un des quartiers épargnés par le feu. Il espère que Labius se plaît à Pompéi et attend de ses nouvelles avec impatience.

Labius passe les deux jours suivants à ne rien faire. Il prend de longs bains dans les thermes de Julia. Il sourit de l'à-propos de cette femme qui a si bien su profiter de la catastrophe. Les thermes publics de Pompéi étant très endommagés, elle a eu l'idée de mettre ses bains privés à la disposition du public. Ils ne désemplissent pas depuis. Ils sont parfois même si surchargés que Labius préfère revenir sur ses pas.

Après le prandium, Labius va se promener sur le forum ou dans la basilique. Il y a toujours des réunions animées où chacun intervient. Les conversations sont parfois très techniques. Ce jour-là, la ville est au centre des débats : on vote des travaux pour sa rénovation, son organisation et son approvisionnement. Les rations de blé distribuées gratuitement aux habitants en difficulté représentent un budget important. Les discussions vont bon train entre les partisans de la ville-providence et ceux qui prônent le retour à la normale – soit avant le séisme – en fixant un prix modeste. Ceux-là prennent pour exemple l'empereur lui-même qui, après l'incendie de Rome, a renégocié à la baisse le prix du blé pour les habitants. Puisque l'empereur a opté pour cette solution plutôt que pour la gratuité du blé, pourquoi agir autrement ? Les opposants ne manquent pas alors de souligner que l'empereur compense ce choix par un hébergement gratuit dans ses propres jardins et sur le Champ de Mars.

Labius ne reste pas jusqu'aux conclusions. Sur un signe amical à Marius Rufus, il s'éloigne, songeur. Savoir que le sympathique duumvir a été l'époux de Romula crée en lui à la fois un sentiment de connivence et de gêne. Il se souvient de leur conversation sur les divorces durant le voyage de Rome à Pompéi, et de la curieuse intervention d'Octavia. Marius ne parlait-il pas en connaissance de cause ? Il poursuit sa promenade jusqu'au forum. L'endroit n'est pas encore très animé, la plupart des gens s'adonnant à la traditionnelle sieste. Certains marchands préparent leurs étalages en vue de l'affluence à venir. Les portiques de l'est et de l'ouest ont souffert. Des échafaudages de bois les soutiennent. Vicario a dû planifier les réparations pour plus tard.

Ne voyant rien qui pourrait le retenir davantage, Labius s'en retourne vers la demeure de Julia. Il compte les heures qui le séparent du rendez-vous fixé par Romula.

À l'heure dite, elle est là avant lui, enveloppée d'une palla aux couleurs chatoyantes. Elle se tient bien droite, le dos appuyé contre son cisium. Lorsqu'elle le voit déboucher en courant, elle fait un signe au cocher, qui éloigne l'attelage au petit trot. Ils sont seuls.

– J'ai pensé que tu avais oublié, dit-elle.

– L'heure m'a échappé.

– Es-tu prêt pour la marche ?

Il montre ses pieds chaussés de sandales aux brides épaisses.

– Bien, approuve-t-elle. Nous nous arrêterons pour le prandium dans un thermopolium que je connais. Allons-y.

Il la laisse passer devant. Elle marche vite et il doit accélérer le pas pour s'accorder au sien. Elle tient sa promesse : c'est une vraie visite guidée, comme il n'en a jamais eu. Aucune rue, aucun monument public, aucune maison n'a de secret pour elle. La ville lui devient plus familière à travers les légendes et les secrets qu'elle lui rapporte. Elle a des anecdotes à raconter sur chaque habitant. Il observe qu'elle évite les médisances. Sa voix reste posée, quelle que soit l'histoire qu'elle raconte.

Elle remonte aux origines. La fondation de la ville par les Osques aux temps archaïques [16], la conquête de celle-ci par les Samnites ensuite [17]. C'est en parlant de cette période qui dura quatre siècles jusqu'à la conquête romaine par Sylla [18] que son ton devient plus vibrant.

– Les Samnites ont fait de Pompéi la ville qu'elle est aujourd'hui. La plupart des grandes maisons existaient déjà. Nous avions presque construit des palais car Pompéi connaissait un développement économique très important.

– « Nous » ? interroge Labius. Tu es donc d'origine samnite ?

– Je suis samnite. J'ai épousé un Romain mais sans jamais renier mes origines.

Sa fougue étonne Labius. Pourquoi tant de passion ? Il se risque à le lui demander.

– Je suis citoyenne romaine d'origine samnite, dit-elle. Il est normal que je m'intéresse à mes racines. Nous autres Samnites aimons à enseigner à nos enfants l'histoire et les traditions du peuple dont ils sont issus. Les Romains n'ont pas cette chance puisqu'il n'y a pas de peuple romain.

– Que dis-tu là ?

– Qu'est d'autre le peuple romain sinon un ensemble de populations différentes ? D'où viens-tu, toi-même ?

– De Gaule Transalpine. Mais c'est si vieux. Je ne me sens pas gaulois mais romain.

– C'est ton choix. J'aime me souvenir de ce que furent mes ancêtres. Cela me donne l'énergie de poursuivre mon destin.

– Que tu es étrange, murmure Labius. Tu ne cesses de m'étonner. Que cherches-tu donc, sous ton air désenchanté ?

Elle ne répond rien. Ils échangent un long regard où Labius croit deviner tout ce qu'il a envie de voir. La présence si proche de Romula l'emplit de nervosité. Il résiste mal à son envie de la toucher.

Elle rompt d'elle-même le charme en changeant de sujet.

– T'es-tu déjà rendu au Grand Théâtre ?

– Je n'en ai guère eu le temps.

– On y joue une pièce de Térence[19], *L'Eunuque.*

– Je t'avoue que je ne suis pas un passionné de ces pièces de théâtre.

– Serais-tu un artiste sérieux ?

– Et pourquoi pas ? As-tu quelque chose contre ?

– Tu es décidément de plus en plus intéressant, dit-elle.

Ils sont arrivés derrière la maison de Julia Felix, en face de la grande palestre. Elle prend une ruelle où se trouve selon elle une des plus jolies maisons de la ville. Labius doit la voir car c'est une merveille architecturale.

– Elle est samnite, bien évidemment ! sourit-elle.

Labius réalise soudain qu'il est dans cette rue où il a surpris ce qu'il appelle en son for intérieur le « complot ». Instinctivement, il est sur ses gardes.

– Je ne sais où se trouve ta maison, mais je souhaite qu'elle ne soit pas dans l'état de celles que je vois, plaisante-t-il néanmoins.

Ils passent devant le porche où Labius s'est caché quelques jours auparavant. Les façades des maisons sont lépreuses. Le peintre se demande où peut se cacher cette si jolie maison.

– C'est ici, dit Romula.

Et, de la main, elle lui indique exactement la maison devant laquelle se sont tenus les deux hommes. Labius en reste abasourdi. Il s'approche de la façade, suivi de Romula. Il essaie de retrouver l'emplacement exact quand les lettres rouges lui sautent aux yeux : « Le poison, ministre des Finances de Néron Auguste[20]. » Il lit et relit le message vengeur avec consternation. C'est sans nul doute ce qu'ont écrit les deux hommes.

Le rire de Romula le fait sursauter :

– Eh bien ! voilà quelqu'un de clairvoyant, n'est-ce pas ? dit-elle avec enjouement.

– Je me souviens que tu n'es pas loin de partager cette opinion, dit Labius.

– Il n'est pas nécessaire de l'inscrire sur les murs.

– Tu as entendu parler de ces graffitis qui se répandent en ville ?

– Il y a beaucoup de graffitis. Desquels parles-tu ?

– Ces slogans antiromains.

– Non, je ne vois pas. Peut-être considères-tu que celui-ci en fait partie ?

– Il s'attaque à la personne sacrée de l'empereur ! répond avec indignation Labius.

– Il dit tout haut ce que tout le monde pense tout bas.

– Je n'ai jamais pensé une chose pareille. Je le jure sur Mithra !

– Tu es un artiste, dit-elle avec dédain. Tu fais le dos rond parce que Néron vous couvre de gloire en vous faisant peindre n'importe quoi.

– Qu'est-ce que tu dis ?

Labius s'en étrangle.

– Tu as sacrifié ta liberté d'expression citoyenne à ta liberté d'artiste. Parce que Néron vous a ouvert un nouveau champ d'investigations artistiques, tu es prêt à tous les compromis. Mais crois-tu que c'est en peignant l'exubérance baroque de l'empereur que tu rends service à ton peuple ?

– Quel peuple ? répond rageusement Labius. Le romain ou le gaulois, si je crois à ta théorie ?

Elle hausse les épaules.

– Peu importe. Tu sembles très bien t'accommoder de l'un comme de l'autre. Tu es bien un artiste de Rome.

– J'imagine que cette qualification est méprisante, dit Labius. Pourtant elle ne me heurte pas. C'est toi qui es dans l'erreur. C'est l'union de plusieurs peuples qui fabrique un empire. Ton peuple n'a pas su le comprendre et c'est pourquoi les Latins associés aux Romains ont possédé la région.

– Ne parle pas contre mon peuple ! s'écrie-t-elle rageusement. Les Samnites ont été puissants autrefois.

– C'est cela, autrefois. Mais nous ne vivons plus autrefois. Nous sommes devenus un empire. Et tout ce qui met en danger l'empire nous met en danger nous-mêmes. Et cela – il pointe du doigt la phrase en rouge —, cela est très dangereux. Si tout ce que tu m'as dit sur l'agitation romaine est vrai, alors nous connaîtrons des périodes difficiles. Et il est de notre devoir de rester unis et de ne pas se chamailler pour des traditions qui font toute la richesse de notre culture romaine.

Elle ne répond rien. Il peut voir sa poitrine se soulever au rythme de la colère qui l'agite. Puis elle se reprend et lui sourit.

– Nous ne sommes pas là pour nous disputer. Quelle image auras-tu de Pompéi si nous restons sur une impression aussi négative ? Viens déjeuner. Je connais un bon thermopolium tenu par Vinaria Hedone.

En rebroussant chemin, il avise un objet à terre, devant le mur recouvert de l'inscription infâme. Il se baisse et ramasse un ciseau pointu, de ceux qu'on utilise pour tailler les massifs. Serait-ce là ce qui était tombé du panier de la femme ? Sans un mot, il le glisse dans son vêtement et rattrape Romula.

Le thermopolium est sympathique. Vinaria a affiché ses prix à l'entrée : « *Edone dicit : assibus hic bibitur, dipendium si dederis, meliora bibes, quattus si dederis, uina Falerna bibes*[21]. »

Le visage de Romula a retrouvé son calme. Elle lui sourit, détendue. Il songe à l'incongruité de la situation, lui, l'artiste peintre, attablé dans un bar avec une patricienne.

Un long silence s'installe. Seul le bruit des autres consommateurs masque leur gêne. Labius s'enhardit brusquement et lui saisit la main.

– Romula, je n'ai pas accepté cette visite pour ne plus te revoir. Je suis un peintre, j'aime mon métier, dit-il avec douceur. Les nouveautés que suscite l'esprit curieux de l'empereur conviennent à mon inspiration. Ce n'est pas l'empereur que j'admire mais l'artiste. Je ne suis guère féru de politique et j'ignore le jugement rendu sur les actions de Néron. À moi il n'a fait aucun mal. Je n'ai pas de raison de lui en vouloir. Je veux juste que l'empire poursuive son ascension et en tirer quelques profits. Me comprends-tu ?

Elle garde les yeux baissés, sans réponse, mais ne retire pas sa main.

Vinaria Hedone leur sert deux cyathes de vin de Falerne.

– Buvons à notre réconciliation, et aux dieux qui ont permis notre rencontre.

Ils lèvent leurs coupes et boivent le léger breuvage.

– Tu parles des dieux, dit-elle à mots lents, mais sais-tu que les dieux sont méprisés ici ?

Et comme il la regarde d'un air interrogateur, elle se laisse aller à la confidence :

– Vicario est certes un homme de bien. Mais il entraîne la population dans de fausses croyances. Le séisme qui a ravagé Pompéi n'est l'œuvre d'aucun dieu. Il est le fruit d'un mouvement spontané des profondeurs de la terre. Tous les savants qui s'intéressent à la question s'accordent sur ce point. Aucun dieu n'est à l'origine de cette action naturelle.

– Comment peux-tu en être si sûre ?

– Je n'ai aucune preuve. Mais les manifestations qu'organise Vicario m'indignent. Elles témoignent d'une méconnaissance absolue de la science. Nous avons établi des recoupements intéressants, et nous avons des pressentiments qui nous font redouter bien pire. Mais Vicario refuse de m'écouter. Il préfère instaurer un culte qui ne devrait pas être.

– S'agit-il de ce culte à Minas dont tu me parlais chez Suettius Certus ?

Elle hoche la tête. Depuis la catastrophe, Vicario a restauré un culte secret au titan Minas qui habite les profondeurs du Vesuvius. Elle le sait par de nombreuses connaissances qui ont adhéré dans la peur à ce culte rassurant. Vicario, homme pondéré et religieux, est persuadé de la justesse de son action, en dépit de la condamnation des Titans par les Olympiens[22]. Il pense que seules des offrandes au monstre Minas peuvent apaiser ce prisonnier devenu fou. Romula s'échine pourtant à faire entendre son opinion. Minas n'a pour elle aucune réalité. Et Labius de l'écouter exposer ses découvertes sur la vraie nature du Vesuvius. Il n'arrive pas à se concentrer sur ses propos tant il est fasciné par sa personne. À l'en croire, le Vesuvius serait un volcan. Un grand savant du nom de Plinius Secundus[23] l'a répertorié dans son *Historia Naturalis*[24]. Le tremblement de terre pourrait être lié à l'activité souterraine du volcan. Dans le feu de son exposé, le rouge lui est monté aux joues : elle parle avec une passion qui l'attendrit.

Il faut l'intervention de Vinaria Hedone pour qu'elle s'arrête d'un coup. La tenancière a disposé devant eux les plats qu'ils ont commandés.

– Je reconnais, dit Labius, que Vicario ne m'a guère parlé de ces théories. Il est plus tourmenté par l'élucidation de ces graffitis qui maculent les murs de votre ville.

– Ils expriment l'opinion de la majorité des habitants, réplique-t-elle. Vicario ferait bien d'y réfléchir.

Elle se met à manger. Il l'imite, agréablement surpris de la qualité de la nourriture, mais surtout fasciné par sa compagne. Plus il reste auprès de cette jeune femme insaisissable et plus l'envie lui vient de l'étreindre. Il observe son bras porter à sa bouche les friandises salées de Vinaria Hedone. Son mouvement gracieux lui envoie à chaque fois une bouffée d'air parfumé ; c'est la manche de son vêtement qui accroche l'air et lui sert d'éventail. Son esclave a certainement dû la frotter d'onguents parfumés ce matin. Il tente de l'imaginer, nue, allongée sur la table de massage tandis que les mains de l'esclave explorent les plis de sa peau. Cette seule pensée l'étourdit.

– Je me demande si tu m'écoutes vraiment, remarque-t-elle. Tu ne réagis même pas lorsque je te parle de ces dangers qui guettent notre ville. Tu sembles bien plus intéressé par ces graffitis qui tourmentent Vicario. Je peux tous te les montrer, si tu le souhaites. Je connais chacun de leurs emplacements.

Labius en reste interdit.

– Je ne suis pas sûr d'être aussi passionné que tu ne le penses. Pour être franc, ces textes m'inquiètent plutôt qu'ils ne m'amusent.

– Ils n'ont pourtant aucun intérêt, dit-elle, péremptoire. Mes recherches valent autrement plus. Mais tu es comme les autres, tu n'y crois pas. Va donc rejoindre ce malheureux Vicario et ses fidèles pour implorer une protection qui n'existe pas.

– Ce n'est pas ce que je veux dire. Tes recherches m'intéressent.

Il essaie de se montrer convaincant. Au fond, il se moque de ces histoires de culte secret. Un culte de plus ou de moins, qu'importe. Simplement il comprend mieux l'attitude ambiguë de Vicario quant à la représentation des dieux sur ses murs. Mais il pressent que cette réponse ne satisfera pas Romula.

– Tu crois peut-être que j'exagère, dit-elle. Si tu es libre avant la cena, viens avec moi. Je t'emmènerai adorer Minas.

– Tu fais donc partie des adeptes ?

– Certes non. J'irai voilée, et toi aussi. Mais tu comprendras ainsi la gravité de la situation.

Labius n'ose avouer son désintérêt pour la question. La seule perspective de revoir Romula lui fait accepter. Elle termine hâtivement son plat et se lève. Rendez-vous est pris dans la soirée. Il la regarde s'éloigner, fluette silhouette à la démarche chaloupée. Une bouffée de chaleur l'envahit. Jamais il ne s'est senti aussi joyeux.

De retour chez elle, Romula remet sa palla entre les mains de sa servante et rejoint à pas rapides son atelier. C'est ainsi qu'elle appelle cette pièce chargée de bric-à-brac où elle entrepose toutes ses trouvailles. Ces derniers temps, l'endroit s'est rempli d'amphores de petite taille et au col élargi. Elles sont posées sur de larges plateaux de bois, soutenus par des tréteaux. Chacune d'entre elles est remplie d'un mélange différent de terre et de roche. Les murs sont couverts de dessins incompréhensibles.

Un homme est là, âgé d'une quarantaine d'années, la barbe grisonnante. Il est plongé dans l'observation de plusieurs roches qu'il a disposées devant lui.

Romula s'approche avec respect.

– Bonjour, Ergolus Ergocus. Je te retrouve au travail, une fois de plus.

Il hoche la tête sans répondre. Romula a l'habitude de ses silences. Depuis leur première rencontre à Rome, au lendemain du séisme, le célèbre savant l'a accoutumée à ces longues périodes de méditation. Mais c'est la première fois qu'elle le reçoit chez elle, dans cet atelier dont elle a soudain honte face au grand homme. Ergolus Ergocus n'a émis aucune remarque. Depuis le premier jour de son arrivée, il travaille au milieu du désordre familier de Romula, jonglant avec les différentes roches qu'elle a rapportées de ses expéditions sur le Vesuvius. Il n'a souhaité mettre personne au courant de sa présence au cœur de Pompéi. Il sait par Romula le mauvais accueil qu'ont réservé les dignitaires de la ville à ses connaissances scientifiques. Il ne veut pas y être confronté avant d'avoir bien étudié la question. Les différentes roches qu'elle lui apporte à Rome depuis bientôt deux ans ont fini par exciter sa curiosité d'érudit. Cette *pomex*[25] n'est pas là par hasard. Se pourrait-il vraiment que son ami Plinius Secundus ait raison, et que le Vesuvius soit bien ce volcan caché qu'il évoque dans son *Historia Naturalis* ? Il n'avait jusque-là jamais abondé dans ce sens, n'ayant pas les éléments nécessaires à une bonne argumentation. Il a toujours pris soin de rester évasif devant Romula, afin d'éviter de troubler son esprit encore balbutiant. Mais aujourd'hui, il se réjouit d'avoir affronté ces trois jours de voyage pénible à l'arrière de la voiture de la jeune femme. Les éléments rassemblés dans cet atelier d'amateur parlent d'eux-mêmes.

Il se retourne vers elle, grave.

– La présence d'un si grand nombre de ces pierres est le signe d'une intense activité passée du Vesuvius.

Ce préambule n'étonne pas Romula. Ces pierres légères qu'elle trouve en abondance sur les pentes du Vesuvius ont nourri son imagination débridée. Elle est prête à croire n'importe quoi, en dépit de l'aspect verdoyant de la montagne, que les paysans ont plantée de vergers florissants.

Ergolus a reposé les roches et saisi ses tablettes.

– Depuis toujours, dit-il, les hommes se sont servis des trésors de la terre. Peu se sont interrogés sur les origines de ces matériaux. Pourtant ils sont le signe d'une grande colère des dieux. Les Grecs l'avaient déjà remarqué. Héphaïstos[26] n'aimait pas qu'on le dérange lorsqu'il battait le fer dans ses forges. Et ses forges étaient innombrables. Elles se trouvaient justement sous des montagnes semblables à celle qui surplombe ta ville. Aidé de ses compagnons les Cyclopes[27], Héphaïstos a façonné toutes les armes des dieux. Le feu de ses forges était si puissant qu'il débordait parfois de la montagne et ensevelissait tout sur son passage. Comme tu le sais déjà, les choses se sont encore aggravées lorsque Athena[28] a enfermé les monstres Minas, Typhon et Encelade sous terre. De rage de ne pouvoir s'échapper, ils se démènent parfois, et leurs méfaits sont redoutables. J'ai retrouvé ce qu'a écrit Publius Vergilius Maro[29] à ce sujet :

Il approche une tablette de ses yeux :

– « Leurs soubresauts entraînent des séismes, leur haleine enflammée le feu de la montagne et leurs gémissements les terribles grondements qui accompagnent ces phénomènes. »

Il repose la tablette et la regarde, perplexe. Pour Romula, rien de cela n'est nouveau. Elle sait depuis toujours qu'Encelade a été jeté sous l'Etna et Minas, sous le Vesuvius.

– Mais depuis les Grecs, dit-elle, nous avons peut-être fait d'autres découvertes ?

– Quelles découvertes pouvons-nous faire qui iraient à l'encontre des dieux ? Il y avait une île d'une richesse inouïe, habitée par un peuple heureux et honnête dans la mer Égée. Platon[30] en parle dans ses œuvres. Elle a été avalée par la mer lors du travail d'Héphaïstos. Ce peuple n'avait en rien provoqué les dieux. Pourtant il a été anéanti. L'homme ne peut faire de découvertes qui ne soient agréées par les dieux. Ils tiennent le monde entre leurs mains.

– Veux-tu dire qu'on ne peut rien pour échapper à ces phénomènes ?

– Tes propos sont d'une hardiesse que je préfère attribuer à ton innocence. Imagines-tu remettre en cause le sens divin du monde par la découverte de ces quelques pierres ?

Son ton s'est empreint de sévérité. Ergolus Ergocus est à l'évidence un homme respectueux des dieux. Elle se mord les lèvres, honteuse de ses propos blasphématoires.

– Il y a pourtant ici des hommes qui pensent changer

le cours des choses en implorant la clémence de Minas, dit-elle enfin.

Pendant quelques instants, Ergolus en reste coi.

– Je ne peux imaginer que des hommes se laissent aller à semblables abominations, dit-il enfin. Minas a servi les ennemis des dieux : comment l'adorer sans provoquer l'ire de l'Olympe ?

Il reprend quelques pierres qu'il fait passer d'une main à l'autre.

– La pomex est le signe d'une grande colère. Mais vois aussi combien elle se révèle précieuse : elle devient un matériau de construction et le sol dont elle est extraite est d'une fertilité extraordinaire. Comme si les dieux donnaient un mal pour gagner un bien. Il n'empêche qu'il n'est jamais bon d'encourir leur mécontentement. Les Vulcanalia[31] témoignent de notre respect pour Vulcain. Il surveille mieux ainsi les dessous de la terre. Il nous faut continuer pour gagner sa mansuétude et sa protection. La conduite légère de sa divine épouse[32] ne doit surtout pas le mettre en colère. Alors nous offrons aussi des sacrifices à Vénus pour qu'elle daigne calmer ses ébats. À ce jour notre piété a été récompensée.

Romula hoche la tête, songeuse. Il a saisi un lot de parchemins qu'il ouvre sur sa table :

– Le Vesuvius est déjà répertorié comme un volcan par Strabon[33]. Il écrit : « Il possède des cratères de feu, lesquels se sont éteints faute d'aliments. » Il pense que ce sont des montagnes creuses dans lesquelles le vent s'engouffre et déclenche le feu. Il a constaté dans ses voyages que ces éruptions produisaient une boue noire[34] de grande chaleur qui, en se figeant, devient de la pierre meulière. La cendre qui s'abat sur la terre enrichit le sol d'une grande fécondité.

Il fouille à nouveau dans ses parchemins.

– L'érudit Sénèque, précepteur de notre empereur, s'est aussi penché sur la question. Lui parle des gaz et des vapeurs que les incendies souterrains excitent au point de les faire éclater.

Son doigt court sur le parchemin tandis qu'il parle.

– Les descriptions des forges de Vulcain se rejoignent : elles sont placées sous des montagnes dont le centre forme un puits. Le Vesuvius n'y ressemble guère. Peut-être l'éruption a-t-elle eu lieu il y a très longtemps, et s'est-elle éteinte faute de combustibles.

Il se redresse et la regarde, pensif :

– Ta passion est étrange pour une femme, remarque-t-il. Elle va combler mon ami Caius Plinius Secundus. Si tu acceptes encore de collaborer avec nous, nous pourrons entretenir un échange étroit sur l'avancée de nos connaissances.

Cette preuve de confiance réjouit et affole Romula. Elle ne peut que dire oui, à la fois grisée et consternée de ce qu'elle vient d'apprendre. Déjà Ergolus Ergocus rassemble les roches et les remet dans les amphores. Il a appris ce qu'il voulait. Il est temps pour lui de regagner Rome et de mettre par écrit ses dernières observations. Il observe à la dérobée cette jeune femme qui serre nerveusement ses mains l'une contre l'autre, comme tétanisée par l'ampleur de ce qu'il lui a demandé.

– Je partirai ce soir, dit-il, à la nuit tombante. Personne ne saura ainsi que je suis venu.

– Mais pourquoi ne vas-tu pas parler au conseil de la cité ? demande-t-elle. Ils t'écouteraient sans doute mieux que moi.

– Il n'y a rien à leur dire. Entre ce que nous savons et ce que nous découvrirons peut-être, il y a bien du chemin à parcourir. À quoi bon affoler les gens sans motif ?

– Il faut pourtant que j'avertisse les adorateurs de Minas de leur dangereuse erreur, dit-elle.

– Les dieux s'en prendront à eux directement. Ne te mêle pas de cela.

Il a quitté l'atelier pour préparer ses affaires. Romula sent battre au fond d'elle une boule d'angoisse. La perspective qu'elle pressentait depuis toujours et que vient de lui confirmer Ergolus la pétrifie. Elle est submergée par la complexité de ce qui l'attend.

Labius la retrouve peu avant la treizième heure[35], au coin d'une ruelle excentrée. En dépit de la chaleur, il a enfilé son poeunula pour dissimuler son visage. L'expédition ne l'excite pas davantage que ce matin. Mais la seule vue de Romula, enveloppée dans une palla sombre, fait s'envoler ses dernières réticences.

Elle pose un doigt sur ses lèvres, lui intimant le silence. Au fond de la ruelle, d'autres silhouettes sont apparues qui disparaissent l'une après l'autre derrière une grille. Un escalier aux marches rongées par la mousse les entraîne vers une crypte aux pavés irréguliers. Les fidèles sont déjà nombreux, rassemblés en demi-cercle autour d'une pierre longue et grise. Tous ont la tête baissée, comme dans l'attente de quelque chose. D'emblée Labius trouve l'atmosphère oppressante. Il se force à baisser sa tête pour ne pas attirer l'attention. Et il se maudit : qu'est-il venu faire ici ? Un murmure s'élève, comme un bruissement de plus en plus fort. Ce sont les fidèles qui chantent à bouche fermée une mélodie obsédante. Le peintre risque un regard vers l'espace laissé vide par la foule. Romula le tire par sa stola.

– Ne bouge pas, chuchote-t-elle.

À présent, Labius devine une nouvelle présence. Les chants se sont faits plus doux, avant de s'éteindre doucement. Vicario est là, au milieu, vêtu d'une curieuse tunique écarlate. Il porte dans ses cheveux des feuilles et des fleurs. Labius le trouverait ridicule s'il n'était pétrifié par l'ambiance générale. Quatre hommes se sont avancés et s'inclinent devant lui. Ils ont le torse nu. Deux d'entre eux portent des branchages dans leurs mains qu'ils présentent à leur voisin. Soudain les lèvres fermées des adeptes se sont ouvertes, et un long gémissement résonne, lugubre, dans la crypte. Comme mus par un mécanisme, deux des hommes lèvent leurs bras et joignent leurs mains en tournant lentement sur eux-mêmes. Alors les deux autres abattent brutalement les branchages sur la chair qui s'offre à eux. Le sang gicle, mais n'arrête pas le cérémonial. Plus les fouets ravagent les chairs et plus les victimes consentantes tournent vite. Labius est pétrifié. Il se tourne vers Romula. Elle le regarde, froide. Ses yeux se portent alors vers Vicario. Le magistrat n'a pas bougé. Il observe la flagellation en psalmodiant des paroles que lui seul entend dans le tumulte général. Soudain le gémissement s'arrête. Les deux victimes tombent, ensanglantées. Et Labius reconnaît dans le visage de l'un d'eux le propre neveu de Vicario, Caius Puzzus.

Vicario s'est avancé. Il psalmodie maintenant à voix haute. Il supplie Minas d'accepter cette flagellation et d'assurer sa protection aux habitants qui lui sont fidèles. La mélodie obsédante du début a repris parmi les adeptes. Labius se sent mal. Il a en horreur ce genre de scènes. Cela lui rappelle la course des Luperques qui a lieu chaque année à Rome autour du Palatin. Ces hommes nus qui fouettent avec des lanières en peau de bouc les femmes stériles pour conjurer le sort l'ont toujours profondément dégoûté. Il n'imaginait pas retrouver ce même goût du sang et du spectacle à Pompéi.

– Pourquoi m'as-tu amené ici, murmure-t-il presque avec hargne.

– Je voulais que tu voies cela de tes propres yeux.

Il s'en serait bien passé. Autour d'eux les fidèles se sont resserrés. Labius ne veut pas être pris en étau. Il recule doucement, suivi de Romula. Sorti de la crypte, il gravit à toute vitesse l'escalier couvert de mousse. Elle arrive près de lui, silencieuse. Il a besoin de marcher. Les cultes sanglants lui ont toujours fait froid dans le dos. Ils ne parlent pas durant un long moment. Puis il lâche :

– Peu me chaut que Vicario s'adonne à ce culte, tant que je ne suis pas obligé d'y aller.

– Ce culte est monstrueux parce qu'il est inutile, dit-elle.

La vue de ces corps ensanglantés ne paraît pas l'avoir dérangée.

– Qu'importe, si certains ont plaisir à y assister, dit-il.

– Vicario est dans l'erreur, répète-t-elle.

Labius est décontenancé. Cela fait trois jours qu'il attend fiévreusement ces instants. Et voici que Romula, loin de l'entraîner dans l'aventure sentimentale qu'il imaginait, le plonge dans des histoires sordides. Il a l'impression terrible de perdre son temps alors qu'elle est si proche de lui. Il connaît peu les femmes. Ses seules expériences remontent aux lupanars romains où Termalon l'a entraîné un soir pour le dépuceler. Il y avait pris goût et s'était attaché à une jeune pensionnaire dont l'apparente innocence lui plaisait. En fait d'innocence, elle cachait une redoutable expérience qui l'avait laissé exsangue le premier soir. Mais le plaisir était tel qu'il y était retourné avec régularité, avide de découvrir des joies dont elle seule avait le secret.

Mais ce ne sont là que des expériences sexuelles. Rien qui ne lui permette de comprendre la tortueuse mécanique féminine. Il se sent démuni et malheureux. Le sentiment qui le pousse vers Romula lui est inconnu. Peut-être est-ce cet amour dont parle si bien Ovide[36] ?

Il avise une large inscription au mur : « Garde-toi toujours en fleur, Romula, garde ta beauté et sois longtemps jeune fille[37]. » Il s'arrête et se tourne vers elle. Elle l'a lue et sourit, presque gênée. Ainsi, ses amoureux viennent s'épancher jusque sur les murs ! Il se sent alors dépassé par la force de ses sentiments et par celle de ses concurrents. « Je suis fou, songe-t-il. Qu'est-ce qui me prend d'imaginer une aventure avec une patricienne ? Je suis un peintre, un artiste. Je ne vaux rien pour ces grandes famillcs. Ma célébrité me monte à la tête. Il est temps que je retourne travailler et oublie ces sottises. »

Il sent son bras se glisser sous le sien et il entend sa voix, comme dans un rêve. Il n'arrive pas à croire ce qu'elle lui propose. Veut-il visiter son atelier ? Il est tard, bien sûr, mais s'il n'a rien à faire, pourquoi ne la suivrait-il pas ?

Elle a ouvert la porte d'une maison isolée. Elle fait signe à Labius de passer, puis referme avec soin la porte derrière eux.

– C'est ici mon havre, mon jardin secret, dit-elle. Personne n'y rentre jamais.

Labius est saisi par cet ensemble hétéroclite qui témoigne de recherches actives. Il a presque l'impression de se retrouver dans son propre atelier tant le sol est encombré. Les planches de dessin au mur l'intriguent par les formes étranges représentées. En s'approchant des amphores disposées sur les plateaux de bois, il constate avec surprise qu'elles sont remplies de terre et de roches. Romula plonge la main dans l'une d'elles et lui présente une pierre grise.

– Tiens, prends cette pierre.

Il tend la main et est stupéfait de la légèreté de la pierre. Comme elle en ramasse une autre, plus volumineuse, sous la table, il se précipite pour l'aider. Mais sa surprise est totale : la pierre, en dépit de sa taille, ne pèse rien.

– Mais qu'est-ce donc que cette pierre étrange ? demande-t-il, interdit.

– N'est-elle pas surprenante ?

Romula la lui reprend des mains. Elle la pose sur la table et lui fait signe d'approcher.

– Regarde ces circonvolutions tout autour.

– On dirait des bulles, remarque Labius.

– C'est exactement cela, approuve-t-elle. On dirait des bulles. Et je pense d'ailleurs que ce sont des bulles, des bulles qui ont séché à l'air.

– Des bulles qui ont séché à l'air ? répète Labius. Mais depuis quand les pierres ont-elles des bulles ?

Romula reprend la pierre :

– Cela n'est pas une pierre. C'est de la pomex. Sais-tu ce que c'est que de la pomex ?

– Je sais qu'on l'utilise dans la construction. Mais je ne la voyais pas ainsi. N'y a-t-il pas d'ailleurs une carrière près d'ici ?

Elle hoche la tête :

– Si, de l'autre côté du Vesuvius. Mais laisse-moi te confier ce que j'ai appris de cette pierre étrange. Elle serait le fruit d'un liquide chaud en ébullition. Elle devient, en durcissant, cette pierre grise ou blanche, dotée d'une étonnante légèreté.

– Et d'où vient ce liquide chaud en ébullition ?

– Il viendrait du feu de la montagne. Le Vesuvius est un volcan. C'est ce qui explique la fertilité de ses versants et la richesse de ses carrières. Mes ancêtres utilisaient déjà le tuf[38] pour leurs maisons. La pomex a la même application[39].

Le peintre regarde le contenu de l'amphore avec perplexité.

– Cela signifie que, très longtemps auparavant, le Vesuvius aurait pris feu ? demande-t-il.

– Peut-être. À vrai dire, je n'en sais rien. D'après les textes anciens, le feu vient de l'intérieur de la montagne. Les Grecs pensent qu'Héphaïstos crée ce phénomène en travaillant à ses forges. Le feu est si puissant qu'il déborde ensuite par le haut de la montagne. Notre dieu Vulcain pourrait faire de même, surtout dans un instant de colère contre Vénus.

– Quelle histoire étrange, murmure Labius.

Il reprend la pierre et la tourne entre ses mains. Elle est rugueuse et présente un contour irrégulier.

– Il y a autre chose d'intéressant dans cette pierre, ajoute Romula.

Elle va puiser de l'eau dans un cratère et en verse quelques gouttes sur la pomex. Elles disparaissent, avalées par l'étrange matière.

– Tu vois, elle est poreuse. Je n'ai jamais vu de pierre poreuse de ma vie. Et maintenant regarde.

Elle jette la ponce dans le cratère. Elle reste à la surface, ondulant au rythme de l'eau qui tremble.

– Elle flotte ? s'étonne Labius. Romula acquiesce.

– Te souviens-tu de la prédiction de la comète apparue sous les consulats de Velleius Paterculus et Manilius Vospicus[40] ? demande-t-elle. Le tremblement de terre pourrait en découler. Mais je me demande à présent s'il n'annonce pas autre chose de bien plus redoutable.

Labius pointe les dessins accrochés au mur :

– Que représentent ces dessins ? demande-t-il.

Elle en arrache un pour mieux le lui montrer :

– C'est la pomex. J'essaie de comprendre comment elle s'est formée.

– Tu m'as parlé d'un liquide brûlant en ébullition.

– C'est ce que j'ai imaginé d'après les propos d'Ergolus.

– Ergolus Ergocus, l'érudit ?

Labius connaît l'homme de réputation. La seule mention de son nom donne soudain un autre relief aux confidences de Romula :

– Accorde-t-il crédit à ce que tu me racontes aujourd'hui ? interroge-t-il.

– Mieux encore, il m'encourage à poursuivre mes observations.

Elle prend garde de ne pas révéler le tout récent passage du savant à Pompéi.

Labius se laisse tomber sur un banc de bois. Il passe la main dans ses cheveux. Les émotions de la journée le terrassent d'un coup.

– Pourquoi me racontes-tu cela ? N'est-ce pas à Vicario et aux autorités de la ville que tu dois te confier ?

– Vicario ne me prend pas au sérieux. Personne ne peut imaginer aujourd'hui une catastrophe pire que celle que nous avons connue.

Il se relève, presque soulagé.

– Vicario a raison. Toi et ton savant, vous vous emballez trop vite. Tout Pompéi est construit de ces pierres qui t'intriguent tant. Et pourtant rien ne s'est jamais passé.

Elle comprend qu'il est inutile d'insister. La déception perce dans sa voix quand elle reprend la parole :

– Mes recherches ne t'intéressent donc guère...

– Tes recherches sont très loin de mes préoccupations quotidiennes, reconnaît le peintre. Je les trouve aussi bien inhabituelles pour une femme de ta qualité. Mais elles sont passionnantes, ajoute-t-il aussitôt, en voyant son visage se décomposer.

– Je suis heureuse de t'avoir amené ici.

Le peintre ne répond pas. Elle range ses pierres avec précaution dans l'amphore.

– Personne ne vient jamais ici, répète-t-elle. C'est un endroit où je reste seule. Il faut m'être très proche pour que j'ouvre ces portes. Je suis contente que tu aies vu cela avant de repartir.

– Je ne suis pas encore reparti, remarque le peintre.

– Ne m'as-tu pas dit que tu t'en retournais bientôt ?

– C'est une décision que je dois prendre, dit-il avec détachement.

– Et tu ne l'as pas encore prise ?

– Je me demande si je le pourrai.

– Puis-je te demander ce qui te retiendrait ici ?

Sa voix est presque inaudible. Il s'approche d'elle, doucement. Il sent son corps entier vibrer comme il se penche vers elle.

– Tu le sais bien, répond-il, tremblant.

Elle se laisse enlacer. Pendant un long moment ils ne disent rien. Puis d'un coup, comme pressés par le danger d'une catastrophe imminente, ils laissent enfin parler la fougue de leurs deux corps entre les amphores et les débris.

Il rejoint la maison de Julia Felix tard dans la nuit. Des chandelles sont allumées dans les pièces. Un bruit de voix s'élève du triclinium. Julia doit recevoir des amis. Il décide de faire le tour afin d'éviter d'être interpellé. Il connaît trop bien son hôtesse pour ne pas douter d'une invitation à venir les rejoindre. Mais il veut être seul ce soir. Il gagne sa chambre à pas de loup et se change sans allumer de chandelle. Assuré de ne pas avoir été remarqué, il s'assied contre son lit et met la tête dans ses genoux. Il peut entendre le sang battre à ses tempes. Il reste ainsi un long moment, avant de s'allonger à même le sol. Le contact du carrelage froid le fait frissonner. Mais il ne bouge pas. La dureté de sa couche de fortune le force à se calmer.

Il sait déjà qu'il ne pourra pas repartir de Pompéi. La passion l'a happé comme son pinceau attrape les pigments et les écrase contre le mur. Il ne pourra pas lutter contre.

Il finit par s'endormir, épuisé.

IV

Labius est resté. Malgré l'appel pressant de Rome qui manque d'artistes pour sa reconstruction, malgré les propositions disproportionnées de patriciens romains prêts à tout pour l'attirer, il s'est installé chez Romula Popidia et a trouvé sa place à Pompéi. Il a appris à aimer la ville sous son masque de ruine, il s'est habitué aux secousses régulières qui agitent le sol campanien, il a créé l'atelier dont il rêvait depuis toujours. Cela s'est fait avec naturel. Il s'est d'abord associé avec Clefus, puis a ouvert un atelier plus grand où il a entrepris d'accueillir de jeunes disciples assoiffés d'apprendre. Bientôt la notoriété de l'atelier devient si grande qu'elle s'identifie à la renommée de la Campanie. Il est l'une des fiertés de la région, comme ces cultures qui donnent deux fois plus qu'ailleurs ou ces paysages extraordinaires qui séduisent les amateurs.

Labius se sent si bien dans sa nouvelle ville d'adoption qu'il n'imagine pas retourner à Rome. L'amour qu'il partage avec Romula et la richesse de son travail d'enseignement lui suffisent au-delà de ce qu'il aurait pu imaginer. Mais lorsque son ami Fabullus lui demande de le rejoindre pour le décor de la Domus Aurea, l'excitation s'empare de lui. La Domus Aurea va être, si l'on en croit la rumeur, le chef-d'œuvre de Néron[1]. Et Labius toucherait là à la consécration de son art. Être appelé par l'empereur le pose comme l'un des plus grands artistes de l'empire. Comment, dans ces conditions, refuser une offre aussi exceptionnelle ? La vanité qui l'habite toujours ne peut passer outre une telle reconnaissance. Il en a pour six mois, lui écrit son ami. À Romula qui l'écoute lire à haute voix le message, il promet de revenir aussi vite qu'il le pourra. Elle opine du chef, partagée entre l'admiration et un certain mépris devant son excitation servile. Elle se sent presque blessée de disparaître si vite de son esprit quand il s'agit de reconnaissance et de gloire.

Elle se retrouve seule dès la semaine suivante. Passé la première déception, elle en profite pour multiplier ses randonnées sur le Vesuvius et augmenter sa collection de scories et de roches. Depuis la visite secrète du savant Ergolus Ergocus en l'an 818[2], elle n'a rien découvert de nouveau, mais le mystère que renferme la montagne ne cesse de la hanter.

Il préoccupe aussi Ergolus Ergocus, qui reste en correspondance étroite avec elle. Les nombreux éléments qu'il a glanés dans les textes anciens sur la formation des volcans ne peuvent entretenir le doute sur la nature véritable du Vesuvius, bien qu'aucun témoignage ne vienne l'étayer. La seule question qui taraude maintenant Ergolus et Plinius Secundus est de savoir si le feu est définitivement éteint ou s'il peut se rallumer à nouveau. Dans ce dernier cas, la catastrophe de l'an 815 annoncerait-elle un prochain réveil de la montagne[3] ? Les quelques années qui ont passé depuis n'annoncent rien de tel. La région est calme, trop calme même par rapport à ce que fut son activité lorsque Pompéi était au sommet de son expansion économique. Mais cela n'est plus qu'un souvenir. Bien que relevée chaque jour davantage de ses ruines, la ville garde comme une trace indélébile du grand malheur qui l'a terrassée.

Les observations que lui transmet avec régularité Romula donnent envie à Ergolus de retourner à Pompéi.

L'absence de Labius rend justement la jeune femme très disponible. Elle accueille le savant avec joie et respect. Cette fois-ci, la visite se fait au grand jour. Ergolus, savant réputé, n'a rien à cacher.

Bien que fatigué par son voyage, il tient à aller dès le lendemain de son arrivée sur le haut de Vesuvius. Le carrus est venu les chercher avant la première heure. Deux esclaves se sont chargés des provisions pour la journée. Pompéi dort encore lorsqu'ils la traversent. Ergolus sommeille, mal remis du long voyage depuis Rome. Les mulets peinent à tirer la voiture dans la pente qui se dessine. Plus la montagne se rapproche et plus la voie se fait étroite. Romula connaît à la perfection le chemin pour l'avoir pratiqué de nombreuses fois. Depuis la dernière visite du savant, elle ne compte plus ses expéditions. Elle veut observer les changements, s'il y en a. Les mises en garde d'Ergolus l'ont inquiétée. Elle s'est persuadée d'un danger imminent qui draine toute son énergie.

À mi-chemin, la route se rétrécit brusquement. C'est le moment de prendre le relais à pied. Ils marchent, en admirant sur les versants les couleurs changeantes des légumes, du fourrage et des céréales qui se nichent entre les lignes de vignes et d'oliviers. Durant trois bonnes heures, ils grimpent sous le soleil levant. Le premier esclave ouvre la marche tandis que le dernier la ferme. Chacun d'eux est lourdement chargé. Mais ce sont des hommes solides. Ils ont grimpé déjà plusieurs fois en compagnie de leur maîtresse. Le premier marche pieds nus. Il va lentement, encore mal remis d'une étrange maladie qui a desquamé sa peau et fait craindre à Romula pour sa vie. Ses pieds épousent le sol et s'y agrippent, comme nantis de griffes. Romula a toujours été saisie par sa force paisible. Partir avec lui est une assurance de redescendre. Celui qui ferme la marche est au contraire petit et râblé. Mais ses jambes torses cachent une endurance à toute épreuve et une force étonnante.

Entre les deux, Ergolus Ergocus marche lentement. On

peut l'entendre haleter, tandis que les rayons du soleil deviennent de plus en plus chauds. Ils ont déjà entamé la deuxième heure. Plus ils traînent et plus la montée sera difficile. Romula tente de le faire comprendre au savant et lui propose l'aide de l'un des esclaves. Il accepte avec reconnaissance. En dépit de sa bonne volonté, ses forces déclinent à vue d'œil.

Lorsqu'ils parviennent enfin au sommet, le soleil est devenu brûlant. Romula est trempée par l'effort. L'esclave qui a aidé Ergolus n'est guère en meilleur état. Ils se laissent tomber sous l'ombre modeste d'un olivier rabougri, épuisés. L'eau des gourdes est tiède mais elle les rafraîchit néanmoins. Ils restent là quelque temps, jusqu'à ce que leur souffle ralentisse et retrouve un rythme régulier. Romula se relève la première. Elle contemple ce mont qu'il lui semble connaître dans ses moindres recoins. Le savant s'est approché.

– Nous sommes au sommet, lui dit-elle. Il ne ressemble guère à la description que font les Anciens des volcans.

– Il est pourtant conforme à ce qu'en dit Strabon.

Ergolus fait quelques pas, songeur. Son regard jauge les flancs verdoyants du Vesuvius. Il se baisse et saisit une poignée de terre entre ses doigts.

– La terre est riche, constate-t-il. Tu n'as remarqué aucun changement entre tes différentes visites ?

Elle secoue la tête. Il s'éloigne alors et marche lentement. Elle le laisse observer un long moment, seul. Puis elle le rejoint, impatiente :

– Il y a bien une explication technique à ces mystères, n'est-ce pas ? demande-t-elle.

– Il y a sûrement une explication technique, répond-il. Mais elle n'occulte en rien le rôle déterminant des dieux. Quelle que soit la manière dont se produit une éruption, elle est toujours le fruit de la volonté de Vulcain. Rien n'arrive par hasard. À nous ensuite d'en étudier le déroulement.

Il se retourne et jette un regard circulaire sur l'arrière

de la montagne. Le calme qui s'en dégage lui fait hausser les épaules :

– Finalement, que suis-je venu trouver ici ? s'interroge-t-il. La nature du Vesuvius est clairement établie par les Anciens. Tant que les Pompéiens honorent leurs dieux, Vulcain n'a pas de raison de se fâcher. Ce sont peut-être plus les hommes qu'il faut surveiller que le Vesuvius. Sa colère ne traduira que leur oubli des rites. Mais ce n'est pas le cas, n'est-ce pas ? Votre premier magistrat, Suedius Vicario, a la réputation d'un homme religieux. Il saura ramener les Pompéiens à plus de dévotion.

– Ce n'est pourtant pas ce qu'il prépare, répond Romula.

Ergolus l'interroge du regard, avant de se souvenir brusquement :

– C'est vrai, tu m'avais parlé de ce culte à Minas lors de ma dernière visite. Mais je pensais cette folie passagère.

Elle hoche la tête, presque honteuse.

– C'est un culte caché, mais florissant, dit-elle. Il y a comme une reconnaissance sociale à en faire partie.

– Alors il faut lutter, dit Ergolus. Les perspectives ouvertes par cette adoration sont terrifiantes. Fêter les Vulcanalia ne suffira pas : Vulcain a toutes les raisons de se mettre en colère. Tu dois ramener à la raison Vicario.

Romula soupire. Elle s'y efforce depuis les débuts. Non pas tant pour se protéger de la colère de Vulcain que par amour de la vérité. Peu religieuse, elle souffre surtout de voir des gens raisonnables préférer adorer un monstre plutôt que d'admettre l'origine naturelle du séisme. Le culte de Minas lui est d'autant plus désagréable qu'il exacerbe d'étranges pulsions chez les spectateurs des flagellations. Peut-être qu'en alléguant la violente réaction de Vulcain, les nouveaux adeptes seront plus dociles à ses explications. La théorie d'Ergolus Ergocus, à l'évidence profondément religieux, a sûrement ses fondements. Elle s'en voudrait de ne pas la considérer.

– Vicario n'est guère ouvert à la discussion, dit-elle.

– Alors, je lui parlerai.

Le soleil est parvenu à son zénith. Il est temps de prendre une collation. Romula a enveloppé ses cheveux dans un foulard et protège ses épaules dans une large écharpe. Les esclaves ont disposé sur une nappe de la viande séchée, des légumes crus, du fromage de brebis et des fruits. L'exploration leur a donné faim. Ils mangent avec appétit, presque déçus qu'il n'y ait pas plus de vivres à leur disposition. Devant eux la mer s'étale, vaste étendue que le soleil s'amuse à consteller de paillettes d'argent. Les îles, grosses comme le poing, ressemblent à des navires en partance. Derrière s'étendent Pompéi et ses faubourgs. Une agglomération éclatée où les nouvelles demeures patriciennes, isolées de la périphérie, forment comme un demi-cercle autour du centre de la ville. Ergolus Ergocus est peu bavard. Les révélations de Romula l'inquiètent. Il est plus que temps d'intervenir.

Curieusement, la descente est presque plus difficile que la montée. En chemin, ils rencontrent les esclaves qui travaillent aux champs, sous la surveillance du *vilicus*[4]. La chaleur rend leur labeur pénible. Mais le fouet du vilicus n'incite guère à la pause.

Le carrus les attend là où il les a déposés le matin. Le trot des chevaux les berce après cette journée fatigante. À proximité de sa demeure, la jeune femme aperçoit un cisium arrêté devant chez elle. En s'approchant, elle reconnaît avec surprise un garde municipal, puis Vicario qui patiente dans l'attelage. À leur vue, le magistrat se redresse et saute du cisium. Ils ont à peine le temps de s'arrêter que déjà il s'avance vers eux, souriant.

– J'arrive par surprise et je m'en excuse, dit-il. – Le respect se lit dans sa voix. – Mais je ne pouvais laisser repartir le grand Ergolus Ergocus sans le saluer. C'est un honneur pour notre ville de t'avoir entre nos murs.

– Je te remercie de ta prévenance, dit le savant en répondant à son accolade.

Il ne paraît même pas surpris de cette rencontre inattendue. Il est poussiéreux, et son étreinte laisse quelques traces sur le pallium immaculé de Vicario. Romula est flattée de voir avec quelle déférence Vicario traite son invité. Elle l'invite à entrer dans la maison, bien qu'elle se sente affreusement sale et rêve d'un bain rafraîchissant.

– Je ne vais pas rester longtemps, dit Vicario. Je m'en serais beaucoup voulu si je ne t'avais pas salué cette fois-ci. Ton dernier passage dans la ville a été si discret que nous n'avons pu faire connaissance.

Ergolus et Romula échangent un regard incrédule. Comment Vicario a-t-il eu connaissance de la visite du savant ?

– Alors, reprend le magistrat, votre randonnée s'est-elle montrée productive ? Vas-tu pouvoir, Ergolus, ramener à la raison notre chère Romula Popidia ? Il me semble que toi seul peux y parvenir et rassurer ainsi nos concitoyens inquiets devant des propos si alarmistes.

– Les recherches de Romula Popidia sont du plus haut intérêt, répond le savant. De nombreux écrits prouvent la nature dangereuse du Vesuvius.

– Jamais les archives de la ville n'ont mentionné le moindre événement lié à ce que nous prédit Romula Popidia, rétorque Vicario. – Sa voix est sèche – Et même si cela devait être, ce serait l'œuvre des dieux, et non un phénomène naturel. Cela ne doit en aucun cas empêcher le culte de nos dieux, comme tente de le faire Romula.

Le savant plante ses yeux bleu délavé dans le regard froid du magistrat.

– Tu as raison, Vicario. La colère du Vesuvius sera l'œuvre des dieux. Elle sera aussi ton œuvre si tu poursuis ce culte qui offense Vulcain.

Il a dit cela d'un ton si tranquille que le premier magistrat ne réagit pas. Puis ses joues s'enflamment :

– Nous sommes des habitants conscients de nos devoirs religieux, et nous n'oublions aucun de nos dieux, réplique-t-il. Le panthéon romain est assez grand pour recevoir tous ceux que nous désirons honorer.

– Tu t'égares, Vicario. Minas a été un ennemi des habitants de l'Olympe. Sa seule place est sous le Vesuvius ou Athena l'a jeté.

– C'est de ce monstre Minas dont je veux vous préserver, intervient Romula, pas des dieux. Ceux qui adorent Minas à ta suite ne sont pas conscients de ce qu'ils font. Et ils vont provoquer la perte de notre cité.

– Il est de mon devoir de te mettre en garde, insiste le savant. Un tel culte ne peut plaire à Vulcain, et nous connaissons la violence de ses colères.

– J'ai conscience du danger qui a déjà menacé notre cité, dit Vicario. Je sens bien le pouvoir des forces obscures se resserrer autour d'elle. Mais seuls les cultes peuvent les éloigner, et la Force n'est pas toujours là où l'on croit. Ceux qui me font confiance seront sauvés. Mais je ne prendrai pas le temps de convaincre les autres. Je viens d'apprendre la visite prochaine du questeur Mortemus. C'est un homme gourmand, comme tous ceux qui occupent cette fonction, et sa visite n'est certainement pas désintéressée. Il avait déjà montré son appétit au lendemain du tremblement de terre. Il me faut préparer sa venue. Adieu.

Il s'incline et s'éloigne, le front haut, le crâne luisant sous la chaleur. Ergolus et Romula restent interdits.

– Je pensais que personne ne s'était aperçu de ma dernière visite, dit Ergolus.

– Je le pensais aussi, dit Romula.

Il hausse les épaules :

– Cela n'a guère d'importance. Cette étrange dévotion à Minas est bien plus inquiétante. Je doute d'avoir convaincu Vicario. Désormais la tâche t'en incombe.

Elle acquiesce d'un mouvement de tête. Sa mine s'est assombrie et ses lèvres se serrent de rage. L'arrivée prochaine de ce questeur, rapace venu arracher leurs derniers biens, ne présage rien de bon. Elle ne peut admettre ce comportement ignoble de l'empereur, qui ne se souvient d'eux que pour leur soutirer leur argent. Elle sent sa fougue l'envahir et son éternel ressentiment contre Rome jaillir, plus fort que jamais.

– Je vais à ma toilette, dit-elle.

Et plantant là Ergolus décontenancé par tant de violence contenue, elle tourne les talons.

L'annonce résonne comme une déclaration de guerre.

Nones d'avril de l'an 821[5]

Ceius Mortemus est un homme qui porte beau. Sa nomination à la questure n'a que renforcé ce port altier que certains prennent pour de la hauteur. La taille du questeur ne facilite pas en effet les rapports humains. Personne n'aime devoir lever la tête pour s'adresser à quelqu'un. Ses interlocuteurs tentent de pallier ce sentiment d'infériorité en montant sur une marche ou en favorisant les conversations allongées. Combien de fois Ceius Mortemus a remarqué que ses interlocuteurs commencent une conversation là pour la finir ailleurs. En général, ils profitent du moindre dénivelé pour se trouver à égale hauteur avec lui. Désormais, Mortemus essaie de prendre les devants. Il y a des bâtiments qu'il connaît bien. Il repère les marches salvatrices et se débrouille pour placer d'emblée son compagnon en situation d'égalité. Dans ces caslà, l'entrevue se termine toujours là où elle a commencé.

Lorsqu'il se déplace dans la Province, il se sent plus démuni. Il connaît mal les bâtiments publics et ne peut repérer tous les endroits propices. Il s'en remet alors à ses interlocuteurs. Ceux-ci ne manquent pas de choisir le terrain qui leur est favorable. En attendant d'avoir leurs yeux en face des siens, il s'efforce de courber la tête et de baisser les épaules. Il tient ce subterfuge de son père. Il ne veut cependant pas y avoir trop recours, car il craint de perdre son port de tête. Mortemus a en effet une idée très précise de sa carrière. Sa fonction de questeur n'est pour lui qu'une étape. Le chemin s'ouvre devant lui. Il a accédé au premier grade des magistrats à vingt-neuf ans. Il n'a pas perdu de temps. C'est l'âge minimum requis pour cette responsabilité. Si tout va bien, il peut espérer vers l'âge de quarante-deux ans atteindre la magistrature supérieure : le consulat ou la préture. Il en rêve déjà. Aussi entretient-il sa forme physique. On n'imagine pas un consul, dans toute sa gloire, voûté. Celui dont les pouvoirs sont symbolisés par le faisceau de verges doit susciter à sa seule apparition le respect.

En attendant ce jour faste, Mortemus se montre particulièrement attentif avec ses supérieurs. Quoi de pire qu'un subalterne qui vous toise ? Conscient que cette situation peut lui porter préjudice, Mortemus prend garde à s'incliner plus bas que les autres pour compenser sa grande taille. Car autant un grand homme peut agacer, autant un long salut peut flatter.

Il entretient de bonnes relations avec le consul suffect [6] Sonus Culcus dont il dépend. Celui-ci l'a envoyé en mission dans les villes du front de mer campanien. Pompéi est la plus importante d'entre elles. Mortemus est chargé de rencontrer le fermier des impôts municipaux, un certain Caecilius Jucundus. Le consul suffect sait que la ville peine à trouver des subsides pour sa reconstruction. Les derniers rapports de Jucundus justifient cette lacune par la destruction du cadastre, qui empêche l'identification des biens de la colonie. La situation tracasse le consul suffect qui a chargé Mortemus d'examiner en priorité cette question du recouvrement des revenus de l'État. Par ailleurs, on lui a rapporté des cas de meurtres, objets d'une macabre mise en scène. Or les responsables de la cité ne font pas état de ces rumeurs dans leurs rapports.

Sonus Culcus a donc insisté pour que ce soit Mortemus, et non ses commis ou les esclaves publics de son bureau, qui prenne en charge personnellement cette affaire, délicate à plus d'un titre. Le consul suffect n'a en effet pas caché qu'il apprécierait que le questeur ne revienne pas les mains vides. Par son opiniâtreté, Mortemus est l'un de ceux qui lui récoltent le plus d'argent à chacune de ses tournées. Pourtant cette fois-ci, Mortemus se demande comment procéder. Il se rappelle encore avec effroi le paysage de désolation qu'il a découvert lors d'une rapide visite en l'an 815[7]. Le bilan était accablant et personne n'avait cru à la reconstruction de Pompéi. Aucune largesse impériale n'était venue au secours de cette petite ville provinciale qui avait l'honneur d'avoir vu naître l'impératrice. Les Pompéiens avaient dû prendre seuls leur destin en main.

Aujourd'hui, si les rapports de Caecilius Jucundus attestent de graves problèmes, ils n'en témoignent pas moins de la volonté farouche des Pompéiens de restaurer leur primauté en Campanie. Un pari qui ne semble pas gagné, excepté sur le plan artistique. Mortemus se rappelle la stupéfaction du consul suffect lorsqu'un de ses amis de passage lui a révélé la présence du célèbre peintre Labius à Pompéi. Le consul suffect ne peut croire qu'un homme aussi connu se soit installé dans une ville en ruines. Il a vu des œuvres de Labius à Rome et en parle souvent comme d'une référence. Il sait qu'il est le disciple de Fabullus, ce peintre extraordinaire qui décore les palais de Néron. Le consul suffect avait prédit un passage éphémère du grand artiste à Pompéi. Mais les mois ont passé, les années aussi. Et Labius est toujours là. Pompéi a même retrouvé une partie de sa gloire grâce à lui. La réputation de ses peintures lui attire, paraît-il, une foule de commandes qu'il ne peut honorer. Son atelier s'est agrandi et il a dû emménager dans de nouveaux locaux tant le travail était important. Mortemus, qui se dit volontiers féru d'art, se réjouit de cette opportunité de faire connaissance avec le peintre. Des bruits courent selon lesquels il quittera bientôt la petite ville campanienne pour rejoindre Rome. La Domus Aurea que construit l'empereur au centre de Rome requiert ses talents. Livrée aux deux peintres les plus en vue avec Labius, Fabullus et Dorothéios, elle enthousiasme déjà les amateurs d'art par l'exubérance de ses peintures et l'originalité de ses sujets. Néron marque définitivement son style dans cette construction sans précédent.

Les chevaux ralentissent en abordant un tournant. Mortemus reconnaît l'arrivée de la ville. Il tente d'ajuster correctement son pallium pour une entrée digne. Au-devant de lui s'élève un nuage de poussière. Le comité d'accueil, composé du praefectus lege Petronia Suedius Vicario, de l'un des duumvirs et d'un édile, s'avance au trot vers lui.

Vicario a sauté en bas de son cheval et vient le saluer.

– Sois le bienvenu ! Ceius Mortemus, dit-il en s'épongeant le front. Le duumvir Paquius Proculus et l'édile Cuspius Pansa sont heureux de t'accueillir au nom de tous les Pompéiens.

– Je te remercie de ton accueil, dit Mortemus, sans mettre pied à terre.

– Suis-nous jusqu'à la basilique, dit Vicario. Nous t'ouvrons le chemin.

Cette proposition convient à Mortemus qui craint toujours de se perdre dans une ville étrangère. D'ailleurs ses souvenirs de Pompéi sont lointains et envahis de ruines. En se penchant de la rheda, il remarque avec plaisir que les amas de pierres ont disparu, que les maisons ont été restaurées. L'animation est vive. La ville paraît sortir d'une longue période de convalescence. Encore fragile, certes, comme le prouvent des toitures précaires et des murs en reconstruction. Mais elle est sur la bonne voie. Agréablement surpris, Mortemus tente d'estimer les richesses qu'il aperçoit. L'espoir de rapporter quelques centaines de sesterces au consul suffect renaît. Plus il regarde autour de lui et plus la gageure semble réalisable.

À la basilique l'attendent Caecilius Jucundus et les notables de la ville. Le banquier le salue avec respect. Sciemment Mortemus se déplie de toute sa hauteur. Il y prend d'autant plus plaisir qu'il est resté confiné à l'arrière de la rheda durant les longues heures du trajet. D'instinct les notables pompéiens reculent pour mieux le voir. Ils s'enquièrent du bon déroulement de son voyage. Tous paraissent soucieux de son confort, et le questeur savoure ces instants où il est à la fois craint et détesté. Il ne compte pas attaquer d'emblée l'épluchage des comptes. Il préfère entamer une conversation d'ordre général qui, sous ses aspects anodins, lui permettra de prendre le pouls de la ville.

Comme il l'a pressenti en arrivant, le moral est plutôt bon. Vicario prend plaisir à énumérer les nombreux travaux effectués et ceux qui sont en cours. La réparation de l'aqueduc est l'une de ses fiertés. La majorité des fontaines fonctionne à nouveau, redonnant aux rues ce bruit cristallin si caractéristique des villes romaines. La plupart des bâtiments publics sont remis en état, à l'exception de la curie encore en ruine. Tous conservent des séquelles du séisme, mais leurs fondements sont sûrs. Concernant l'habitat privé, les gens du peuple ont été les premiers à restaurer leurs maisons. Le petit commerce a vite repris. C'est plutôt l'habitat des classes aisées qui pose un problème. À l'attitude embarrassée de ses interlocuteurs, Mortemus comprend l'importance du problème ; effectivement, de nombreuses familles aristocratiques ont préféré abandonner la ville.

– C'est un mouvement que nous constatons depuis peu de temps, souligne Marius Rufus. Il n'est plus duumvir, mais siège toujours au conseil de la ville.

– Au temps de mon duumvirat, poursuit-il, les grandes familles tentaient encore de rester ici. Puis, voyant que l'économie ne reprenait pas aussi vite qu'elles l'espéraient et que leurs maisons coûtaient cher à relever, elles ont préféré abandonner les lieux. Cela a généré une lourde perte d'emplois chez les journaliers et les saisonniers.

Mortemus écoute avec attention. Une telle situation ne l'étonne guère. Les grandes familles patriciennes possèdent tant de terres et de fermes qu'elles n'ont aucune raison de s'entêter à rester sur une terre ruinée. Elles préfèrent vendre, même à modique prix.

Vicario reprend la parole et en vient au fond du problème.

– Il nous est toujours impossible de répertorier les biens propres de Pompéi, constate-t-il. Je sais que c'est là l'objet de ta visite. Mais ce n'est pas d'un contrôle, dont nous avons besoin, plutôt de quelqu'un mandaté par l'empereur qui puisse reconstituer le cadastre des biens patrimoniaux de la colonie.

– Les pouvoirs municipaux ne suffisent-ils pas pour remettre de l'ordre ? interroge Mortemus.

– Malheureusement non, regrette Vicario, malgré ma diligence. Tant que ce ne sera pas fait, je continuerai à me battre pour que les biens publics usurpés reviennent à la colonie. Mais tu peux interroger ici les autres responsables municipaux. Tous te confirmeront mes propos. Nous ne parvenons pas à rétablir la situation d'antan, et cela nous porte grand préjudice. Les propriétés agricoles de la colonie ne paient plus ni l'avitum ni le patritum. Les fermiers qui louent les pâturages refusent d'acquitter la *pascua*[8]. Il n'y a que les fouleries qui payent encore la *fullonica*[9]. Mais jusqu'à quand ? Rien ne permet de prouver que ces biens sont à Pompéi. Un seul mauvais payeur peut tout remettre en cause.

– J'en prends bonne note, répond Mortemus. Si les problèmes sont aussi grands que tu l'indiques, j'en aviserai le consul suffect. C'est lui qui jugera alors si l'empereur doit être informé.

Le premier magistrat dresse ensuite un portrait général de la ville. Comme l'a deviné Mortemus en traversant Pompéi, celle-ci se remet doucement de la tragédie passée. La population est restée globalement la même, mis à part la défection de ces grandes familles qui a été évoquée. Certaines activités telles que le foulage prospèrent et permettent l'embauche. Les élevages reconstituent petit à petit leur cheptel, ce qui redonne de l'élan à l'industrie lainière.

– Et puis tu as sûrement entendu parler de Labius ? ajoute Vicario, comme s'il parlait d'un monument de la ville.

– Bien sûr, et j'espère avoir la joie de le rencontrer. Le consul suffect m'a chargé de lui transmettre toute son admiration.

– Il est parmi nous depuis quatre ans, précise le banquier. Sa présence nous honore. Elle a bousculé l'ardeur créatrice de nos concitoyens. Si tu avais le temps, tu serais étonné de la qualité de nos fresques.

– N'est-il pas question qu'il aille décorer la Domus Aurea de l'empereur ?

– Si, mais c'est déjà fait. Il s'est absenté six mois pour s'occuper de l'atrium avec Fabullus.

– Il a même accepté de défendre la cause de notre ville auprès de l'empereur, ajoute Vicario.

– Au lieu d'en référer directement à l'empereur, tu ferais mieux de traiter ces problèmes avec les magistrats qui en sont responsables, dit Mortemus sèchement.

Le duumvir Paquius Proculus intervient :

– Nous nous plaignons de ces problèmes depuis six ans, exactement depuis le huitième jour avant les ides d'octobre de l'an 815 [10]. Personne n'a jamais répondu à notre attente. Je ne reproche rien à ton consul suffect qui vient d'être nommé. Mais si les consuls précédents avaient voulu servir notre cause, ils en auraient depuis longtemps entretenu l'empereur. Et peut-être celui-ci aurait-il fait un geste.

Le questeur sent qu'il vaut mieux battre en retraite. Inutile de heurter la susceptibilité de ses hôtes. Il change de sujet.

– Le consul suffect et moi-même avons noté avec étonnement que vos rapports ne mentionnent pas ces morts curieuses qui se multiplient ici.

Le banquier jette des regards furtifs vers Vicario. Celui-ci se gratte la gorge avant de répondre.

– Nous avons notre lot de violences, comme dans toute ville romaine, dit-il.

Mortemus étouffe un sourire :

– Ce sont des violences peu communes : des victimes modestes, et un as dans la bouche, remarque-t-il. Des meurtres estampillés, en quelque sorte. On nous a parlé aussi de graffitis antiromains.

« Comment peut-il savoir tout cela ? » songe Vicario.

– C'est vrai, reconnaît-il. Nous avons été confrontés à une vague de violence particulière. Cela s'est calmé depuis.

– Pourquoi ne pas l'avoir évoqué ?

– Nous attendions de posséder plus d'éléments. Une enquête est en cours.

– Vicario la dirige personnellement, précise Marius, qui n'a pas oublié la fin de non-recevoir que le magistrat lui a intimée quelques années auparavant à ce sujet.

– J'exige un rapport détaillé, Vicario, dit le questeur.

– Bien sûr, dit Vicario. Cela va de soi.

Mortemus remarque distraitement les mains du banquier, si serrées l'une contre l'autre que les jointures ont blanchi. Il est perplexe. Quelque chose l'étonne qu'il ne saurait définir.

– Je voudrais aussi vérifier les comptes de la colonie, dit-il.

– Il n'y a plus de comptes, dit Jucundus précipitamment. Toutes les archives ont été détruites.

– Je parle des comptes que tu as dressés depuis la catastrophe, rectifie-t-il.

– Jucundus te présentera l'ensemble de ces comptes quand tu le souhaiteras, intervient Vicario.

Son ton est rassurant. Le craquement sinistre des articulations du banquier résonne soudain. Le questeur le regarde, étonné. L'homme semble en proie à une grande agitation. Il se lève, un sourire confus sur les lèvres :

– Mon bureau est à ta disposition.
– Alors allons-y.

En entrant dans l'atelier de Romula, Labius la surprend penchée, occupée à donner de légers coups sur l'une des pomex de sa collection. De la poussière grise se dégage tandis que les premiers morceaux tombent. Avec minutie, elle continue de les écraser, jusqu'à ce qu'il n'y ait plus qu'un tas de débris devant elle. C'est alors qu'elle aperçoit Labius. Un sourire illumine son visage. Elle lui tend la main. Il la saisit et l'attire à lui.

– Toujours tes expériences ? demande-t-il.

Elle se dégage, légère.

– La visite d'Ergolus Ergocus a été très enrichissante.

– Crois-tu vraiment qu'il soit un homme sérieux ? Ne profite-t-il pas de ses connaissances pour approcher l'une des plus jolies femmes de l'empire ?

Elle rit :

– N'oublie pas que c'est moi qui suis d'abord allée à lui !

– Je n'oublie pas. Mais je remarque que c'est lui à présent qui se manifeste régulièrement. D'abord par courrier, et maintenant en chair et en os... Je m'attends au pire : va-t-il bientôt partager notre couche ?

Son ton taquin cache mal l'agacement qu'il ressent : il n'a pas aimé la visite du savant durant son absence.

– Oh ! Labius, serais-tu jaloux ? Il n'est qu'un savant qui partage sa science avec moi. Elle passe ses bras autour de sa taille.

– Tu n'as rien à craindre, je le trouve très laid, murmure-t-elle avant de s'échapper dans un éclat de rire. Puis elle revient, les sourcils froncés. Elle glisse la main au-dessus de sa taille et caresse son ventre.

– Qu'est-ce que c'est que ça ? dit-elle, en insistant sur le léger embonpoint qui gonfle sa tunique.

– Ta nourriture est beaucoup trop riche, accuse-t-il.

– Arrives-tu encore à te plier avec autant de chair inutile ?

Elle pouffe de rire, et il lève les yeux au ciel.

– Je vois que tu es dans une forme éblouissante. Il faudra dire à Ergolus Ergocus de revenir plus souvent : il te donne des ailes.

Elle est retournée à sa table de travail et fait couler les grains de pomex broyée d'une main à l'autre.

– Quelle étrange texture, soupire-t-elle.

Son ton est redevenu sérieux.

– Depuis que je te connais, tu as bien dû dire mille fois cette phrase, observe le peintre. Et sur tous les tons : excité, lamentable, plein d'espoir ou déconfit. J'attends le jour où tu le diras enfin d'une voix victorieuse. Cela sonnera peut-être la fin de ces recherches inutiles.

Il sort une tablette de son pallium :

– Le questeur Ceius Mortemus viendra me rendre visite tout à l'heure. Je suis ensuite invité à la cena d'honneur.

– Le questeur ? Il est donc arrivé ?

Elle s'est retournée, toutes griffes dehors.

Labius soupire :

– À quoi penses-tu toute la journée, Romula ? Cela fait une semaine que tous les magistrats de la ville préparent son arrivée. Comment peux-tu ne pas être au courant !

– Je ne cesse d'y penser, lance-t-elle avec rage. Par quelle audace ce questeur ose-t-il venir ici et réclamer de l'argent alors que nous n'arrivons même pas à reconstruire dignement notre ville ? Est-ce que Vicario lui a seulement dit cela, au lieu de lui baiser les sandales !

– S'il te plaît, ne reprends pas la longue litanie des doléances que tu comptes présenter au Sénat romain, gémit Labius. Si tu veux vraiment te plaindre, fais-le directement auprès du questeur.

– Jamais je ne rencontrerai cet homme, s'écrie-t-elle. Depuis que j'ai appris sa venue, je ne cesse de le maudire.

– C'est dommage, car ce serait l'unique occasion de vider ton cœur, remarque Labius. Et d'ailleurs, ajoute-t-il sur un ton léger, je ne te l'ai pas encore dit, mais tu es invitée toi aussi.

Sur un sourire narquois, faisant demi-tour, il quitte la pièce. Romula s'empare de la tablette pour vérifier si elle est bien invitée. Eh oui ! Elle est conviée à saluer un homme qui s'apprête à s'emparer des dernières richesses de Pompéi au mépris de sa situation si difficile. L'inconscience de ce questeur la stupéfie. Pensait-il qu'il serait bien accueilli ? C'est mal la connaître. Dans sa colère, elle note néanmoins avec plaisir que c'est la première fois qu'on la convie à un repas officiel. Jusque-là les notables l'ont toujours tenue à l'écart de ces manifestations, se méfiant de son non-conformisme. Elle va leur prouver qu'ils avaient raison.

Elle s'enroule dans sa palla et sort à grands pas.

Ceius Mortemus et Caecilus Jucundus ont passé l'après-midi ensemble. Mortemus a d'abord félicité le banquier pour l'excellente tenue des différents impôts municipaux. Le registre est rempli régulièrement et n'omet aucune mention légale. Les problèmes d'usurpation des terres n'apparaissent que plus criants après leur lecture. Mortemus est à présent convaincu de la nécessité d'envoyer quelqu'un remettre de l'ordre dans les affaires de la colonie. Il faut un homme de l'extérieur afin que son autorité et sa mission soient hors influence. Il se propose d'en parler dès son retour au consul suffect.

Quant au second problème, celui plus délicat de la collecte des fonds, il reste hésitant. Entre ce qu'il a rapidement chiffré dans sa tête en traversant la ville et les résultats qu'il vient de lire, il est troublé. Les livres de Jucundus démontrent une activité moribonde alors que la ville semble renaître. La campagne très efficace de reconstruction menée à prix d'or par Vicario n'aurait donc pas les résultats escomptés. Comme il s'en ouvre au banquier, celui-ci soupire.

– Les gens ont retrouvé la confiance mais il leur manque encore l'audace. Voilà pourquoi l'activité reste en deçà des investissements.

– Certes, mais les investissements engagés devraient au moins provoquer un sursaut. Et je ne vois rien de tel dans tes livres. J'aimerais que tu me fournisses quelques détails.

Un bruit sec lui répond. Jucundus vient à nouveau de faire craquer ses doigts. Il rougit, gêné.

– Je te prie de m'excuser. Je ne parviens pas à me maîtriser. Je vais aller te chercher ces documents.

– Reste, nous verrons cela demain, dit le questeur. Je ne suis pas si pressé. J'aimerais à présent me rafraîchir avant de me rendre à l'atelier de maître Labius.

Il se lève et jette un regard approbateur sur les bureaux de Jucundus.

– Tu es bien installé. J'imagine que tes affaires sont florissantes.

– Elles marchaient mieux autrefois, rectifie vivement le banquier. Mortemus voit à nouveau ses articulations blanchir. Il se hâte de lui demander où se trouve la salle des ablutions avant d'entendre le craquement désormais familier.

– Il y a des bains très agréables chez Julia Felix, si tu le souhaites, propose le banquier.

Mais Mortemus décline l'invitation. La cuvette d'eau fraîche et le linge qu'un esclave apporte lui suffisent amplement. Il plonge son visage dans la cuvette, comme s'il voulait se débarrasser de tous les calculs auxquels il s'est livré depuis son arrivée. Puis il se frotte avec vigueur tandis que l'esclave part vider l'eau.

– Il me reste encore une heure avant mon rendez-vous, dit-il en avisant le cadran solaire du patio. Que dirais-tu d'une petite promenade en ville ?

– Je ne sais pas si c'est une bonne idée, dit Jucundus. Ta fonction ne te rend pas sympathique aux yeux de la population.

– Tu n'as pas besoin de me présenter, répond Mortemus. Je me promènerai de façon anonyme.

Caecilius Jucundus pense qu'avec une taille aussi haute, il y a peu de chances que le questeur passe inaperçu. Mais il ne dit rien. Il sent que ses arguments ne freineront en rien cette soudaine envie.

La ville est encore pleine d'animation en dépit du soir qui tombe. Les chariots encombrent les rues. Les passants doivent traverser rapidement sur les hautes pierres qui barrent la chaussée avant qu'un carrus n'arrive. La hauteur des trottoirs évite à Mortemus de recevoir un jet de boue d'un cisium.

– Je vois que l'on conduit aussi bien ici qu'à Rome, observe-t-il, ironique.

Il arbore une mine dégagée mais son œil acéré ne manque pas le moindre petit détail : les murs couverts d'inscriptions, les premiers slogans électoraux. Aux prochaines calendes de juillet, une nouvelle équipe de duumvirs et d'édiles sera en effet élue. « Votez pour A. Vettius Firmus, candidat à l'édilité de la part de Fuscus et de Vaccula », proclame une belle écriture rouge sur fond blanc. Il remarque que le travail est récent. Sans doute date-t-il de la nuit dernière. Caecilius Jucundus a suivi le regard du questeur. Il sourit :

– Eh oui, cela recommence ! Chacun prête les murs de sa maison au candidat qu'il soutient. Je vois que Fuscus et Vaccula ont pris les devants.

Il s'approche du graffiti et regarde sa signature : Aemilius Celer.

– C'est le dealbator le plus en vogue de la ville, explique-t-il. Il y a aussi Onesimus, Issus et Astylus. Ils doivent être contents, les affaires reprennent !

Mortemus ne relève pas. La fièvre électorale l'intéresse peu, même si certaines inscriptions prêtent à rire. Sur le mur d'un cabaret, Cuculla et Zmyrina se prononcent en faveur « du meilleur des boulangers, Iulius Polybius ». La profession des deux dames ne fait guère de doute. Pas plus d'ailleurs que la réaction dudit boulanger. Sa respectabilité de candidat l'obligera à effacer au plus vite cette prise de position compromettante. Ailleurs, on peut lire des hommages appuyés à « un garçon digne de tous les biens ». Plus loin, un adepte des jeux encourage vivement la population à voter pour un certain M. Casellius Marcellus car « il donnera des jeux magnifiques ». Certains slogans sont péremptoires : « Si celui qui vit avec réserve doit acquérir la gloire, ce garçon doit acquérir une gloire digne de lui. »

La campagne ne fait que commencer. Les notables n'ont pas encore pris publiquement parti. Leur intervention marquera le départ officiel des élections. Mortemus imagine les candidats rendant des visites aux personnalités de la ville. L'appui de tel homme d'affaires ou d'une corporation importante favorisera d'emblée une candidature.

Entre les slogans politiques et les messages personnels, Mortemus ne distingue rien d'agressif sur les murs de la ville. Vicario a dû effacer les dernières inscriptions inquiétantes.

– Où trouve-t-on cette propagande dont nous parlions tout à l'heure ? demande-t-il.

Jucundus hausse les épaules :

– C'est difficile à dire. Quelquefois il y en a en centreville mais Vicario les fait disparaître aussitôt. Il m'est arrivé d'en lire aussi dans des quartiers plus éloignés. À une époque, on en trouvait beaucoup sur les maisons d'origine samnite.

– Et pourquoi cela, à ton avis ?

– C'est une question de support, affirme Jucundus, péremptoire. Les maisons samnites utilisent beaucoup le tuf. C'est plus facile pour écrire. C'est aussi plus facile pour effacer : une couche de chaux et c'est fini.

Mortemus le regarde avec étonnement :

– Tu es un expert !

À nouveau le craquement sinistre des articulations. Jucundus a un piètre sourire d'excuse.

– Et que penses-tu, toi, de cette agitation ? interroge le questeur.

Curieusement, le banquier lui inspire confiance. Pourtant sa question semble le troubler.

– Au lendemain du tremblement de terre, l'empire s'est désintéressé de nous, dit-il, hésitant. Les gens ont eu le sentiment d'être abandonnés. Lorsqu'ils ont appris que Néron lui-même nous encourageait à quitter les lieux, ils ont cédé au chagrin et au désespoir. Néron a dû s'en rendre compte, puisqu'il a retiré l'interdiction des jeux qui nous frappait alors depuis trois ans. Les Pompéiens étaient fous de joie : les remerciements couvraient les murs de Pompéi.

Pendant qu'il parle, les yeux de Mortemus se sont posés sur l'une de ces inscriptions à la peinture passée par le soleil : « Vivent les décisions impériales ! »

Jucundus continue :

– Mais certains n'ont jamais admis cette désaffection de l'empereur. C'est à partir de ce moment que les premiers slogans sont apparus. Depuis ils n'ont pas cessé. Il faut dire que la situation d'antan peine à se rétablir. Je pense que si tout était redevenu comme avant, cette campagne sournoise se serait arrêtée d'elle-même.

Mortemus a soudain une idée :

– En tant que fermier général des Impôts, peut-être astu reconnu d'anciens fermiers de la colonie parmi les victimes ?

– Les victimes ?

Le banquier le regarde, effaré.

– Les victimes de ces meurtres étranges, s'agace le questeur. Celles que l'on a retrouvées avec un as dans la bouche.

Jucundus secoue la tête avec la dernière énergie.

– Je n'ai jamais vu les victimes ! Je n'avais aucune raison à cela !

– C'est dommage. Cela aurait pu nous aider.

– C'est le travail des autorités de la colonie d'identifier les cadavres. Pas celui d'un banquier, répète Jucundus.

– Sans doute. Mais si tu avais reconnu des fermiers de la colonie, on aurait pu imaginer un rapport entre ces meurtres et le cadastre, par exemple. Il y a toujours des gens qui profitent de la situation.

Tout en parlant ils se sont engagés dans une ruelle bordée de thermopolia. Les terrasses sont combles. Les buveurs suivent du regard la haute taille du questeur en s'interrogeant sur son identité. Quelques notes de musique suivies d'éclats de rire s'échappent d'une taverne. Mortemus observe tout cela d'un air satisfait. Pompéi s'est bien relevé de ses ruines. La vie a repris ses droits, avec son cortège d'ivrognes, de colporteurs et de prostituées. Ils se trouvent à l'évidence dans l'un des coins chauds de la ville.

– Nous devrions peut-être rebrousser chemin, suggère Jucundus qui apprécie peu ce quartier.

– Non, continuons plus loin, répond le questeur.

– Il n'y a rien de bien intéressant, insiste Jucundus. Cette partie de la ville ne t'apprendra rien sur un éventuel complot. Ici on ne pense qu'à rire et à boire.

– C'est une bonne chose, approuve le questeur.

Il poursuit sa marche tranquille sans se préoccuper du banquier qui grommelle derrière lui. Soudain ce dernier, sur un pressentiment, se retourne d'un coup, et entrevoit deux ombres qui se fondent sous un porche. Il s'arrête net.

– Que fais-tu ? lui demande Mortemus avec surprise.

– Je crois que nous sommes suivis, murmure Jucundus.

Aurait-« on » osé orchestrer une attaque sans lui en parler au préalable ? À ses côtés, le questeur se raidit.

– Suivis ? Comment cela ? Par qui ?

– Regarde derrière. Il y a deux hommes cachés sous un porche.

Le questeur a un bref instant d'hésitation. Il n'y a personne autour d'eux pour les secourir en cas d'agression. Entraînant le banquier, il se colle dans un renfoncement.

– Nous allons attendre ici. Ils finiront bien par sortir.

Jucundus sent la sueur couler dans son dos. Tous ses sens sont en alerte. Il a toujours su que cela se terminerait mal.

Ils n'attendent pas longtemps. Deux hommes habillés de sombre sortent bientôt du porche. Ils bavardent à voix basse, absorbés l'un par l'autre. La tendresse de leurs gestes est sans équivoque

– Ce sont ces hommes ? interroge Mortemus, avec un zeste d'ironie.

Le banquier se sent affreusement gêné car sa méprise est flagrante.

– J'ai pourtant cru..., se justifie-t-il.

Le questeur réprime une envie de rire. Il lui donne une bourrade.

– Tu n'as pas l'air à l'aise, dit-il.

– Ce n'est pas mon quartier préféré, admet Jucundus.

– Qu'y a-t-il plus loin ?

– Ce sont les faubourgs de la ville. Plus tu avances et plus tu t'éloignes du centre. Ensuite tu parviens à l'enceinte.

– Allons jusque là-bas. Cela me détendra. Peut-être aurai-je ainsi la chance de voir une de ces inscriptions malveillantes.

Jucundus ne répond rien. Il est contrarié de s'être ridiculisé, mais infiniment soulagé de s'être trompé. « On » ne lui a préparé aucun coup tordu. Il s'en veut d'avoir douté.

En silence, ils gagnent des quartiers plus calmes. Les traces du séisme sont plus nombreuses. La reconstruction semble avoir oublié ces quartiers. À l'exception d'une vieille femme assise sur une pierre, devant ce qui avait dû être une maison mais n'était plus qu'une masure, les habitants semblent partis pour ne jamais revenir. Mortemus s'avance pour lui parler mais Jucundus l'en empêche.

– Es-tu fou ? murmure-t-il. Tu te retrouves ici dans l'un

des quartiers les plus misérables de la ville, et tu veux aller saluer la seule survivante ?

– Qui est cette femme, la connais-tu ?

– Non, bien sûr. Je ne connais pas tous les habitants de Pompéi. Mais son âge et son attitude indiquent qu'elle a dû connaître des moments pénibles. Comment pourrait-elle accepter que tu la salues ? Nous savons tous ce qu'un questeur vient chercher quand il s'arrête dans une ville !

Mortemus n'insiste pas. C'est la première fois qu'on lui présente son métier comme un aussi puissant repoussoir. Il se sent soudain presque honteux d'exercer la questure. Il fait néanmoins un signe discret à la vieille femme. Elle se détourne aussitôt et crache ostensiblement par terre.

– Nous ne sommes pas de son monde, dit Jucundus.

Mortemus hoche la tête. La misère de cette malheureuse l'a plus touché que tout ce qu'il a pu voir auparavant. Ce regard vide trahit l'immense désespoir de milliers de Pompéiens qui ont tout perdu et ne sont pas parvenus à se remettre en selle. Il ne regrette pas d'avoir poussé Jucundus à l'entraîner dans ces quartiers éloignés du centre. Là il découvre l'envers de la médaille.

Son regard balaie les murs restés debout. À part quelques messages personnels, rien ne vient étayer la thèse du complot. Il aperçoit juste un slogan pour le moins incongru dans ce quartier : « *Lucrum gaudium*[11] ! »

Les deux hommes gagnent bientôt un endroit plus dégagé. Des roses à l'arôme puissant poussent en buisson contre un mur de pierre. C'est à cet instant que Jucundus se sent brutalement saisi à la gorge. Il tombe en arrière tandis que son agresseur lui voile les yeux de sa main. Il se débat et veut crier. Un chiffon roulé en boule s'enfonce dans sa bouche grande ouverte. Jucundus croit sa respiration coupée. Il s'affole et lutte de plus belle. Cette fois-ci son agresseur lui envoie un violent coup de pied dans le ventre. Plié de douleur, il se recroqueville en gémissant et n'ose plus remuer. Le bandeau qu'on lui a attaché sur les yeux est mal fixé. Il peut voir par-dessous les chevilles et les pieds nus d'un homme, sans doute celui qui l'a attaqué. Malgré sa terreur, Jucundus est frappé par d'étranges taches roses irrégulières qui parsèment la peau de son agresseur. Les pieds quittent son étroit champ de vue. Il entend alors des coups sourds, semblables au bruit de deux corps mous qui se rencontrent. Le questeur ! Ces bruits étranges ont-ils un rapport avec lui ? Il perçoit des plaintes qu'un claquement sec étouffe. Ce bruit le remplit de terreur. Il imagine les bandits en train de massacrer le questeur, avant d'en finir avec lui, l'abominable fermier des impôts municipaux. Cette perspective lui fait oublier toute prudence. Il tente de se redresser et de recracher son bâillon. Il croit qu'il va y parvenir quand un coup à la tête le plaque violemment au sol. Il s'évanouit.

Labius est satisfait de son dernier dessin. Il a imaginé pour la maison d'Umbricius Scaurus, le plus important fabricant de *garum* de la ville, un décor original dans l'atrium. Il a dessiné une importante mosaïque noir et blanc, marquée aux quatre coins par un pot à garum. En fin industriel, Scaurus lui a dicté les slogans qu'il souhaite adjoindre à chacune de ses spécialités. Sous le premier pot est inscrit : « Fleur de garum obtenue à partir du maquereau, selon la recette de Scaurus, fabriquée dans l'usine de Scaurus. » Sous le second : « Fleur de *liquamen*. » Sous le troisième, qui est du garum comme le premier, Scaurus a indiqué : « Fleur de garum, obtenue à partir du maquereau, selon la recette de Scaurus. » Enfin le quatrième précise : « Excellent liquamen fabriqué dans l'usine de Scaurus [12]. »

Cette publicité n'est pas ce que Labius affectionnait le plus. Mais Scaurus est un personnage truculent. Par pure sympathie, le peintre a bien voulu s'essayer à un genre qu'il ne pratique pas. Il considère maintenant l'ébauche de son projet avec amusement.

Clefus s'approche :

– Scaurus a de la chance que tu aies accepté ce travail indigne, dit-il.

Le Pompéien n'aime pas que l'atelier fasse autre chose que de l'art. Cette fresque commerciale lui semble incompatible avec la finalité de son équipe. Labius sourit :

– Il faut savoir se diversifier, mon cher Clefus.

– Tu gaspilles ton talent dans ces bêtises, bougonne le chef d'atelier.

Depuis quatre ans que Labius et lui se sont associés, ils ont appris à bien se connaître. Ils sont devenus de vrais amis, avares de paroles autant que de gestes. Mais l'un comme l'autre savent que leur amitié n'a pas besoin de mots pour s'épancher.

Clefus jette un coup d'œil sur le cadran solaire.

– Il est déjà tard. À quelle heure as-tu rendez-vous avec le questeur ?

Labius regarde l'heure.

– Je l'attendais plus tôt. Il a dû avoir un empêchement. Je crois qu'il avait des affaires urgentes à régler avec Caecilus Jucundus.

On frappe alors à la porte. Les deux hommes se regardent, satisfaits :

– Le voilà ton questeur, dit Clefus. En retard, bien sûr, pour mieux se faire désirer.

Labius va à la porte qu'il ouvre en grand. Ce n'est pas le questeur. C'est Romula. Elle vient peu à l'atelier pour ne pas déranger les peintres. Aussi Labius est-il étonné de la trouver là.

– Je ne t'attendais pas, dit-il.

– Je sais, répond-elle. Tu attends des gens beaucoup plus importants, n'est-ce pas ?

– Le questeur m'a annoncé sa venue mais Clefus et moi nous demandons où il est passé.

– Peut-être a-t-il des choses plus importantes à faire ? le taquine-t-elle.

– Et toi, ma chère ? Quelle est la chose importante qui t'amène ici ? riposte le peintre, agacé.

– Je viens t'annoncer que j'assisterai à la cena offerte en l'honneur de ce questeur.

– C'est effectivement une grande nouvelle. Et peut-on savoir ce qui t'a poussée à ce revirement inattendu ?

– Mais toi, Labius ! Tu m'as proposé toi-même d'exprimer mes revendications directement à ce questeur. C'est une excellente idée. Et c'est donc ce à quoi je vais m'employer dès ce soir.

– Eh bien voilà une cena qui promet d'être animée, murmure Clefus.

– Je crois que tu devrais réfléchir avant de te livrer à l'irréparable, dit Labius.

– Comment ? s'exclame Romula. Tu prends peur ?

Elle s'avance dans l'atelier et regarde les dessins avec un détachement qui fait presque mal à Labius. Il aime qu'elle apprécie tout de lui, même ses peintures les plus anodines.

– Voilà donc l'exposition personnelle du questeur, dit-elle avec ironie.

– Ce n'est qu'un Romain parmi d'autres, dit Labius.

– Non, c'est un questeur, rectifie-t-elle. Un questeur n'est pas un Romain comme les autres.

Clefus observe d'un coup d'œil discret la réaction de Labius. À présent qu'il côtoie plus souvent Romula, il appréhende mieux tout le mystère de sa personnalité. Il comprend les bruits qui courent dans la ville sur sa grande originalité. Lorsqu'elle tient ce genre de discours, il n'est pas loin de penser lui aussi qu'elle a un grain de démence. Ses propos décousus et revanchards, son obsession de la culture samnite et sa curieuse passion qui l'entraîne des journées entières sur les montagnes ont de quoi alimenter les ragots de la petite ville. Sa dernière campagne contre le culte secret de Minas a eu pour conséquence de révéler ce mouvement mystérieux à toute la ville. Il ne doute pas que la virulence de ses propos lui ait fait des ennemis. Clefus ne sait pas qui est Minas et se demande s'il ne devrait pas mettre en garde Labius contre tant de folies. Mais ce dernier garde un esprit serein. Il répond toujours avec beaucoup de détachement aux pires provocations de sa maîtresse. Il considère cela comme des extravagances amusantes : il a depuis longtemps fait la part des choses.

Les deux hommes se sont remis au travail. Assise sur un tabouret au fond de l'atelier, Romula regarde, pensive, Labius tracer ses esquisses d'un pinceau ferme. Pourquoi est-elle tombée amoureuse d'un homme qui refuse de considérer ses combats avec sérieux ? Certes, Labius est bel homme et son seul contact physique l'émeut. Mais il a tous les défauts qu'elle abhorre chez les Romains en vogue : léger, frivole et inconsistant. Il est incapable de s'engager pour une cause autre que sa peinture. Pour celle-ci, seulement, il devient autre, prêt à toutes les audaces afin que son art s'exprime.

Un brouhaha extérieur attire son attention. Elle se lève et pousse la porte de l'atelier. La rue est calme. Pourtant elle entend distinctement comme un grondement du côté de la basilique. Elle revient vers les peintres, perplexe.

– Il y a une agitation curieuse du côté de la basilique, remarque-t-elle. Cela pourrait-il avoir un rapport avec le retard du questeur ?

Clefus la regarde, intrigué. Absorbé dans son travail, Labius ne prend pas la peine de lui répondre. Elle hausse les épaules et retourne s'asseoir. Les minutes s'écoulent lentement. À nouveau elle se lève et va jusqu'à la rue.

– Quelque chose m'étonne, dit-elle. Ce bruit n'est pas habituel.

Cette fois-ci Labius se lève et la rejoint. Il est contrarié d'être dérangé et le cache mal.

– Je n'entends rien d'étrange, maugrée-t-il.

Au même moment Marius apparaît au coin de la rue. Il marche à pas rapides vers l'atelier et fait un signe amical au peintre lorsqu'il l'aperçoit. Mais sa mine reste grave. Insensiblement, Labius s'est raidi. Depuis qu'il connaît les liens qui ont autrefois uni Marius à Romula, il manque de naturel.

– J'ai une mauvaise nouvelle, dit Marius après l'avoir

salué. Le questeur a été agressé en compagnie de Jucundus. On dit qu'il est mort.

La stupéfaction envahit le peintre. Il demande des détails. Mais Marius n'en a guère.

– Les autorités sont débordées. La nouvelle se répand dans la ville et provoque l'inquiétude. Il y a foule devant la basilique. Personne n'aurait songé à te prévenir.

À leurs côtés, Romula reste silencieuse. Pas un muscle de son visage n'a tressailli à l'annonce de l'agression. Clefus s'est approché.

– Si nous voulons être informés plus précisément, il nous faut y aller nous-mêmes, décide Labius.

– Je vous suis, dit Marius.

Romula ne bouge pas :

– Je n'y vais pas, dit-elle enfin. Cela ne me concerne en rien. Je retourne chez moi.

Labius la regarde. Elle est étonnamment calme.

– Bien, dit-il. Je te rejoindrai plus tard.

Et ils s'élancent vers la basilique.

Plus ils avancent, et plus l'agitation de la ville les gagne. Les théories les plus fantaisistes circulent.

L'intérieur de la basilique est aussi animé que les rues adjacentes. Un édile tente de parler sans succès. Le son de sa voix est couvert par le brouhaha ambiant. Marius se glisse jusqu'à lui et lui murmure quelques mots à l'oreille. L'édile s'interrompt et lui parle avec force gestes. Son visage bouleversé en dit long sur le contenu de ses propos.

Marius Rufus revient vers le peintre, grave.

– Ils ont été pris dans une embuscade au sortir de la ville. Le questeur est mort. Jucundus a été transporté chez Paquius Proculus. Allons voir.

Ils sortent de la basilique et se dirigent vers la maison du duumvir Proculus. De nombreuses personnes se sont massées devant. En reconnaissant Marius, le garde qui protège l'entrée les laisse passer. À l'intérieur ils retrouvent Suedius Vicario, le duumvir et quelques autres notables. Le duumvir s'avance aussitôt au-devant d'eux.

– Le maître Labius ne devrait pas être ici, dit-il avec gêne. L'affaire est trop grave. Seuls les membres du conseil de la ville sont admis à entrer.

– Labius n'ébruitera rien de ce qui sera dit, promet Marius. Peux-tu nous en dire plus ?

Le duumvir hésite. Il quête un accord de Vicario qu'il obtient d'un battement de cils. Rassuré, il raconte l'agression du questeur et du banquier, puis la découverte de leurs corps inanimés par un promeneur. Vicario s'est approché. Sa mine est sombre.

– Le questeur a été assassiné par ceux qui sèment la révolte et la terreur dans notre ville, dit-il. On a retrouvé un as dans sa bouche.

Le peintre et Marius échangent un regard consterné, quand un bruit de pas les fait se retourner. C'est le médecin Pachrios qui s'avance. Il sort de la chambre où se repose le blessé.

– Jucundus souhaite te voir seul, Suedius Vicario.

– Seul ? s'étonne le magistrat. Il fronce les sourcils : Les indices qu'il va peut-être nous fournir exigent des témoins. Le duumvir Proculus doit m'accompagner.

– Prends garde à ne pas rester auprès de lui trop longtemps, en ce cas. Il est encore très faible.

L'entrevue ne dure guère. Le magistrat revient bientôt, la mine soucieuse. Le duumvir n'est guère plus encourageant. Tous deux ont trouvé le banquier affaibli et très choqué par sa mésaventure. Proculus a surtout été frappé par la détresse de Jucundus. L'annonce de la mort du questeur l'a bouleversé à tel point qu'il a peiné ensuite à trouver ses mots. Lorsque Vicario lui a demandé si quelque chose l'avait frappé durant l'attaque, il a mentionné d'étranges taches roses sur la peau de l'un des agresseurs.

– Des taches roses ? répète Marius. Je ne vois pas ce dont il peut parler.

– Il est pourtant sûr de son fait, dit Proculus. As-tu remarqué, Vicario, l'air anxieux avec lequel il te regardait ? Comme s'il te suppliait de trouver ses agresseurs.

– Je ne risque pourtant pas de trouver grand-chose avec une semblable description, grogne le magistrat. Des taches roses ! Il a dû recevoir un coup sur la tête et délirer. Mon pauvre ami !

– Il faut pourtant organiser les recherches, dit Proculus. Je vais lancer quelques ordres. Si les portes de la ville ont été fermées à temps, le meurtrier est forcément en nos murs.

– Mais quelles indications vas-tu donner à tes hommes, interroge Vicario. Nous n'avons aucune description valable.

– Les taches roses sont déjà un début. Il a parlé également d'un homme aux pieds nus : cela restreint les recherches : personne de convenable ne se promène ainsi. Même les paysans portent le *pero*[13]. Il ne peut s'agir que d'un homme de condition servile, un esclave ou un affranchi.

La fermeté de Proculus surprend ses interlocuteurs. Depuis Marius Rufus, les duumvirs élus sous l'autorité de Vicario sont des personnalités effacées. Proculus semblait en faire partie. Mais il fait preuve soudain d'une assurance inattendue. Vicario en est le premier étonné.

– À ta place, je ne me précipiterais pas si vite, essaie-t-il de temporiser. Il faut essayer d'en savoir plus.

– Plus nous attendrons, et moins nous l'attraperons, réplique le duumvir. La réputation de notre garde municipale en dépend. Je vais rassembler tous les esclaves de la ville dans l'instant.

Et sans attendre de réponse, il tourne les talons. Labius en profite pour lui emboîter le pas.

Dehors, la foule a grossi. En le voyant, les gens se précipitent et l'assomment de questions. Labius évite soigneusement de parler de l'as dans la bouche et du suspect. Il donne juste de bonnes nouvelles du banquier et file vers des rues plus calmes.

Ses pas l'amènent bientôt devant la villa de Romula. La porte de son atelier est fermée. Il tape à celle de l'entrée. Ignatia vient lui ouvrir. C'est une petite esclave brune au visage en forme de poire. Ses joues rebondies lui donnent un air d'enfance dont elle ne doit pas être si éloignée. Elle le fait entrer dans l'atrium. Il peut entendre la voix de Romula au loin, entrecoupée de longs silences durant lesquels il lui semble percevoir une voix plus basse. Mais lorsqu'il entre dans l'œcus, la jeune femme est seule. Il est frappé par la rougeur de son teint.

– Tu ne te sens pas bien, s'inquiète-t-il.

– Mais si, répond-elle. Cette histoire m'a fait un choc, c'est tout. Ignatia, apporte-moi donc de quoi me rafraîchir.

Le peintre se laisse tomber sur un lit.

– On a retrouvé un as dans la bouche du questeur, dit-il. On dirait que ce sont les mêmes agresseurs qui recommencent.

– On a retrouvé un as ? Comme chez les autres victimes ?

Il hoche la tête. Elle semble bouleversée. Lui-même n'en mène pas large. Il n'aime pas ce sentiment d'insécurité qui envahit à nouveau la ville.

Un long moment de silence règne, comme si chacun d'eux prenait conscience de l'ampleur du drame.

– A-t-on des indices ? demande enfin Romula.

Il soupire.

– Jucundus est très choqué. Il a seulement parlé d'un homme à la peau étrange, avec des taches roses. Le duumvir s'est rué sur cette piste.

Elle a soudain blêmi. Tout son corps s'est contracté.

– Que t'arrive-t-il ? Tu me sembles très frappée. Avec qui étais-tu d'ailleurs, avant que je n'entre ?

– Avec Marcellus. Nous discutions de... de son affranchissement.

Marcellus était l'un des deux esclaves qui accompagnaient Romula dans ses expéditions. Elle parlait depuis longtemps de l'affranchir. Elle se lève, très pâle :

– Je suis très fatiguée, Labius. Les émotions, sans

doute. Excuse-moi si je te laisse maintenant. Nous nous retrouverons plus tard.

Ce brusque congé laisse le peintre perplexe. Il a la curieuse impression de la déranger, sans parvenir à bien définir ce qui peut provoquer ce sentiment. Il fait quelques pas vers la sortie, indécis. Un bref coup d'œil en arrière lui montre qu'elle s'affaire déjà à autre chose. Déçu, il se dirige vers la cuisine. Elle est déserte. À part Ignatia, tous les esclaves de la maison ont pris leurs quartiers de nuit. Le feu, plus très ardent, demanderait quelques bûches supplémentaires. L'esclave Marcellus s'occupe de l'approvisionnement en bois. Chaque après-midi, il prépare un tas dans la cuisine. Mais il ne reste que quelques brindilles et de la sciure. Rien qui ne permette de réchauffer ce ragoût au fond d'une terrine de terre cuite.

– Ignatia, appelle-t-il.

La petite apparaît aussitôt. Il a souvent remarqué sa disponibilité lorsqu'il se trouve là. Cette présence silencieuse le flatte.

– Sais-tu où est Marcellus ? Il n'y a plus de bois.

– Marcellus n'est pas venu cet après-midi, je ne l'ai pas vu, répond-elle. Mais je connais la réserve, si tu veux.

Labius la suit, pensif. La nuit est tombée. Le quartier de lune qui s'est allumé peine à éclairer le chemin qui mène au petit appentis de Marcellus. Sans lanterne, Ignatia marche à pas lents. Soudain Labius trébuche sur une bordure. Il se rattrape sur la petite esclave. Surprise, Ignatia tente de retrouver son équilibre mais finit par tomber. Labius se retrouve sur elle, le visage à hauteur de son sein. Il peut sentir sa respiration s'accélérer. L'immobilité d'Ignatia vaut une muette acceptation de tout ce qu'il entreprendra. Il hésite quelques secondes. L'occasion est rêvée. Il écrase la jeune fille de tout son poids. Sa main va glisser sous sa tunique quand le visage ému de Romula s'impose à lui. Il se relève aussitôt. Elle le regarde avec désolation.

– Allons, dépêche-toi, la rabroue-t-il. J'ai faim. Il me faut vite des bûches.

Il met du temps à rallumer le feu. Les braises ne prennent pas, comme pour mieux le contrarier. Il s'apprête à poser le ragoût sur le brasero quand il entend des bruits de voix et d'armes.

Le duumvir Proculus, à la tête de ses hommes d'armes, pénètre, la mine grave, dans la maison. Leurs flambeaux éclairent l'atrium comme pour un soir de fête. Parmi eux Labius reconnaît le médecin Pachrios, légèrement en retrait. Ignatia part aussitôt chercher Romula.

– As-tu trouvé quelque chose ? demande Labius.

Proculus grimace, gêné, avant d'articuler à regret :

– Nous avons plusieurs suspects. Ils attendent dehors sous bonne garde.

– Et ils ont tous des taches roses ? s'étonne Labius, ébahi qu'une pareille anomalie soit si courante.

– Aucun n'a de taches de la sorte, répond-il.

Labius ne comprend pas. Mais aussi intrigué qu'il soit, il renonce à se montrer plus curieux devant l'air fermé du duumvir. Romula arrive enfin, vêtue d'une stola légère sur laquelle elle a jeté une écharpe.

– Excuse cette intrusion nocturne, dit Proculus en s'inclinant.

– Que puis-je pour toi ?

– Le questeur Mortemus a été assassiné. Le sais-tu ?

– Je l'ai appris tout à l'heure.

– Le témoignage de Jucundus décrit l'agresseur comme un homme à la peau parsemée de taches roses. Vicario croyait à une hallucination. J'étais bien prêt à me ranger à son avis lorsque j'ai eu l'idée de demander conseil à Pachrios.

Romula blêmit en apercevant le médecin.

– Il a soigné l'un de mes esclaves atteint d'une curieuse affection de la peau, dit-elle. Est-ce là ce dont tu veux m'entretenir ?

Proculus hoche la tête.

– J'aimerais voir cet esclave, en effet.

– Je ne l'ai pas vu aujourd'hui. Mais Ignatia va aller te le chercher.

La petite esclave s'élance vers le quartier des domestiques. Le duumvir se tourne vers ses hommes et, d'un signe, leur demande de reculer : il ne veut pas envahir la maison de Romula de ses hommes armés. Le silence règne, troublé par le bruit et l'odeur du ragoût qui bout sur le brasero. Labius sent son estomac se tordre de faim autant que d'angoisse. Un bruit de pas précipités s'approche. Ignatia apparaît, seule : elle n'a vu personne.

– Sais-tu où nous pourrions le trouver ? demande Proculus à Romula.

– Marcellus devrait être ici, répond-elle. Je suis aussi étonnée que toi de son absence.

Labius la dévisage. Comment peut-elle mentir avec autant d'aplomb ?

– Je vais être obligé de fouiller, dit le duumvir. L'affaire est trop grave. Je te prie d'excuser cette intrusion dans ta maison. Vicario m'a remis tout pouvoir dans cette enquête.

Il se tourne vers ses hommes et leur ordonne de ramener tous les serviteurs de la maison. Les esclaves arrivent bientôt dans le brouhaha. Des hommes, des femmes et des enfants, encadrés par les hommes du duumvir.

– Ce n'était pas la peine d'amener les femmes et les enfants, dit Proculus. Ce sont uniquement les hommes qui nous intéressent.

Tous sont pieds nus. Labius se surprend à regarder ces pieds qui trépignent. Il est étonné de leur diversité. Certains sont si épais que le cou-de-pied forme comme une bosse sur le dessus. D'autres sont longilignes et leurs orteils ressemblent aux franges d'une écharpe. Quelques-uns, courts et trapus, semblent incapables de porter le poids d'un corps. Les orteils, surtout, fascinent le peintre. Jamais il n'aurait imaginé qu'il puisse exister une telle variété de formes. Certains respectent l'ordre de grandeur en allant du plus petit orteil au gros doigt de pied. D'autres au contraire allongent tellement le deuxième doigt qu'il dépasse tous les autres d'une bonne taille. Tous ces pieds frémissants sont impressionnants de force et de vie. Mais aucun ne présente les taches roses dont a parlé Jucundus. Il lève les yeux et croise le regard de Romula. Jamais il n'a lu autant de détermination. Sa duplicité le pétrifie. Il se demande s'il ne doit pas signaler au duumvir la rencontre qu'il a surprise en revenant de chez Jucundus.

– Tous tes esclaves sont-ils là ? demande Paquius Proculus.

– Tous, oui, à l'exception de Marcellus.

– Personne ne l'a vu ? demande le duumvir à l'intention des esclaves.

Ils secouent la tête négativement. Une désagréable odeur de brûlé se répand soudain dans l'atrium. Labius se précipite dans la cuisine, Ignatia sur ses talons. Sur le feu, le ragoût a pris une couleur noire peu encourageante. La petite esclave pousse alors un cri : Marcellus se tient le long du mur, les yeux pleins de terreur. Labius veut la faire taire, mais il est trop tard. Proculus s'est approché, intrigué.

– Que se passe-t-il ? demande-t-il.

Labius a un bref instant d'hésitation avant d'écarter brutalement Ignatia. Il s'empare du bras de Marcellus et le pousse vers Proculus :

– Regarde qui j'ai trouvé ici, dit-il, trop heureux de se tirer de ce mauvais pas. S'il l'avait caché, le duumvir l'aurait cru complice. L'esclave ne marque aucune résistance. Alors que Proculus l'entraîne au centre de l'atrium, Labius remarque enfin les taches claires qui maculent sa peau. Il ne les avait jamais notées auparavant. Il lève les yeux sur le visage de Romula, décomposé.

– Est-ce bien l'esclave que tu as soigné ? demande le duumvir à Pachrios.

Le médecin s'approche et hoche la tête.

Romula s'est reprise.

– Que faisais-tu là, Marcellus ? dit-elle d'une voix tremblante de colère. De quoi ai-je l'air devant le duumvir de notre cité ?

L'homme ne répond pas. Il baisse la tête, accablé. Le duumvir s'avance, avec un air mauvais que Labius ne lui avait encore jamais vu :

– Cet homme se cachait, dit-il. Sa conscience n'est pas tranquille car il répond en tout point à la description de Jucundus. Nous allons l'emmener immédiatement.

Labius peut voir Romula déglutir avec lenteur, comme sous le poids d'une forte émotion. Les hommes du duumvir quittent à pas lents l'atrium, serrant de près Marcellus. Proculus ferme la marche. Au moment de quitter la pièce, il se retourne.

– Vicario te convoquera sans doute demain, dit-il. Toi seule es responsable des agissements de cet esclave.

– Je n'ai rien à cacher, répond Romula la tête haute. Mais seul Labius note le tremblement de son menton.

– Que Jupiter t'entende !

Sur ces paroles, le duumvir s'incline et quitte la maison. Labius et Romula restent seuls avec les esclaves qu'Ignatia a rassemblés.

– Retournez dans vos quartiers, dit Romula.

Ils quittent la pièce à pas de velours. Un long silence s'installe. Romula ne bouge pas, comme anéantie. Labius fait un pas vers elle mais son regard froid le glace.

– Qu'avais-tu besoin de livrer Marcellus. Veux-tu donc me nuire, toi aussi ?

– C'est le principal suspect, proteste-t-il. Les éléments donnés par Jucundus sont suffisamment précis pour l'identifier avec précision. On ne peut refuser de le livrer à la justice.

– Ah ! s'exclame-t-elle. La justice ! Comment peux-tu encore y croire !

– Et toi ! Comment peux-tu croire en l'innocence d'un esclave que sa peau confond !

Labius reprend son souffle. La culpabilité de Marcellus

lui semble envisageable, tout comme, à sa grande consternation, la complicité de Romula. Les zones d'ombre qui entourent la vie de son aimée lui paraissent soudain chargées d'influences néfastes.

– Tu connais mes sentiments à ton égard, dit-il avec douceur. Quelles que soient tes actions, ils ne changeront jamais. Je te voudrais plus sereine et moins passionnée. Pourquoi ne me dis-tu pas la vérité ?

– La vérité ? Quelle vérité ? Marcellus est accusé d'un crime qui ne me concerne en rien. Et pourtant tu me soupçonnes déjà !

– Pourquoi l'avoir caché en ce cas ?

Elle le regarde, et il est pétrifié par l'intensité de ses yeux.

– J'ai voulu le protéger. C'est pourquoi je ne l'ai pas dénoncé à Proculus. Je n'avais pas imaginé l'homme que j'aime si prompt à me trahir.

Il n'a pas le temps de se justifier qu'elle a déjà tourné les talons. Il la regarde quitter l'atrium, partagé entre la colère et l'indécision.

Dans la demeure de Proculus, le départ du médecin et du maître de maison a entraîné celui des notables qui patientaient dans l'attente d'une décision. Il ne reste plus que Vicario et Marius, assis chacun dans un renfoncement de l'atrium.

Un jeune affranchi entre, l'air inquiet. Marius le reconnaît : c'est le commis du banquier. Vicario lui fait signe d'approcher. Il voudrait savoir si le jeune homme a noté quelque chose de particulier. Le commis secoue la tête :

– Le questeur était satisfait de l'ensemble des registres. Il ne lui restait que les recettes et les dépenses à contrôler après leur promenade.

– C'est bon, grommelle Vicario. Il jette un œil vers Marius et croise son regard intrigué. Il se lève et s'étire : Je vais faire quelques pas, dit-il.

Il quitte l'atrium et gagne le jardin arrière. Marius peut le voir marcher, songeur, à travers les portiques. L'irruption de l'assistant du médecin le sort de sa contemplation. Il lui manque une fiole qui est restée à l'officine de Pachrios. Marius accepterait-il de surveiller le blessé durant sa brève absence ? L'ancien duumvir se lève et entre dans la chambre. Les yeux clos, Jucundus est allongé sur un lit de fortune. Sa poitrine se soulève par saccades. Marius respire, mal à l'aise, cette odeur si caractéristique qui auréole le malade. Sans un bruit, il s'installe sur un tabouret au chevet du blessé qu'il contemple, ému malgré lui de son infortune. Les yeux de Jucundus s'ouvrent. Ils papillonnent autour de la pièce avant de parvenir à se fixer sur l'ancien duumvir.

– Marius, murmure-t-il.

– Ne parle pas, dit Marius en se penchant vers lui. Tu vas te fatiguer.

– L'attaque est signée, murmure Jucundus. J'aurais dû m'en douter.

– Ce sont ces assassins qui terrorisent notre ville depuis quelques années.

– Oui, ce sont eux, sur ses ordres, balbutie-t-il.

Marius n'est pas sûr d'avoir bien entendu. La fin de la phrase s'est éteinte dans un souffle. Il pose maladroitement sa main sur son front. Il est brûlant.

– Que se passe-t-il ?

La voix forte de Vicario a retenti derrière lui.

– Jucundus ne se sent pas bien.

Le magistrat se précipite.

– Où est l'assistant de Pachrios ?

– Parti chercher une fiole.

L'homme entre à ce moment. Il n'a pas le temps de s'approcher que déjà Vicario s'époumone :

– Comment as-tu pu le laisser seul ! Il est entre la vie et la mort !

L'assistant le repousse et saisit le poignet de Jucundus.

– Il s'est évanoui. Ce n'est pas grave, dit-il. Laissons-le au calme.

Bouleversé, Vicario sort de la pièce plus rouge que jamais. Marius aurait presque pitié de lui.

– Tu as entendu le médecin, ce n'est pas grave. Rassure-toi, dit-il.

Vicario se tourne vers lui, et Marius croit voir briller ses yeux.

– Jucundus est bien plus qu'un collaborateur, dit-il. C'est un ami.

Marius hoche la tête. Malgré lui, la phrase de Jucundus tourne encore dans sa tête.

Vers la troisième heure [14] le lendemain, alors que Labius est déjà parti à son atelier, une escouade d'hommes armés vient chercher Romula. Le préfet Vicario souhaite la voir aussitôt.

Vicario l'attend dans la basilique, en compagnie des deux duumvirs et des deux édiles. Quelques patriciens, parmi lesquels Marius et le neveu de Vicario, sont présents. Le magistrat accueille la jeune femme avec chaleur. Elle lui en est reconnaissante. Il n'en va pas de même avec Paquius Proculus qui la salue avec froideur. La basilique a été fermée au public, eu égard au rang de Romula. C'est un entretien privé, pour tenter de mieux comprendre les liens qui unissent la jeune femme à son esclave.

– Caecilius Jucundus a reconnu Marcellus, déclare Vicario. Il est catégorique. Et Pachrios confirme qu'il n'a pas eu d'autres cas que celui-ci à traiter. Par conséquent ton esclave est bel et bien le principal suspect.

Un bref silence ponctue ces propos, durant lequel Romula se sent surtout parfaitement incongrue dans ce lieu où seuls siègent les hommes.

– Marcellus est un bon esclave, dit-elle d'une voix ferme. Je n'ai eu qu'à m'en féliciter jusque-là. J'ai du mal à croire qu'il ait pu commettre ce crime.

– Il n'a pas commis ce crime de sang-froid, dit Proculus. Il a obéi à des ordres.

Elle est étonnée de l'agressivité de sa voix. Le duumvir lui montrait plus de respect hier soir.

– Lui connaissais-tu une appartenance à un mouvement politique, à une association subversive ? reprend Vicario.

En dépit de l'atmosphère tendue, elle ne peut empêcher un sourire :

– Si tel avait été le cas, j'y aurais coupé court. Il n'est pas bon qu'un esclave s'autorise ce genre de liberté. Mais tu as bien dû lui demander. Qu'a-t-il répondu ?

Les élus s'entre-regardent, gênés. Vicario reprend la parole. Il est grave :

– Ton esclave s'est donné la mort ce matin tôt. Nous l'avons retrouvé inanimé dans sa cellule.

La nouvelle fait vaciller Romula.

– Comment est-ce possible ? Il n'avait rien pour se supprimer, murmure-t-elle. Comment a-t-il pu faire ?

– Je n'ai pas à te donner de détails, répond Vicario. Mais sache que nous l'avions fait parler auparavant. Il nous a livré le nom de son complice que nous avons retrouvé. C'était un de tes esclaves que ton premier mari Antonius Popidius a affranchi avant sa mort. Il se nomme Palios. Malheureusement il ne nous dira pas grand-chose. Il n'a plus de langue.

Romula semble en proie à une violente émotion. On avance un siège pour qu'elle puisse s'asseoir.

Vicario reprend :

– C'est étrange que les deux coupables aient de si grands liens avec toi.

– Je ne connais pas ce Palios, proteste Romula. Sa voix tremble. Antonius Popidius a dû l'affranchir bien avant notre mariage. Je ne l'ai jamais rencontré. J'ignorais même son existence jusqu'à ce jour !

Un silence lourd accueille sa protestation. Elle croise les yeux du duumvir Proculus qui détourne son regard. Seul Marius lui grimace un sourire. Vicario se gratte la gorge.

– Nous connaissons tous ici ton esprit frondeur, Romula Popidia. Que les deux assassins soient issus de ta maison n'arrange pas ta cause.

L'approbation unanime qui accueille cette déclaration fouette brusquement la jeune femme.

– Dois-je comprendre que je suis suspecte à vos yeux ? dit-elle en se redressant, pleine de mépris.

– Tu es la propriétaire de celui qui a tué le questeur.

– A-t-il reconnu ce meurtre ?

Vicario secoue la tête :

– Il a juste livré le nom de son complice. Pour le reste, il est entré dans le plus profond mutisme. Jusqu'à ce que nous le découvrions ce matin.

– Il n'y a donc aucun élément à ma charge. Personne ne peut m'accuser sans preuve, n'est-ce pas ?

Sa hargne a fait monter la pression d'un coup. Vicario calme aussitôt le jeu. Le consul suffect a été prévenu, lui annonce-t-il. Il arrivera la semaine prochaine pour les obsèques de Mortemus.

Romula se lève. Le tremblement qui l'agitait s'est apaisé.

– J'ai une faveur à te demander, Vicario. Ces événements tragiques affectent de plein fouet ma maison. Je souhaite offrir les funérailles du questeur afin que les dieux considèrent avec bienveillance notre détresse. Je te prie d'accéder à cette requête qui me consolera de l'ingratitude de mon esclave.

Vicario est agréablement surpris.

– Nous sommes sensibles à ta requête. Fasse que les dieux, grâce à ce geste, protègent notre ville de la colère du Sénat romain. Proculus te dira à combien se sont élevées les dépenses.

– Je te remercie.

Et sur un bref mouvement de la tête, elle se retire.

À peine est-elle partie que les exclamations fusent. La majorité des présents est convaincue de sa culpabilité. Seul Marius n'ouvre pas la bouche. Sans un mot, il s'éclipse doucement. Caius Puzzus lui emboîte aussitôt le pas.

– Tu connais bien Romula Popidia, l'interpelle-t-il. Que penses-tu de tout cela ?

L'ancien duumvir s'arrête et se retourne.

– Je n'ai aucune opinion pour l'instant. Pourquoi cette question ? Ton oncle souhaiterait-il connaître mon sentiment ? dit-il avec ironie.

Caius Puzzus secoue la tête, gêné :

– Non, pas du tout. En revanche, dis-moi pourquoi tu ne viens plus au culte de Minas.

– Je n'y ai jamais été très fidèle, répond Marius.

– Les propos de Romula Popidia y sont-ils pour quelque chose ?

Marius hésite avant de hocher la tête.

– De nombreux adeptes se sont détournés de Minas après avoir écouté Romula, dit Puzzus. (Il est songeur.) Moi-même, je ne sais plus. Mais jamais mon oncle n'acceptera ma défection.

– Tu es un homme libre, Puzzus, dit l'ancien duumvir. Libre de tes agissements.

Six jours plus tard, le consul suffect, précédé de ses licteurs[15], se présente à l'entrée de la ville. C'est un petit homme sec à la lippe boudeuse, qui ne cache pas son mécontentement.

Il accepte les salutations de Vicario, des duumvirs et de quelques autres personnalités avec froideur et ne daigne pas descendre tout de suite de sa voiture. Il attend d'être devant la basilique pour fouler enfin le sol pompéien.

Il s'installe d'autorité sur le siège principal. Vicario vient prendre place à ses côtés.

– Ta présence dans nos murs nous honore, dit-il, obséquieux.

– Si tes murs étaient mieux surveillés, tu n'aurais pas à te réjouir d'un pareil honneur, répond avec sécheresse le consul suffect. Où en sommes-nous de l'enquête ?

Suedius Vicario secoue la tête, embarrassé.

– Le mutisme du prisonnier ne nous aide guère. Et l'autre s'est donné la mort.

Il transpire à grosses gouttes sous le regard acéré du consul suffect.

– Je vois que tes prisons sont bien gardées, ironise celui-ci.

– Nous avons pourtant établi des coïncidences troublantes dont je t'ai parlé dans mon rapport, proteste Vicario. L'appartenance des deux assassins à la famille des Popidii ne peut être un hasard.

– Et pourquoi pas ? dit le consul. As-tu trouvé un mobile qui justifierait une telle action des Popidii ?

– Pas encore mais nous y travaillons.

– C'est trop tard, dit le consul. Il fallait trouver avant. Je suis attendu à Rome. Appelle le prisonnier que je le voie.

Vicario s'empresse de le satisfaire. Pendant qu'ils attendent, le consul tourne vers lui un regard narquois :

– Ne me crois pas stupide, Vicario. Il y a bien sûr quelqu'un derrière ce meurtre. Mettre un as dans la bouche de ses victimes n'est pas le fruit du hasard. La question est : À qui profitent ces meurtres ? Certainement pas à la famille des Popidii qui est l'une des familles influentes de Pompéi et qui remplit avec scrupule ses devoirs vis-à-vis de l'empereur. Je te laisse chercher. Pour l'instant, ces deux hommes que tu as trouvés me suffisent.

Vicario incline la tête sans rien dire. Bientôt l'affranchi entre, soutenu par deux gardes. Son visage tuméfié et parsemé de croûtes de sang témoigne des sévices qu'il a endurés. Ses paupières gonflées par les hématomes laissent passer un regard vide d'expression. Il peine à se tenir debout.

Un long moment le consul dévisage le corps meurtri. Puis il se penche :

– Tu es reconnu coupable, dit-il d'une voix forte. Tu seras mis en croix dès la fin des funérailles de Mortemus.

Le prisonnier tente de protester ; il s'agite, sa bouche

essaie d'articuler des sons. Sur un signe de Vicario, les deux gardes l'entraînent vers la porte. Le consul se tourne vers Vicario :

– Ne voulait-il pas nous expliquer quelque chose ?

– Cela fait six jours qu'il fait ces gestes et que nous n'y entendons rien. C'est un demeuré.

Le consul suffect s'est levé. L'affaire est close pour lui. Il est temps de se rendre aux funérailles de Mortemus.

– Allons rejoindre le cortège, dit-il, autoritaire.

Les funérailles de Ceius Mortemus ont été organisées avec soin. Vicario ne veut pas prendre le risque de contrarier le consul suffect en ces moments difficiles pour la ville. La dépouille du questeur est allongée sur un brancard porté par des Pompéiens volontaires. Sa famille est représentée par le consul suffect lui-même. Le reste du cortège se compose essentiellement d'habitants de la ville. Ils ont été nombreux à répondre à l'appel de Vicario, soucieux de se protéger des retombées de ce crime sur leur ville. Labius a tenu à se manifester, délaissant pour quelques heures son travail. Mais Romula ne l'a pas accompagné. Depuis l'arrestation de Marcellus, elle passe ses journées dans son atelier, loin des regards curieux.

Quatre pleureuses ouvrent le cortège en se lamentant. Elles frappent leur poitrine et griffent leur visage avec force cris et gémissements. Le consul est précédé d'acteurs revêtus des masques des ancêtres de la famille des Mortemii. Ils figurent les défunts qui accueillent Mortemus au royaume des morts. Devant la dépouille, un acteur avance lentement, s'efforçant d'imiter la digne démarche du questeur et de rappeler ses manières. Il symbolise les derniers instants de Mortemus avant la crémation. Mais son jeu, quoique excellent, prête au sourire car malgré des talonnettes, il est aussi petit que le questeur était grand.

Arrivés devant le bûcher, les brancardiers déposent délicatement la dépouille sur le tas de bois. Les acteurs se déchaînent alors, dansant et chantant des hymnes d'accueil au nouveau défunt. Un prêtre jette un brandon enflammé, et le feu jaillit en crépitant. Du milieu du cortège, Labius voit les flammes lécher le visage du mort. Elles s'emparent d'abord de ses cheveux, puis s'abattent sur le reste de sa figure, derrière un nuage épais. Malgré lui, Labius pense au patient travail des embaumeurs qui va être réduit en fumée. Des jours durant, ces derniers se sont relayés au chevet de Mortemus pour retarder sa putréfaction jusqu'à l'arrivée du consul suffect. Le résultat lui a semblé impeccable lorsqu'il a vu le questeur passer devant lui sur sa civière funéraire.

Le bûcher brûle maintenant entièrement. La chaleur du brasier oblige les assistants à reculer de plusieurs pas. Il faut attendre qu'il s'éteigne pour recueillir dans une urne les cendres du défunt. Le consul suffect les remettra ensuite à la famille de Mortemus, qui pourra les déposer dans le mausolée familial.

On laisse les hommes chargés de la crémation veiller au reste de la cérémonie. Le consul suffect ne cache pas sa hâte à voir supplicier Palios. Une grande croix de bois attend à la sortie de la ville, sur la route de Nuceria. Les habitants se sont déjà rassemblés nombreux. De tels supplices ne sont guère fréquents à Pompéi. La valeur du mort justifie sans doute un tel événement. À la vue du consul suffect, la foule s'écarte spontanément devant les licteurs qui ouvrent la marche d'un pas lent. Ils ne sont que huit, car les autres sont partis chercher l'affranchi Palios. Le consul suffect prend place sur la tribune qu'on a élevée à son intention. Vicario le rejoint, suivi des membres du conseil de la ville. Marius est présent, drapé dans une toge éclatante. Tous guettent l'arrivée du condamné. Il est bientôt là, encore plus misérable qu'auparavant. Il marche péniblement, encadré des quatre licteurs. L'heure du supplice a sonné. On l'allonge sans ménagement sur la croix. Les nœuds de la corde qui attache ses mains et ses chevilles pénètrent dans sa chair. Des gémissements s'échappent de ses lèvres desséchées. Déjà les licteurs redressent sa croix en tirant sur une corde. Elle s'élève doucement, dans un silence presque assourdissant tant il est inhabituel. Les Pompéiens regardent le spectacle avec fascination. Lorsque la croix est à la verticale, trois licteurs s'emploient à glisser son pied dans le trou creusé à cet effet. Ils font glisser la corde : la croix tremble, puis s'immobilise. Alors seulement, Palios montre quelque fébrilité. Maintenant qu'il est à la verticale, il domine l'ensemble de la foule et la ville derrière. Son visage se tourne avec difficulté. Ses grimaces en disent long sur le terrible poids qui s'exerce sur ses bras. Néanmoins, ses yeux mi-clos scrutent la foule. Le consul suffect s'impatiente :

– Il est encore temps de faire des aveux, affranchi Palios ! s'écrie-t-il. Donne-nous le nom de tes maîtres et les dieux te pardonneront peut-être.

Palios ne peut rien répondre. Il sent ses forces le quitter de seconde en seconde. Sa vue est troublée par les nombreux coups reçus. Son regard balaie la foule. Puis ses yeux s'écarquillent. Il croit soudain reconnaître, derrière l'homme qui l'apostrophe, la silhouette qui lui a remis une semaine auparavant six as pour commettre le crime. Puis tout se confond dans un brouillard épais. Épuisé, il ferme alors les yeux, ses forces l'abandonnent. Il aspire à la mort comme à une délivrance.

– Est-il mort, déjà ? demande incrédule le consul suffect.

– Non, mais cela ne tardera pas, répond un licteur. Son corps ne supportera pas longtemps une telle pression.

– As-tu remarqué qu'il semblait chercher quelque chose dans la foule ? dit le consul à Vicario.

– Je n'ai rien vu de tel, répond Vicario qui dissimule mal sa répulsion.

Il déteste ce genre de spectacle, au contraire du peuple qui en redemande. Un brouhaha confus s'élève d'ailleurs de la foule. Des insultes jaillissent, relayées par des dizaines de gorges. Quelques-uns ont saisi des cailloux et les lancent sur le supplicié.

À quelques pas derrière le premier magistrat, un autre

homme a noté le regard de Palios. Un regard qui s'est fixé droit sur l'estrade où ils se tiennent. Incrédule, Marius dévisage d'abord ses voisins avant de se retourner, mû par un instinct second. Romula se tient derrière la tribune officielle, le visage tourné vers le supplicié. Sa fine silhouette est cachée sous une large palla sombre. Il se souvient si bien des courbes de son corps qu'il pourrait la reconnaître n'importe où. Lorsqu'il se retourne à nouveau, il ne la trouve plus. Elle s'est évaporée comme elle est apparue.

V

Le lendemain, les dirigeants de la ville regardent, inquiets, le consul s'éloigner dans un nuage de poussière. Quelle sera la réaction de Rome devant ce meurtre ? Les semaines passent, et aucune nouvelle ne filtre. Dans les rues de la petite ville campanienne, les murs se sont transformés en support électoral. Les premières inscriptions qu'a remarquées Ceius Mortemus disparaissent sous les dernières prises de position. La bataille bat son plein. Chacun grave ses préférences avec assurance : « Remue-toi, Trebius ! Élis édile Lollius Fuscus, cet honnête jeune homme[1] ! » « Les marchands d'ail demandent d'élire édile Cnaeus Heluius Sabinus[2]. » « Élisez édiles Marcus Casellius et Luccius Albucius. Statia et Petronia vous le demandent. Puisse-t-il y avoir toujours de tels citoyens dans notre colonie[3] ! » « Élisez Epidius Sabinus duumvir chargé de la justice. C'est son client Trebius qui le demande, en accord avec le très respectable Ordre des décurions[4]. » « Élisez édile Caius Iulius Polybius. Il apporte avec lui du bon pain[5]. » « Élisez édile Marcus Cerrinius Vatia ! Tous ceux qui boivent la nuit le demandent[6] ! » « Les voisins demandent d'élire Luccius Statius Receptus duumvir chargé de la justice. Il en est digne. C'est Aemilius Celer, un voisin, qui a écrit ceci. Malintentionné qui l'efface, tombe malade[7] ! »

Devant cette surenchère graphique fatigante pour l'œil, certains passants s'agacent : « Je m'étonne, mur, que tu ne te sois pas effondré, alors que tu portes les niaiseries de tous ceux qui ont écrit[8] », a noté l'un d'entre eux, excédé. Un autre, plus coléreux, a gravé un vengeur : « Va te faire crucifier[9] ! »

Mais une nouvelle incroyable éclipse soudain tous les slogans électoraux : l'empereur s'est suicidé le quatrième jour avant les Ides de juin[10]. Par des marchands de passage, les patriciens avaient bien suivi le soulèvement de l'Ibérie et de la Gaule. Mais ils ignoraient que le Sénat avait proclamé Néron ennemi public de l'empire. La nouvelle de sa mort, apportée par le cursus, ne les bouleverse pas. Ils ont tous des proches à Rome qui ont subi les foudres de l'empereur. Ils se souviennent de sa violence et de sa mégalomanie. La mort brutale de l'impératrice Poppée[11], que tout le monde ici s'enorgueillissait d'avoir connue, avait déjà été très mal ressentie. Il n'y a que Labius à rendre en silence hommage à celui qui a osé renouveler l'art. En revanche, l'investiture de Servius Sulpicius Galba sur le trône les étonne. Qu'un chef d'armée[12] puisse devenir empereur sans passer par le Sénat est contraire aux traditions instaurées depuis Auguste.

– Le rôle du Sénat ne serait donc plus que consultatif, et ce sont les légions qui nomment l'empereur ? s'interroge Vicario.

Il dit tout haut ce que chacun pense en son for intérieur. Cependant personne ne se soucie vraiment de l'avènement de Galba.

– Avec tout ce qui se passe, je suppose que le Sénat a autre chose à faire que d'ordonner une enquête à Pompéi, suggère Proculus.

Il dit vrai. Les semaines s'écoulent et rien ne vient. Le consul suffect a sûrement consacré toute son énergie à plaire au nouvel empereur. Cette situation convient très bien aux Pompéiens. Ils ont élu leurs nouveaux duumvirs et édiles. Paquius Proculus s'est retiré avec soulagement de la vie politique. Il se réjouit de ne plus être en fonction lors de l'enquête que diligentera peut-être le Sénat.

Seul Labius est soucieux. Depuis l'assassinat du questeur Mortemus, quatre commandes ont été annulées. Chaque jour qui passe voit la figure de Clefus s'allonger et celle de ses assistants exprimer leur perplexité. Il ne dit rien, mais son orgueil souffre : les gens n'ont pas le droit de traiter ainsi le peintre le plus talentueux de sa génération et il se retient pour ne pas aller le leur dire en face. Devant lui se dresse la demeure de Romula. Un sentiment de lassitude l'envahit. Depuis l'arrestation de ce Marcellus, rien ne va plus comme avant. Si au moins le travail était plus abondant à l'atelier... Mais la fuite de ses clients ne fait qu'empirer les choses.

Il pousse la porte et entre. Il reconnaît dans l'atrium Romula et deux hommes, le dos tourné. Leurs silhouettes ne lui sont pas familières. Il hésite à les rejoindre. Ces derniers temps, Romula s'est montrée très réservée sur ses affaires. Il n'a pas envie d'essuyer une fin de non-recevoir. Mais elle l'a aperçu et lui fait signe d'approcher. Les deux hommes se retournent. Il reconnaît alors l'un d'eux, Firmalon, le tenancier d'une salle de jeu.

– Maître Labius, maugrée-t-il en s'inclinant.

Le peintre lui rend son salut. Il se demande ce qu'un homme comme Firmalon vient faire chez Romula Popidia.

– Ces messieurs me présentent des reconnaissances de dettes de Marcellus, dit Romula. Ils veulent que je les honore en lieu et place de lui.

– Marcellus nous doit beaucoup d'argent, dit le second homme. Plusieurs centaines d'as. Il avait promis de nous rembourser pour les Ides d'avril. Mais il est mort entretemps.

– Je ne paierai rien de ceci, dit Romula, péremptoire. Les affaires personnelles de Marcellus ne me concernent pas.

– Il nous avait parlé d'une grosse somme à venir. Ne vois-tu pas ce dont il voulait parler ?

L'insistance de l'homme frise la grossièreté. Oublierait-il qu'il parle à une patricienne ? Pourtant Romula se contient.

– Je n'ai aucune idée de ce à quoi il faisait allusion, dit-elle. Vous avez été bien sots de le laisser jouer dans vos établissements. Que cela vous serve de leçon.

Son ton sans appel ne cache pas ce qu'il est : une invitation ferme à quitter les lieux rapidement. Les deux hommes se retirent à contrecœur.

– Quel toupet de se présenter ici et de m'entretenir des dettes de Marcellus ! s'exclame Romula lorsqu'ils ont disparu. Comme si j'y pouvais quelque chose !

Labius hoche la tête. En mal de commande, il se sent presque solidaire de ces deux fripons. Il s'apprête à rejoindre sa chambre quand Ignatia vient déposer un message entre les mains de sa maîtresse. Romula y jette à peine un coup d'œil.

– Encore une cena qui n'a plus lieu, dit-elle juste.

Labius s'arrête, interloqué. Il réalise qu'il n'est guère sorti non plus ces dernières semaines. Il comprend soudain, et sa colère éclate :

– Les gens nous évitent, n'est-ce pas ? dit-il. J'ai déjà quatre commandes qui m'échappent. Cela ne peut plus continuer ainsi. Je dois connaître la vérité. Lorsque tes affaires rejaillissent sur mon art, j'estime être également concerné.

– Tu ne feras pas de moi la coupable que tu souhaites, proteste-t-elle.

– Écoute, Romula. Je n'ai jamais voulu me mêler de tes recherches ni des autres passions qui t'animent. Mais si elles jettent de l'ombre sur ma peinture, alors je dois savoir !

– Je ne sais rien moi-même.

Ils se regardent un long moment. Puis, rageusement,

Labius tourne les talons et quitte la maison en claquant la porte.

Dehors, le soleil couchant jette sur les toits une lumière fauve qui ravive l'éclat des tuiles. Labius, pourtant si sensible à la magie des couleurs, marche le regard rivé au sol. Il sent la colère et le désappointement gronder dans sa poitrine. À l'atelier, Clefus est en train de ranger les derniers accessoires des peintres. En homme ordonné, il met un point d'honneur à laisser chaque soir un atelier impeccable. L'irruption de Labius le surprend. Mais il n'en laisse rien paraître. Il continue à s'activer en lançant des regards en coin vers le maître.

Labius fourrage avec nervosité dans les derniers dessins grecs qu'un marchand leur a apportés. Il retrouve un projet qu'il avait ébauché pour une des commandes qui vient d'être annulée et sa fureur enfle, démesurée.

– Ce n'est plus possible, s'exclame-t-il.

Clefus interrompt un instant son balayage et le contemple sans rien dire. En plusieurs années de collaboration, jamais il n'a vu Labius céder à la colère. Le peintre le prend brusquement à témoin.

– Pourquoi devrais-je pâtir des soupçons qui pèsent sur Romula Popidia ? Qu'ai-je à voir avec ces intrigues ?

Clefus a posé son balai et s'approche de son ami.

– Romula Popidia va trop loin, Labius. Il te faut user de ton influence pour la ramener à la raison. Son honneur et ton art en dépendent. Regarde le misérable travail qui nous attend à la fin du mois. Les commandes s'envolent, les gens ne veulent plus frayer avec celui qui est compromis avec une femme suspecte.

– Elle a été innocentée par le consul. Que veut-on de plus ?

– Il ne l'a pas fait arrêter, c'est tout, corrige Clefus. Le coupable court toujours.

Il reprend sa respiration, attentif à ne commettre aucun impair. Jamais il n'aurait abordé le sujet si Labius ne l'avait fait lui-même.

– Éloigne-toi d'elle, Labius, ose-t-il enfin dire. Quitte sa maison et installe-toi ailleurs.

Il se détourne, certain que son propos va déclencher la fureur de Labius. Mais le silence seul lui répond. Il se retourne et voit le peintre, accablé, la moue dubitative.

– Je suppose que je dois te remercier de me dire ce que chacun murmure dans mon dos, dit-il. Mais si certains veulent accuser Romula, ils devront apporter des preuves qu'ils n'ont pas. Elle l'a reconnu elle-même : Marcellus était un mauvais esclave. Il était roué et faux. Personne n'aurait pu imaginer une telle fourberie de sa part. Quant à Palios, elle ne pouvait le connaître. Son premier mari l'a affranchi bien avant leur mariage et il vivait en dehors de la ville.

Il a gagné la porte de l'atelier et se retourne vers son ami.

– Tu as néanmoins raison. Je dois parler à Romula Popidia, dit-il. Il faut que je comprenne ce qui se passe.

Sans s'en rendre compte, perdu dans ses pensées, ses pas l'amènent vers le quartier chaud de Pompéi. La vue d'un couple enlacé lui rappelle cette fresque difficile qu'il peint dans la maison des Vettii. Le maître des lieux a une prédilection pour les scènes érotiques. Son imagination lui a inspiré une commande très particulière dont le sujet ne déplairait pas à Labius si sa propre vie intime n'était devenue une catastrophe depuis le meurtre du questeur. Romula et lui se croisent le matin autour d'une collation et se quittent sans effusion jusqu'au soir. Leurs nuits sont d'un calme morbide.

Pourtant, les peintures qu'exige de lui Fortus Vettius excitent ses sens. La représentation de la pesée d'un phallus démesuré dans l'atrium [13] l'a troublé et les moments intenses passés dans les bras de Romula lui ont d'autant plus manqué. Lorsque Fortus Vettius lui a demandé dans l'arrière-cuisine une peinture représentant une scène crue d'amours ancillaires – l'homme se flatte de connaître l'intimité de chacune de ses esclaves –, Labius n'y est parvenu qu'en se remémorant le sein chaud d'Ignatia, ce jour maudit où Marcellus avait été découvert chez Romula.

Le soir même, il avait cherché la petite esclave partout dans la maison. Il l'avait entraînée vers la remise à bois et culbutée sans égard aucun.

En soupirant, il reprend une rue transversale pour regagner le quartier élégant où s'élève la maison de Romula. Un carrus arrêté à quelques mètres du porche l'intrigue. Il croit deviner une ombre à ses côtés. Prudent, il bifurque et contourne la maison jusqu'au jardin. La grille est ouverte. Alors qu'il pénètre dans le patio, il lui semble entendre des voix et des coups sourds. Il tend l'oreille, inquiet. C'est à l'étage. Peut-être la chambre de Romula. Il avance la tête dans l'œcus. Tout est calme. Sur la pointe des pieds, il s'engage dans l'escalier. Il est à présent évident que le bruit provient de la chambre. Un grand vacarme, semblable à la chute d'un objet important, le fait sursauter. Il entend distinctement des gémissements et tous ses sens se figent. Des gouttes de sueur glissent le long de son dos. Il frotte ses mains moites l'une contre l'autre et va pousser la porte quand celle-ci s'ouvre brusquement. Un homme au visage masqué en jaillit et le repousse avec violence. Déséquilibré, il s'effondre contre le mur. Labius croise les yeux de l'homme, deux fentes où brille une flamme de dément. Instinctivement, le peintre tend le bras pour se protéger. Mais l'homme dévale déjà l'escalier. Haletant, légèrement étourdi, Labius se relève et s'avance dans la chambre. Il laisse échapper une exclamation d'horreur en découvrant Romula sur le sol, les yeux révulsés, les deux mains contre son cou. Il se précipite. Ses doigts ont du mal à saisir le lacet qui l'étrangle. Ses yeux parcourent la pièce dans l'espoir de trouver un instrument coupant. Soudain il sent quelque chose contre sa cuisse. Il met la main dans sa poche et en ressort un instrument de jardin pointu. Que fait-il là ? Il n'en sait rien. Mais déjà il l'a introduit contre la gorge de Romula et tente de couper le lacet. D'un coup la tête de Romula bascule sur le sol. Elle est prise d'une quinte de toux impressionnante. Il a l'impression qu'elle va se vider de ses poumons tellement elle est secouée.

Les minutes s'écoulent, interminables. Son visage passe lentement du violacé au blanc. Peu à peu il voit ses doigts, recroquevillés sur sa tunique, se détendre. Elle ne bouge pas, tous ses efforts concentrés sur sa respiration qui retrouve un rythme régulier. Alors seulement, elle tente de se relever. Il se précipite et la soutient.

– Par Isis, par Isis, balbutie-t-elle, les yeux débordant de larmes.

Elle éclate en sanglots. Labius la prend contre lui. Il la berce avec tendresse. Son propre calme l'étonne. Longtemps il la tient contre lui. Elle se laisse faire, secouée de spasmes. Enfin elle se sent assez forte pour se redresser :

– As-tu vu... l'homme ? articule-t-elle, la voix encore rauque.

Il secoue la tête.

– Il m'a bousculé. Je n'ai rien pu voir.

Il retient la question qui lui brûle les lèvres. Comme si elle lisait dans ses pensées, elle se retourne :

– Il ne faut parler de cela à personne. Personne, comprends-tu ? balbutie-t-elle.

– On a cherché à te tuer ! Il faut savoir qui.

– Je ne le veux pas.

Cette fois-ci, sa voix a retrouvé son assurance.

– Mais pourquoi ? Cela lèverait tous les soupçons qui pèsent sur toi.

– Cela ne changerait rien, crois-moi.

– Pour toi peut-être, mais pour moi si ! s'exclame-t-il. Mes commandes sont annulées les unes après les autres parce que je suis ton compagnon. Je ne sais pourtant rien de tes activités, que Mithra m'en garde ! Je ne veux pas être pénalisé pour ce qui ne me concerne pas.

La violence de son propos la fait sursauter. Elle passe doucement la main sur son cou, le long du sillon rouge qu'a laissé le lacet.

– On veut ma perte, Labius, murmure-t-elle. Il faut que j'apprenne qui s'acharne ainsi sur moi.

Il secoue la tête, désabusé.

– Tes mystères vont te perdre, comme ils perdront mon atelier. Je ne peux plus te suivre.

– Quitte cette maison, alors, dit-elle. Tu as déjà causé la perte de mon esclave Marcellus. Qu'au moins je ne partage pas le même sort. J'ai besoin à mes côtés d'un homme fort qui me soutienne. Pas de quelqu'un qui te ressemble.

Il blêmit sous l'insulte et se relève, en proie à la fureur. Oui, il va quitter cette maison. Il va suivre ainsi malgré lui les conseils de Clefus. Le temps de rassembler ses affaires et il ne restera plus rien de lui ici. Il s'apprête à quitter la chambre quand il avise l'outil qui a servi à défaire le lien de Romula. C'est une heureuse coïncidence qu'il l'ait retrouvé dans cette tunique : il ne la porte plus depuis des années. Il se souvient soudain : c'est le ciseau qu'il a ramassé l'année de son arrivée près du mur couvert de graffitis. L'outil échappé du panier de la femme. Il hésite à le reprendre puis hausse les épaules. À quoi lui servira-t-il ? Sans un regard, il quitte la pièce.

Le soir même, il s'installe dans l'atelier. Une petite pièce jouxte la cuisine. On s'en sert pour entreposer les pigments et les matériaux. Il y a mis un matelas et un tabouret. Clefus l'a regardé faire avec approbation. Le petit air guilleret qu'il chantonne en mélangeant ses couleurs trahit sa satisfaction.

Dans les semaines qui ont suivi, les commandes ont repris. La nouvelle de sa séparation d'avec Romula a fait le tour de la ville. Personne ne pose de questions, et dans les cenae où il est à nouveau invité, on prend soin d'éviter toute allusion à Romula Popidia. On murmure qu'elle reste cloîtrée dans sa maison, ne recevant que de rares fidèles. Mais personne n'a jamais évoqué la tentative de meurtre que seul Labius connaît. Elle a réussi à en garder le secret. Il ne l'a pas croisée depuis et il en est soulagé. Un soir il a rencontré Marius, chez un notable pompéien. La curiosité et la compassion qu'il a lues dans le regard de l'ancien duumvir l'ont contraint à détourner les yeux. Il s'est senti honteux et s'est efforcé pendant tout le repas d'éviter cet œil trop pénétrant.

Puis il s'est absorbé dans la spirale du travail. L'abondance retrouvée de ses commandes est venue à point nommé. Le chantier de Fortius Vettius occupe tout son esprit. L'homme, spécialisé dans le commerce de la laine, a amassé une fortune considérable. Le séisme a endommagé sa demeure et il compte sur le talent de Labius pour lui rendre tout son éclat. La précision de sa commande trouble néanmoins l'inspiration du peintre. Il tient à une certaine liberté dans la réalisation de ses fresques. Or Vettius se montre très pointilleux, n'hésitant pas à faire des remarques lorsqu'un dessin ou une couleur ne lui convient pas. Au début, conciliant, Labius a fini par prendre ombrage de cette intrusion qu'il juge déplacée. Il délègue donc volontiers à ses peintres, osant même parfois confier à l'un de ses élèves le dessin d'un personnage. Il reprend ensuite de quelques traits le mouvement malhabile ou le geste disgracieux du débutant. Le dessin prend d'un coup du relief sous l'œil émerveillé de l'atelier. Vettius n'a guère conscience de ce subterfuge. Il s'extasie devant le travail accompli, une abondance de nus comme Labius en a rarement peint ailleurs.

Le soir, lorsqu'il s'étend enfin sur sa couche, la fatigue est si vive qu'il sombre dans le sommeil à peine allongé. Il ne le regrette pas ; cela l'empêche de penser.

La brusque séparation du peintre et de Romula Popidia a bien éveillé la curiosité de Marius. Mais les rapports tendus qu'il entretient avec Labius, et les liens particuliers qui l'ont uni à Romula, l'empêchent d'en savoir davantage. Il en est réduit à des conjectures, comme l'ensemble de ses concitoyens. Mais contrairement à eux, il ressasse aussi le fâcheux épisode de l'assassinat du questeur. La rapidité avec laquelle il a été traité puis le calme parfait qui a suivi ne cessent de le troubler.

Ce matin-là, dans l'atrium, il reçoit son dernier visiteur. C'est l'un des gardiens de la prison municipale, un homme simple d'esprit, à la carrure impressionnante. Son visage, d'une laideur absolue, est traversé par une énorme balafre. Sa seule apparence sème une terreur, que ses réactions incontrôlées justifient. Vicario l'a affecté à la garde des prisons en partie pour faire peur aux prisonniers. Mais l'esprit simple de Pelrios, si insensible en apparence, est à l'affût de toute marque de bienveillance. Marius a su lui témoigner de l'intérêt lorsqu'il était duumvir. Une sorte de complicité s'est créée entre le brillant homme d'affaires et le benêt. Depuis, Pelrios est venu quelquefois se présenter chez Marius. Ses requêtes ne sont jamais compliquées. Et Marius, en bon politicien, a mis un point d'honneur à le satisfaire, tant par bonté d'âme que par intérêt personnel. Cette fois-ci le malheureux doit une dizaine d'as à la salle de jeu que possède Firmalon. Il s'excuse d'importuner ainsi Marius avec ses histoires, mais personne ne veut l'aider.

– Tu en as parlé à Vicario ? lui demande Marius.

– Il ne veut pas m'aider.

– Il n'y a aucune raison que je t'avance cet argent, dit l'ancien duumvir.

Les dettes de jeu sont les seules qu'il refuse systématiquement. Il ne pourrait plus, sinon, se débarrasser de Pelrios.

Celui-ci arbore une mine contrite. Sa mâchoire s'ouvre et se referme avec un claquement sec, laissant entrevoir des dents gâtées et jaunâtres. Son haleine chargée d'alcool fait reculer Marius.

– Vicario ne me traitait pas ainsi avant, grogne-t-il. Il intervenait volontiers auprès de Jucundus pour qu'il me fasse des avances. Et je n'étais pas le seul dans ce cas.

– Tu as dû lui coûter trop cher, dit Marius.

Il ne laisse pas voir combien l'information le surprend. Pelrios se gratte la gorge. Son allure répugnante, avec ce pallium sans couleur et ses mains aux ongles noirs, ne heurte pas Marius. L'homme est chargé des plus basses œuvres à la prison.

– Tu pourrais me prêter l'argent, si je te révélais un secret ?

La proposition est surprenante. Marius lève le sourcil, intrigué.

– Un secret contre dix as ? C'est cher payé.

– Tu ne le regretteras pas.

Sa langue passe entre ses dents, débusque des morceaux d'aliments qu'il recrache sans vergogne sur le sol en mosaïque de l'atrium.

– Tu es un porc, Pelrios. Mais tes informations m'intéressent. Je t'écoute.

– Tu te souviens que je fais toutes les gardes de nuit parce que je suis le seul à ne pas m'endormir ! dit fièrement Pelrios. Suedius Vicario est content de moi. Pour me remercier, il m'a offert une nuit complète dans mon lit aux nones d'avril. Je m'en souviens encore : cela n'arrive jamais.

– Aux nones d'avril, dit Marius. N'est-ce pas le jour où le questeur Mortemus est arrivé à Pompéi ?

Il est soudain intrigué.

– C'est le jour où il est mort, confirme Pelrios. Que Jupiter le protège !

– Ce n'est donc pas toi qui as gardé l'esclave Marcellus ?

– Si cela avait été moi, on ne l'aurait pas tué, réplique le garde sur un ton fanfaron.

Marius le regarde avec stupéfaction.

– Je croyais qu'il s'était suicidé.

– Suicidé ? (Pelrios rit à gorge déployée.) Ah, Marius, tu es drôle ! On ne se suicide pas avec un couteau dans le dos.

– Un couteau dans le dos ? Comment sais-tu tout cela, puisque tu dormais, s'exclame Marius, soudain très excité.

– C'est moi qui l'ai enlevé. Je n'ai pas l'habitude de dormir la nuit, alors je me suis levé plus tôt que prévu. Quand je suis arrivé l'esclave était mort, et mon ami Maxiolus dormait. Voilà.

Il regarde Marius avec triomphe. Celui-ci se met à marcher de long en large dans l'atrium, les mains dans le dos. Puis il se tourne vers le garde municipal.

– Vicario a su tout cela ?

– Il n'est pas venu à la prison ce jour-là. Cela nous a arrangés.

– Qui a avancé la thèse du suicide ?

– C'est moi. Je ne voulais pas que Maxiolus ait des ennuis. Vicario nous a crus, et nous avons pu nous débarrasser du corps.

– Tu veux dire que personne n'est venu vérifier tes dires ?

L'autre prend un air outragé.

– Vicario me croit toujours. Et c'est la seule fois où j'ai menti ! Tu me donnes l'argent ?

Machinalement, Marius fouille dans sa bourse et en sort la somme promise.

– Ton histoire est invraisemblable, murmure-t-il. J'ai du mal à te croire.

Pelrios lui arrache presque l'argent des mains.

– C'est la vérité. Et puis au fond, qu'est-ce que cela change ? De toute façon il serait mort, non ?

Et sans attendre de réponse, il tourne les talons.

Resté seul, Marius se laisse tomber sur un tabouret. La révélation de Pelrios le laisse sans voix. Il essaie de comprendre pourquoi l'esclave aurait été assassiné. Il n'y arrive pas. Mais Pelrios n'était-il pas saoul, complètement saoul ? On ne peut accorder crédit au dire d'un homme si imbibé. Pourtant ses propos tournent encore dans sa tête.

Il faut que son intendant lui rappelle son rendez-vous chez Jucundus pour qu'il se secoue enfin. Il a retrouvé de vieilles tablettes qu'il veut faire authentifier par le banquier, en dépit de la destruction des archives. Il compte sur la mémoire de Jucundus, même si l'homme est resté très diminué par son agression. De mauvaises langues font même courir le bruit qu'il n'est plus en possession de tous ses moyens. Si ces rumeurs persistent, il n'en faudra guère plus pour qu'il soit déchu de son titre de fermier des impôts municipaux. Marius compte bien profiter de cette entrevue pour lui poser quelques questions sur la phrase étrange qu'il lui a dite le soir même de son agression.

Un esclave apparaît. Son maître Jucundus n'est pas là. Il est parti rendre hommage aux dieux. Marius est étonné. Le soleil est encore bas dans le ciel, ce n'est pas l'heure habituelle des cultes. Et puis il se souvient. Le culte de Minas a lieu à l'aube. Il se rappelle avoir reconnu la silhouette du banquier lorsqu'il fréquentait encore les lieux secrets où se réunissent les adeptes du monstre. La contrariété l'envahit. Attendre l'ennuie.

– L'affranchi de mon maître est déjà au bureau, peut-être pourra-t-il te renseigner, suggère l'esclave.

Marius se hâte vers l'office du banquier. Effectivement, Aemilius, le bras droit de Jucundus, est déjà au travail. Il accueille l'ancien duumvir avec respect. Celui-ci lui tend les tablettes qu'il a retrouvées.

– J'aimerais les authentifier. Elles parlent de terrains acquis en l'an 805 [14] par mon père. L'acte a été contrôlé par le prédécesseur de Jucundus. Y aurait-il un moyen de le vérifier ?

– Bien sûr. Nous devons en avoir la trace dans nos archives.

– Dans vos archives ? (Marius ne cache pas son étonnement.) Ne sont-elles pas détruites ?

– En partie seulement. C'est le tabularium qui a été entièrement détruit. Les gens confondent volontiers les deux.

La nouvelle stupéfie Marius. Il tente d'adopter une attitude dégagée, mais il est trop abasourdi pour y parvenir.

– Bien, bien, finit-il par marmonner. Je pensais qu'il y avait eu plus de dégâts.

Le commis est obligeant. Il prend plaisir à donner encore quelques détails.

– Les tablettes sont difficilement lisibles, certaines se sont cassées. Mais dans l'ensemble, nous avons eu de la chance.

– Très bien, répète Marius. Quand penses-tu pouvoir me donner confirmation de ces actes ?

– Repasse demain. Je devrais avoir fini.

Il laisse ses tablettes sur le comptoir d'Aemilius et, après un bref signe de la main, s'éloigne. Il marche au hasard des rues, la tête bourdonnante de ses dernières découvertes. En moins d'une heure, deux informations essentielles lui ont été livrées. Jucundus confirmerait-il les dires de son commis ? Marius a toujours senti que le banquier avait des révélations à faire depuis son agression. L'idée lui vient alors de le cueillir à sa sortie du culte de Minas. Si rien n'a changé, il sait où se déroule la cérémonie : sur la route de Stabiae, dans la dernière maison de la ville.

Bientôt il reconnaît au loin la maison qu'il cherche. Prudemment, il préfère rester en retrait. Si ses souvenirs sont bons, la cérémonie du matin devrait toucher à sa fin. Les premiers fidèles ne tarderont pas, le visage caché sous un voile, et se disperseront dans la ville. Il ne s'est pas trompé. Les voici qui apparaissent, les uns après les autres. Marius tente de les reconnaître. Il devine la silhouette de Caius Puzzus, le neveu de Vicario, puis celles de quelques notables. La pauvreté du défilé le surprend. De son temps, ils étaient une centaine à participer à ces invocations quotidiennes. Ils sont ce matin à peine vingt, parmi lesquels Marius ne reconnaît pas la silhouette de Jucundus. Il attend encore. Enfin voici Vicario qui apparaît, le visage à peine dissimulé. Il marche à grandes enjambées, seul. Marius se colle plus étroitement encore contre le mur. Il n'a pas envie de le rencontrer ni de lui parler. Le seul homme qui l'intéresse est Jucundus. Justement le voici, qui avance lentement. Les autres adeptes ont tous disparu. Marius va pour le rejoindre, quand il voit Vicario revenir sur ses pas, saisir Jucundus par le bras et l'aider à marcher. Délicate attention, mais son visage est figé. Marius le maudit de se trouver là. Il espère que les deux hommes vont se séparer. En vain. Parvenus au bout de la rue, ils prennent ensemble le chemin de la demeure de Jucundus. Dépité, Marius renonce. Pourtant il refuse de s'en tenir là. Il y a dans tout cela trop d'éléments troublants.

En revenant sur ses pas, il emprunte la rue des Abondances. Les thermopolia sont déjà combles. Il aperçoit soudain à une terrasse le peintre Labius, en compagnie de Caius Puzzus. Il hésite à s'arrêter. Mais Caius Puzzus l'a vu et le hèle. À l'ombre qui traverse le visage du peintre, il devine que la rencontre ne l'enchante guère, même s'il se lève et le salue.

– Cela fait longtemps que nous ne nous sommes croisés, dit Marius. Il remarque les premiers fils d'argent qui bouclent sur les tempes du peintre. « Il a changé », songe-t-il.

– Je travaille beaucoup, répond avec laconisme Labius.

Un étrange silence s'installe entre eux, qui contraste avec le joyeux brouhaha ambiant. Marius est sensible à l'ironie de la situation, qui met en présence les trois amants de Romula Popidia. Caius Puzzus essaie de détendre l'ambiance en commandant du vin et des anchois marinés. Tous trois s'observent sans parvenir à se départir de leur raideur.

– Je t'ai vu tout à l'heure, route de Stabiae, dit Marius à Caius Puzzus.

Le jeune homme rougit. Marius fait mine de ne rien remarquer et continue :

– Vous n'étiez guère nombreux.

Quand le tenancier apporte le vin, Puzzus s'empare avec précipitation d'un cyathe qu'il vide à grosses gorgées bruyantes. La boisson semble le ragaillardir.

– Ce n'est pas un sujet à aborder en public, tu le sais bien.

– Tout le monde est au courant à cette table, réplique Marius. Il se tourne vers le peintre : Ne t'ai-je pas vu, toi aussi, en compagnie de Romula Popidia, assister à un culte ?

Le peintre hoche la tête :

– C'était il y a bien longtemps.

Caius Puzzus le regarde avec étonnement. Il ne se souvient pas d'avoir jamais remarqué le peintre ni Romula Popidia.

– Qu'importe le nombre, dit-il enfin. La force de notre conviction plaît à celui que nous invoquons. C'est la seule chose qui compte pour mon oncle. Puis il poursuit : Je prenais un verre avec Labius pour avoir des nouvelles de Romula Popidia.

Son ton direct fait sursauter le peintre. Marius songe que Puzzus n'est pas un modèle de diplomatie.

– Je n'en ai pas, répond le peintre, cachant mal sa contrariété. Nous avons rompu tout commerce.

– Il est fort difficile d'avoir des informations, observe Puzzus, sans noter la réticence du peintre. Elle s'est tenue enfermée jusqu'à il y a peu. Manuelus Costus vient de me dire qu'il l'a croisée hier. Elle a encore tenté de le convaincre de la justesse de son raisonnement sur le tremblement de terre. On dirait qu'elle a repris son combat contre Minas. Cela ne va pas plaire à mon oncle !

Labius ne répond rien. La nouvelle ne l'étonne guère. Seul Marius s'interroge : comment ce jeune homme peut-il à la fois concilier son culte de Minas et son amour pour Romula ?

Caius Puzzus se lève, et il a du mal à cacher le sourire qui lui vient spontanément aux lèvres. Il sort de sa bourse quelques pièces qu'il jette sur la table.

– Puisque tu me confirmes ici avoir rompu définitivement, je vais encore tenter ma chance, dit-il. C'est ma tournée. Je vous salue bien.

Ils le regardent s'éloigner, pressé. Deux hommes s'approchent de Labius. Marius reconnaît à leur pallium taché des artistes de l'atelier.

– Je vais te laisser aussi, dit Labius. Le travail m'attend.

Il veut pousser son siège pour se lever quand Marius le retient par le bras.

– Reste encore un instant, dit-il. Je voudrais te parler.

Le peintre se rassied à contrecœur. Il se tourne vers ses peintres et leur promet de les rejoindre rapidement.

– Je ne sais pourquoi je te dis cela, mais il me faut le confier à quelqu'un, dit Marius. J'ai depuis ce matin de sérieux doutes sur la culpabilité de Romula Popidia. J'ai appris ce matin deux nouvelles incroyables.

Il relate en peu de mots ce que lui ont confié le garde Pelrios et le commis Aemilius. Labius, le visage fermé, se force à ne manifester aucun sentiment aux propos de son compagnon. Lorsque celui-ci a terminé, un long silence s'installe. Marius guette les réactions du peintre. Mais ses traits ne laissent passer aucune émotion. À vrai dire, Labius ne sait ni quoi dire ni quoi penser.

– La croyais-tu vraiment coupable lorsque tu l'as quittée ? interroge abruptement Marius.

La question le pique au vif.

– Les choses ne se présentaient pas ainsi, riposte-t-il. Son attitude équivoque pénalisait l'ensemble de l'atelier. Il me fallait prendre une décision.

La réponse, dénuée de tout sentiment, stupéfie Marius, même s'il se garde bien de le manifester.

– Et ce que je t'apprends aujourd'hui ne t'amène-t-il pas à revoir ta position ?

– Je ne vois pas en quoi je peux t'aider, répond le peintre en commençant à se lever. C'est à Vicario que tu devrais rapporter cela, pas à moi. Je suis un peintre et non un détective.

– Tu étais aussi, il y a peu de temps, l'amant de Romula Popidia.

– Tu l'as été également, et ce Caius Puzzus le sera peut-être demain. Laisse-moi à mes peintures et... et cesse de me tourmenter avec cette histoire, achève-t-il dans un souffle.

Pour la première fois, il a laissé entrevoir son désarroi. Marius le suit des yeux tandis qu'il s'éloigne, le dos presque voûté. Il ne reconnaît plus le jeune artiste qu'il avait rencontré par hasard sur la route de Pompéi.

Les paroles de Marius ne sont pourtant pas tombées dans l'oubli. Toute la journée durant, Labius tente de voir clair en lui-même. Il a du mal à terminer ses personnages et à ajouter la note de couleur que tous attendent. Les révélations de Marius le bouleversent bien plus qu'il ne le voudrait. Les images du passé surgissent pêle-mêle ; il revoit Romula, gisant à terre, avec ce lacet autour du cou ; il se souvient de Marcellus, tapi au fond de la cuisine, et qu'il a livré sans hésitation ; il se rappelle l'exécution de l'affranchi des Popidii et l'étrange abattement de Romula Popidia. Certes, il n'a pas oublié l'annulation de ses commandes, les portes qui se fermaient devant eux et cet étrange sentiment d'abandon qu'il a ressenti lorsque plus personne ne s'est intéressé à lui. Il tente de se justifier : peindre représente sa vie. L'empêcher d'assouvir sa passion revient à le tuer. Il ne pouvait se laisser mourir à cause d'une femme et de ses mystères.

Le soir venu, Labius et ses hommes regagnent l'atelier. Clefus est toujours là, qui s'affaire autour de ses pigments. La journée a été calme, hormis les états d'âme de Labius. Ils se réunissent un bref moment autour de la table. La fresque en cours sera bientôt achevée. Mais Labius est attentif à ne négliger aucun détail. Les uns et les autres prennent acte de leurs dernières tâches. Enfin l'heure de se séparer arrive. Clefus et Labius restent seuls. Ils ont l'habitude de partager la cena lorsque Labius n'est pas invité. Mais ce soir, ce dernier est l'hôte d'un important foulon, Hypsaeus. Le soleil est sur le point de se coucher et il va être en retard. Il prend rapidement congé de Clefus et se précipite dans la rue. Derrière lui, le chef d'atelier secoue la tête, désapprobateur. Comment Labius peut-il espérer concilier les exigences de son travail avec ses innombrables mondanités ?

La demeure d'Hypsaeus est en dehors de la ville, mais le peintre n'a pas envie de prendre un cheval. Marcher lui fait du bien. Cela aère son esprit. Il marche à grands pas depuis une quinzaine de minutes lorsqu'il s'arrête : il a oublié ce dessin qu'il promet aux Hypsaeii depuis des mois et qui traîne dans son atelier. Il sent que, cette fois-ci, ils risquent d'en prendre ombrage.

Fâché, il rebrousse chemin. Son éternelle distraction va le mettre en retard. Il a beau hâter le pas, le soleil va plus vite que lui. Lorsqu'il parvient devant l'atelier, la pénombre s'est installée.

Les fenêtres de l'atelier sont noires. Il s'étonne que Clefus ait déjà quitté les lieux. Le chef d'atelier reste toujours très tard sur place. Peut-être a-t-il été invité lui aussi chez des amis ce soir. Labius pousse la porte et marche à l'aveuglette ; il connaît l'agencement du lien et sait qu'il ne peut buter sur aucun obstacle. Aussi est-il surpris de trébucher brusquement sur un objet inconnu ; il manque de tomber mais se rattrape à la table. Il aperçoit alors dans la cuisine la lueur rougeoyante du brasero. Il prend une chandelle de suif et l'allume. Un jeu d'ombres démesurées le précède jusqu'à l'endroit où il a failli chuter. Ses yeux s'agrandissent de surprise quand il reconnaît la forme allongée du corps de Clefus. Le chef d'atelier gît sur le ventre, inconscient.

Labius va se pencher sur son ami quand un coup à la nuque le fait vaciller. Il lâche la chandelle, tente de garder l'équilibre, mais un second coup plus sec encore le fait s'écrouler inanimé sur Clefus.

Lorsqu'il ouvre les yeux, très longtemps après, il aperçoit un demi-cercle de visages penchés sur lui. Il tente de se relever, mais il est saisi d'étourdissements. Aussitôt, plusieurs bras le rallongent avec douceur. Peu à peu il voit mieux ; il y a là tous les participants de la cena à laquelle il était convié. Il se demande ce qu'ils font ici, et surtout ce qu'il fait, lui, allongé ainsi sur le sol. Quelque chose lui échappe. Enfin il parvient à s'asseoir, et tout lui revient. Il cherche aussitôt des yeux Clefus. Assis contre le mur, un bandage autour du front, il esquisse un sourire plus proche de la douleur que de la joie.

– Tu as eu de la chance, ami Labius, dit Hypsaeus. Ton retard nous a inquiétés et j'ai envoyé un esclave s'enquérir de ton absence. Lorsqu'il t'a trouvé ici, il est venu nous chercher.

Labius balbutie un remerciement malhabile. Une douleur sourde lui vrille l'arrière du crâne. Il passe doucement sa main sur sa nuque et s'étonne de ne pas la retirer pleine de sang. Le coup qu'on lui a asséné aurait pu abattre un cheval tant il était violent. Il voudrait se mettre debout mais Hypsaeus l'en empêche.

– J'ai fait appeler Vicario et le médecin Pachrios, dit-il. Attends qu'ils arrivent avant de te lever.

À peine a-t-il achevé sa phrase que Vicario entre dans l'atelier, suivi de Pachrios. Il se précipite vers le peintre.

– Mon pauvre ami, mon pauvre ami, s'exclame-t-il. Quelle mésaventure !

Pachrios s'est penché sur lui et l'ausculte. Labius sent bien qu'il n'a rien, à part le choc de l'agression. Flatté d'être l'objet d'une telle attention, il se laisse examiner sans protester et sans se préoccuper davantage du sort de Clefus, isolé de l'autre côté de l'atelier.

On le relève doucement. Pourtant, il n'est pas encore très solide sur ses jambes et Vicario doit lui prêter main-forte :

– Ne devais-tu pas être absent ce soir ? dit-il.

Labius hoche la tête. Il maudit ce stupide dessin qui l'a jeté dans les bras de ses agresseurs.

– J'ai fait le tour de l'atelier, dit un garde à Vicario. Rien n'a été bougé.

– Il faudra que tu vérifies cela, Labius, conseille Vicario. Si tu constates la moindre disparition, tiens-nous au courant.

Ils ont maintenant porté avec précaution le peintre jusqu'à son matelas et Pachrios a sorti une fiole qu'il lui glisse entre les lèvres.

– Bois. Cela te remettra.

La potion est sucrée et étrangement douce. Pourtant le simple fait de l'avoir bue l'aide à recouvrer ses esprits. Il se sent mieux, et la présence de tous ces gens pleins de sollicitude à son égard le gêne tout à coup.

– A-t-on retrouvé les agresseurs, demande-t-il quand même d'une voix malhabile.

Vicario secoue la tête. Il a besoin d'un minimum de description pour lancer les recherches. Combien étaient-ils, à quoi ressemblaient-ils ? Ni Clefus ni Labius ne peuvent répondre : on les a pris par surprise, et ils n'ont eu le temps de rien remarquer.

– Je vais faire mon possible, dit Vicario. Le décurion viendra demain matin pour recueillir vos témoignages.

Pachrios leur laisse sa potion réconfortante. Hypsaeus propose à Labius une bonne cena pour se remettre complètement, mais le peintre décline l'invitation. Il aspire à se retrouver seul.

Lorsque tous se retirent enfin, les deux peintres échangent un long soupir. À pas comptés, Labius se rapproche de son ami. Il voudrait en savoir plus. Mais Clefus n'a guère de détails à lui raconter. Il se souvient vaguement de bruits à l'extérieur qui l'intriguaient. Il a regardé par la fenêtre et puis soudain, ce fut la nuit. Il n'en est ressorti que secoué par les hommes d'Hypsaeus. Labius hoche la tête, songeur. L'agression de Romula et les propos de Marius lui reviennent alors en mémoire. Troublé, il se demande s'il ne devrait pas dire ce qu'il sait. Il hésite, partagé entre la peur de s'impliquer et celle des représailles. Puis il se décide. Il s'empare d'une tablette et grave rapidement, sur la cire molle, une proposition de rendez-vous le lendemain à la troisième heure. Demain matin, l'un des peintres ira la porter à la seule personne capable de l'écouter. Soulagé de sa décision, il se laisse aller sur sa couche, infiniment léger et fatigué.

Au même moment, une ombre se dirige rapidement vers la maison de Romula. Elle gravit quatre à quatre les marches qui mènent jusqu'au porche. Le bruit de la cloche résonne dans la maison. De longues minutes s'écoulent avant que la porte ne s'entrouvre. Ignatia glisse un œil à l'extérieur.

– J'ai un message pour ta maîtresse, dit l'inconnu, une lueur inquiétante au fond des yeux. Dis-lui que le peintre a été attaqué lui aussi. C'est important. Répète que je vois si tu as bien compris.

Elle est si angoissée qu'elle écorche les mots. Elle a à peine achevé que l'inconnu redescend l'escalier et se fond dans l'obscurité.

Depuis l'atrium, Romula a entendu. Son cœur s'est brusquement serré, tandis qu'une peur sournoise l'étreint : elle a reconnu la voix gutturale de celui qui l'a agressée. Sa seule évocation lui donne la chair de poule. Elle se précipite à la fenêtre dans l'espoir d'apercevoir la silhouette de son visiteur. Peine perdue, il a déjà disparu. Les mains moites, elle gagne l'œcus et tente de retrouver son calme en s'allongeant sur le lit de repos. Labius a été attaqué. Plus de six mois après l'agression qui a failli lui coûter la vie, l'homme qu'elle continue d'aimer a été agressé. Elle avait renoncé à ses randonnées sur le Vesuvius pour se faire oublier, et s'empêchait de sortir en ville jusqu'à il y a peu. En vain. Il faut qu'elle parle, à présent. Elle ne peut plus dissimuler ses soupçons.

Romula appelle Ignatia et lui remet une tablette ; que le destinataire veuille bien se présenter chez elle demain à la troisième heure. Comme Ignatia court dans la nuit, elle se sent presque apaisée. Elle va enfin pouvoir partager son fardeau avec quelqu'un.

Le lendemain, les visiteurs de Suedius Vicario se pressent comme d'habitude nombreux autour du maître de céans. Ils admirent au passage les somptueuses peintures qui s'étalent dans l'atrium, avant de jouer des coudes pour s'approcher de lui. Les demandes sont toujours les mêmes, et le premier magistrat de la ville y répond avec bonhomie. La deuxième heure se profile et les visiteurs se raréfient enfin. Enfermé dans une pièce attenante pour un entretien privé, Vicario constate avec plaisir que son atrium, noir de monde au début de la matinée, redevient plus calme. Il va pouvoir maintenant se consacrer aux affaires de la ville à la basilique. Son épouse Marcia lui a préparé une collation ; elle se tient devant lui, attentive à ce qu'il ne manque de rien.

– As-tu du nouveau sur l'agression du maître Labius ? demande-t-elle soudain.

– Je vais m'en occuper, répond-il la bouche pleine. Le décurion devait commencer l'enquête.

Elle secoue la tête, contrariée.

– L'atmosphère de cette ville n'est plus la même depuis la catastrophe. Ces meurtres étranges, l'assassinat du questeur, puis cette agression de Labius. Je serais presque soulagée que le Sénat nous envoie quelqu'un pour remettre de l'ordre.

Vicario lui lance un coup d'œil assassin.

– J'ai été élu pour cela, dit-il. J'ai mis la main sur le meurtrier de Mortemus dans la nuit même de sa mort. Ce qu'il nous faut, c'est du calme. Nous n'avons pas besoin d'agitateurs à Pompéi.

Elle le regarde, étonnée.

– Pompéi est une ville calme, objecte-t-elle. Nous ne sommes pas à Rome. Jusque-là tout allait bien.

– Tout ira bien à nouveau, je te l'assure. Tu peux avoir confiance en moi, dit-il en se levant de table, soudain pressé, sans avoir terminé son plat.

Sur la route qui le mène au centre-ville, Vicario contemple le paysage somptueux qui l'entoure, comme s'il en prenait juste conscience. La chaleur déjà forte l'oblige à s'éventer. L'entrevue qu'a sollicitée Romula excite sa curiosité au fur et à mesure qu'il se rapproche de sa demeure.

La petite esclave qui lui a porté le message la veille l'accueille à la porte, obséquieuse. Elle le fait entrer dans l'œcus, ce qui laisse présager une entrevue personnelle. Romula est déjà là, très belle dans une stola de couleur orangée. Il est frappé de la froideur de son salut et de la distance de son sourire. Pourtant elle a préparé de quoi le rafraîchir. Le gustaticium qu'elle lui propose est frais et délicieux. Elle-même y trempe à peine ses lèvres. Elle repose sa coupe encore pleine sur une table et s'installe sur le lit. Elle fait signe à Vicario de prendre place en face d'elle. Le peu de paroles qu'ils ont échangées donne un air solennel à leur entretien. Vicario s'efforce à la patience. Il attend qu'elle prenne l'initiative de parler. Elle se montre tellement abrupte qu'il en sursaute :

– Quelqu'un m'en veut, Vicario.

Sa voix est basse, comme chargée de crainte et de chagrin. Il la regarde avec intérêt, dans l'attente de la suite.

– Marcellus et Pallios n'obéissaient pas à mes ordres en tuant le questeur. Comment aurais-je pu imaginer semblable traquenard ? On s'est servi d'eux pour me rendre suspecte aux yeux de tous.

Elle s'arrête un instant, semblant reprendre son souffle. Un silence s'installe, que le bourdonnement d'une mouche vient rompre en tournant autour du visage du magistrat. Il la repousse, agacé, avant de l'attraper brusquement dans sa main. Le craquement sec de l'insecte écrasé le détend. Satisfait, il se tourne vers Romula.

– Ces deux hommes appartenaient à ta maison, remarque-t-il. La coïncidence est pour le moins troublante.

– Je ne t'ai pas tout raconté, dit-elle. J'ai été attaquée ici même par un homme qui a tenté de m'étrangler. Sans l'intervention de Labius, je serais morte.

Elle a un rire amer en brandissant le petit outil de jardin dont Labius s'était servi :

– Voilà avec quoi il m'a sauvée. S'il ne l'avait pas eu dans sa poche, je serais morte.

Vicario ne bronche pas. Il fixe l'objet longuement avant de s'étonner :

– Pourquoi n'as-tu rien dit ?

– Je voulais régler l'affaire moi-même, avoue-t-elle.

Il avise soudain ses yeux cernés et rougis. L'angoisse autant que la fatigue s'y reflètent.

– Labius t'a sauvée, mais il t'a néanmoins quittée. Il était pourtant le mieux placé pour avoir confiance en toi.

– Il n'a pas supporté l'opprobre que je jetais sur son travail et il est parti. Maintenant, j'ai peur. J'ai appris qu'il avait été agressé. Cette attaque me visait : ils se sont attaqués à lui pour m'atteindre. Je sais de quoi ils sont capables.

Vicario soupire. Il passe sa main sur son front. Il ne sait que dire. Face à lui, Romula se mord les lèvres, dissimulant mal son anxiété. Elle se sent à bout.

– J'ai besoin de ton aide. Tu dois me protéger.

– Si je veux bien croire à cette histoire, accepteras-tu d'agir selon mes conseils ?

Elle acquiesce sans mot dire. Il sourit, satisfait.

– Je ne veux plus que tu sortes, je ne veux plus que tu parles, je ne veux plus te voir dans les rues. (Et comme elle le regarde, abasourdie.) Tu dis que tu es en danger ? Eh bien ! il faut te mettre à l'abri. Tu ne te promèneras qu'avec les gens que je te recommanderai. C'est pour moi la seule manière de te défendre.

– Et mes recherches ? proteste-t-elle.

– Tu les arrêtes.

– Mais Ergolus Ergocus et Caius Plinius Secundus comptent sur mes relevés pour leurs conclusions !

– Je ne peux pas te protéger si tu continues à sortir, dit Vicario avec sécheresse. Mes conditions sont simples. Plus de recherches, plus de propos contre Minas, plus rien qui puisse te faire remarquer.

– C'est du chantage, murmure-t-elle.

– C'est toi qui fais appel à moi. Je suis tout disposé à t'aider, mais je ne peux le faire bien si tu t'obstines dans ces comportements étranges qui attirent l'œil sur toi. Si tu te fais discrète, on t'oubliera. Alors tu pourras reprendre peu à peu ta vie habituelle.

– En somme, tu me demandes de m'enterrer vivante.

Il lui pose une main apaisante sur le bras.

– Si j'en crois tes propos, tes adversaires sont coriaces. Je ne peux assurer ta sécurité sans ta collaboration. Je ne veux plus te voir t'exposer en dehors de ces murs. Reste dans ta demeure, et si tu es obligée d'aller à l'extérieur, que ce soit seulement en compagnie de quelques fidèles que je sélectionnerai. Nous arriverons bien à mettre la main sur ceux qui sèment l'angoisse dans cette ville.

– Je voudrais que tu protèges Labius aussi.

– Labius ne risque rien si tu m'obéis. Si tes soupçons sont exacts, ceux qui s'attaquent à lui veulent t'inquiéter. En suivant mes instructions, tu protégeras et Labius et toi-même.

Ses propos lui semblent raisonnables. Elle se sent brusquement très soulagée. Pourtant elle veut connaître le sentiment profond de Vicario :

– Me crois-tu innocente maintenant ?

Il ne répond pas tout de suite. Un pli boudeur s'est formé aux coins de sa bouche.

– Si je te crois innocente, il n'en est pas de même pour ceux que je côtoie. Trop de coïncidences troublent leur esprit. Il te faut garder un profil bas.

Il se lève, termine d'un coup sa coupe de gustaticium, et s'apprête à prendre congé. Romula s'est levée aussi. Il est à nouveau frappé par sa beauté. Seraient-ce les soucis qui lui donnent cet éclat particulier, ou la couleur de sa stola ?

– As-tu du nouveau concernant l'agression de Labius ? demande-t-elle.

Il a l'impression d'entendre Marcia. Comme tout à

l'heure, il répond par la négative. Une fois devant la porte, il se retourne brusquement.

– Bien entendu, dit-il, ne répète pas un mot de tout cela. C'est une conversation entre toi et moi. Pour ta propre sécurité.

Elle hoche la tête. Il descend les quelques marches du perron et lui lance en souriant :

– Tout va s'arranger. J'en suis certain.

Il s'éloigne vers la basilique tandis qu'elle rentre. Pour la première fois depuis le meurtre du questeur, elle se sent apaisée.

Parvenu à la basilique, Vicario retrouve l'affluence habituelle, le cortège des plaignants et des mécontents. Le décurion attend un peu plus loin. Hélas ! Il n'a pu tirer aucun parti du récit des victimes et les premiers éléments de l'enquête sur l'agression des peintres n'apportent rien de nouveau.

Vicario plante là le décurion et s'avance vers le conseil de la ville. Il peut lire sur le visage de tous l'angoisse d'être les prochaines victimes. Le malaise général s'accroît. L'enquête en cours ne les rassure qu'à moitié.

– Nous savons tous que les deux esclaves arrêtés après le meurtre du questeur ne sont pas les véritables coupables, dit l'un des patriciens, la mine sombre. Même si l'on retrouve l'agresseur du maître Labius, nous n'aurons qu'un exécutant. Il faut envisager une enquête de plus grande envergure. Ceux qui sèment la terreur dans notre ville doivent être châtiés rapidement.

– Le décurion fait ce qu'il peut, proteste Vicario.

– Pourquoi n'arrêtes-tu pas directement Romula Popidia ? interroge un autre.

– Le consul suffect l'a innocentée.

Ils haussent les épaules avec mépris. L'opinion du consul suffect leur importe à l'évidence peu. Surpris par l'absence de réaction de Marius Rufus, Vicario s'aperçoit alors que sa place est vide.

– Marius Rufus n'est pas là ? s'étonne-t-il.

– Il s'est fait excuser pour toute la matinée, lui répond-on. Il avait à faire.

À l'autre bout de la ville, Marius est parvenu devant l'atelier de Labius. Les portes et les fenêtres sont closes. Sans hésiter, il frappe quelques grands coups sur le bois de la porte. Sans résultat. Il recommence, avec plus d'énergie encore. L'associé de Labius passe la tête à la fenêtre et inspecte l'intrus. Lorsqu'il reconnaît l'ancien duumvir, il disparaît et un bruit de pas résonne de l'autre côté. Bientôt la porte pivote et Clefus apparaît, le front encore entouré de bandages.

– Nous sommes fermés aujourd'hui, dit-il. Repasse demain.

– Je voudrais voir Labius, dit Marius.

– Il se repose. Les événements de la nuit l'ont fatigué.

Marius pousse d'autorité la porte et entre dans l'atelier. Il sent derrière lui le regard outré du chef d'atelier.

– Labius m'a fait appeler, dit-il. Peux-tu lui annoncer mon arrivée ?

Clefus n'en a pas le temps. Le peintre est apparu à la porte de ce qui lui sert de chambre. Ses traits sont tirés et son teint cireux. Pourtant il avance, le pas hésitant, vers l'ancien duumvir.

– Je te remercie d'être venu si vite, dit-il.

Clefus s'éclipse. Le peintre fait signe à Marius de prendre place sur l'un des tabourets de l'atelier. Ils sont sales et l'ancien duumvir a une brève hésitation avant de s'asseoir. En face de lui, Labius ne le quitte pas des yeux, comme pour le sonder. Il est heureux de constater avec quelle rapidité il a répondu à son appel. Mais il ne peut faire taire cette sourde animosité qui l'habite depuis qu'il sait qu'il a été l'époux de Romula. Marius ne lui laisse pas le temps de regretter son invitation. Il dit qu'il serait venu de toute façon après cette terrible mésaventure. Il n'aurait sans doute pas osé se présenter si vite s'il n'avait reçu le message de Labius. Puis un silence s'installe, que Labius se décide enfin à rompre.

– J'ai réfléchi à tes propos, à cette intuition selon laquelle Romula Popidia serait innocente de ce crime.

– Je le pense toujours.

– Je commence à le penser maintenant, dit Labius. Mon agression m'a rappelé un événement dont seuls elle et moi avons connaissance, et qui remet en question tous les soupçons qui pèsent sur elle. C'est pourquoi je t'ai fait appeler.

L'intérêt de Marius est manifeste, mais il se garde d'intervenir.

– La veille de notre séparation, Romula a été violemment agressée. Je suis arrivé juste à temps pour défaire le lien qui devait l'étrangler. Elle m'a fait jurer de ne rien dire à personne. C'est là que j'ai pris la décision de m'en aller.

La stupéfaction ôte toute parole à Marius. Il reste là, à dévisager d'un air benêt le peintre. Puis il se lève, très agité.

– C'est une information capitale, dit-il en tournant dans l'atelier comme une bête en cage. Je pressentais qu'on lui voulait du mal. Mais là tu m'en apportes la preuve ! la preuve de son innocence. Et pourtant tu l'as quittée !

Il s'en veut aussitôt d'avoir prononcé ces derniers mots. Le peintre s'est renfrogné, honteux et furieux.

– Je te prie de m'excuser, s'empresse de dire Marius. Je me laisse emporter. Ta révélation me bouleverse car elle accrédite mes soupçons. Romula Popidia n'a rien à se reprocher. Mais elle est la victime d'une machination. Ce que je voudrais comprendre, c'est pourquoi elle a déchaîné ce flot de violence.

Le peintre n'a aucune idée sur la question. L'affaire le dépasse. Il regarde Marius déambuler devant lui, et cette fébrilité le dérange presque.

L'ancien duumvir réfléchit à haute voix. Son esprit tourne à toute allure. Il s'arrête soudain, mû par une idée :

– L'isolement de Romula jusqu'à ces derniers jours faisait suite à cette agression, n'est-ce pas ?

Le peintre acquiesce.

– Et dire que nous pensions que cela était dû à votre séparation ! s'exclame Marius. (Il s'agite de plus en plus, surexcité.) Romula Popidia s'est volontairement cloîtrée pour sa sécurité, c'est évident. Les semaines ont passé et, rien ne survenant, elle a fini par reprendre ses habitudes. Caius Puzzus ne nous a-t-il pas dit qu'elle recommençait à sortir ?

Encore une fois, le peintre hoche la tête. Marius poursuit son raisonnement. Selon lui, la jeune femme cherchait à se protéger d'une nouvelle agression ; à peine décide-t-elle de reprendre ses habitudes que la riposte ne se fait pas attendre : son ancien amant est agressé. L'histoire ne se tient-elle pas ? Labius secoue la tête, indécis.

– N'oublie pas que je n'aurais pas dû être là. C'est Vicario qui me l'a fait remarquer. Si je n'avais oublié quelque chose, rien ne me serait arrivé.

– Ils auraient détruit ton atelier, c'est évident, réplique Marius. Le but était d'effrayer Romula.

Après tout, pourquoi pas ? Avec la verve de Marius, les théories les plus étonnantes prennent forme, et se tiennent.

– Romula sait quelque chose, sinon elle ne serait pas si prudente, murmure à présent Marius. Quelqu'un lui en veut. Peut-être même sait-elle pourquoi. Il faut que j'aille lui parler.

– Elle n'a jamais rien voulu me dire, remarque Labius, désabusé.

– Oui, mais à moi, elle parlera.

Il s'en veut aussitôt de son assurance blessante. Mais les mots ont fait mouche. Une rougeur inattendue a envahi les joues pâles du peintre. Il n'a pas le temps de répliquer. Marius a déjà repris, soucieux de faire diversion.

– Romula sait-elle que tu as été agressé ?

– Pas par moi, en tout cas, répond le peintre avec froideur.

Une fois de plus, Marius doit faire amende honorable. Il s'applique, réprimant avec peine sa fougue.

– Écoute, Labius, je suis maladroit et je m'en excuse. Tu me confies aujourd'hui un élément essentiel d'une affaire concernant quelqu'un que nous estimons tous les deux. Cessons de nous heurter l'un l'autre. Fais équipe avec moi. Tu as été proche d'elle, tu as dû remarquer des choses que je ne connais pas. À nous deux nous parviendrons à démontrer son innocence.

La proposition est franche. Au fond de lui, Labius a toujours apprécié Marius. Il reste ce premier visage pompéien qu'il a rencontré un soir sur la via Appia, sa première bonne surprise sur la route de l'exode.

Ses jambes flageolantes réussissent à le porter jusqu'à Marius. Il lui donne l'accolade.

– Je ne sais pas grand-chose, et je reconnais avoir manqué de courage. Mais les informations que tu m'as apportées m'inquiètent. Ce meurtre de l'esclave Marcellus maquillé en suicide, ces registres intacts quand tout le monde les croit détruits dans le tabularium, tout cela me trouble. Je ne vois pas le rapport avec l'acharnement qu'ont certains contre Romula Popidia, mais ils témoignent d'une ambiance curieuse. Si Romula Popidia devait à nouveau être accusée dans une enquête du Sénat, je suis prêt à t'épauler.

Une brève émotion étreint les deux hommes. Ils ont conscience d'avoir tiré un bout du voile qui recouvre l'énigme. Même si chacun d'eux redoute ce qu'il dissimule.

Plutôt que de se laisser gagner par les sentiments, Marius brosse avec énergie la poussière de pigment qui s'est déposée sur son pallium, puis salue le peintre.

– Annoncer ton agression sera l'occasion de rencontrer Romula Popidia et de lui parler. Peut-être se confiera-t-elle enfin.

Labius hoche la tête. Il se sent très fatigué. Il regarde l'ancien duumvir s'éloigner dans la rue. Sa silhouette tremble sous l'effet de la lumière et de la chaleur. Elle devient translucide avant de disparaître. Alors seulement il rentre dans l'atelier.

Devant la porte des Popidii, les statues accueillantes de Vestales aux bras chargés de fruits contrastent avec l'accueil froid qu'Ignatia réserve à Marius. Sa maîtresse ne reçoit personne, sans exception. Marius tente de la convaincre d'aller au moins prévenir Romula de sa présence, mais l'esclave résiste. Il est exaspéré par cet air buté. Il n'y a que dans la maison de Romula Popidia qu'il a rencontré pareille insolence chez les esclaves. Il se retient de ne pas laisser parler sa colère.

– Ma visite est très importante, insiste-t-il.

Elle secoue la tête, imperturbable. Mais il a reconnu la silhouette qui se dresse soudain derrière l'esclave. À son expression, Ignatia s'est retournée. Romula se tient là, immobile, le visage de glace. D'un signe, elle congédie Ignatia et laisse entrer Marius. D'emblée, l'ancien duumvir se sent troublé. Le silence de la jeune femme ne fait qu'amplifier ce sentiment. Ils se sont arrêtés dans l'atrium. Marius note avec regret qu'elle n'a pas cru bon de l'emmener jusqu'à l'œcus.

– Cela fait bien longtemps que je ne t'ai vu, Marius, dit-elle enfin.

– Je ne t'aurais pas dérangée sans un sérieux motif.

Elle attend, immobile.

– Labius a été attaqué cette nuit en son atelier, dit-il.

Son manque de réaction l'étonne. Elle ne semble guère surprise de ce qu'il lui annonce. Il a soudain le pressentiment qu'elle le savait déjà.

– Comment va-t-il ? demande-t-elle juste.

Bouleversé à l'idée qu'elle soit déjà au courant, il ne croit pas bon de lui répondre. Qui a pu la prévenir ? Il est tôt et elle n'est pas encore sortie. Une idée affreuse germe en son esprit. Se pourrait-il qu'il fasse fausse route et qu'elle soit en fait intimement mêlée à toute cette sombre histoire ?

– Lorsque tu le reverras, dit-elle, sans remarquer son trouble, dis-lui qu'il ne risque plus rien. J'ai pris des mesures en ce sens.

L'ambiguïté de la phrase le laisse pantois :

– Dois-je comprendre que tu es mêlée à cela ? demande-t-il.

– Je ne puis te répondre. Le danger est trop grand.

– Labius et moi aimerions démontrer ton innocence, dit-il, la gorge sèche. Mais tu sèmes le trouble dans mon esprit en parlant comme tu le fais.

Elle le regarde et, l'espace d'un instant, une infinie tendresse se lit dans ses yeux.

– Je ne pensais pas que Labius se mêlerait à une telle entreprise, murmure-t-elle, luttant contre son émotion. Et je te sais gré de l'y avoir entraîné. Mais mon honneur est déjà entre de bonnes mains. Ne vous en mêlez pas, vous risquez des représailles.

– Tu as confié tes intérêts à quelqu'un ?

Elle hoche la tête. Ses épaules s'affaissent, comme sous un trop lourd fardeau.

– Je t'en prie, Marius, ne tente rien par toi-même. Il se passe des choses si graves, chuchote-t-elle. J'ai trop peur d'en mourir.

L'aveu le pétrifie. Il veut insister, tenter d'en connaître davantage mais elle s'est à nouveau murée dans le silence. Il ne peut plus rien faire. Sur un signe de sa maîtresse, Ignatia invite l'ancien duumvir à la suivre vers la sortie. Contraint et forcé, Marius prend congé, plein de trouble. Il se retourne une dernière fois. Elle est déjà partie vers ses appartements.

Une fois dehors, il hésite. C'est l'heure de la séance de justice à la basilique, mais il se sent l'esprit trop confus pour y assister. Les récents événements tournent dans sa tête, à la recherche d'une hypothétique solution. Il devrait essayer de s'adresser encore à Jucundus. L'homme, malgré sa faiblesse, aurait sûrement quelque information à apporter. Il revoit sa fragile silhouette, émergeant lentement du lieu secret dédié à Minas. Il revoit aussi les quelques fidèles qui se sont dispersés après l'office du matin. Une vingtaine ! Il en sourit malgré lui. Il n'aurait jamais imaginé une telle hémorragie en abandonnant le culte de Minas deux ans auparavant. Les autres adeptes ont-ils cru comme lui à l'appel au bon sens lancé par Romula Popidia ? Ou bien se sont-ils lassés de pourvoir aussi largement aux besoins gourmands du monstre ? Il se souvient encore de son effarement lorsqu'il a compté les sommes d'argent qu'il avait englouties dans le culte. Oh ! bien sûr, il n'a pas abandonné sans crainte ses ablutions à Minas. L'œil noir du grand prêtre Vicario l'a catalogué parmi les traîtres. Et parfois encore, il craint d'avoir commis un sacrilège. Mais les arguments scientifiques de Romula Popidia s'appuient sur des textes de grands savants. Le culte à Minas, lui, n'a aucun fondement, sinon celui de la crainte.

Il jette un coup d'œil au soleil. L'heure du prandium approche. Il devrait trouver Jucundus chez lui. Il pourrait le questionner, le pousser dans ses retranchements. Mais la peur qu'il a sentie chez Romula le freine. Si son enquête doit lui porter préjudice, il vaut peut-être mieux ne pas la poursuivre. En attendant, il se promet de rester vigilant. À pas lents, il finit par se diriger vers sa propre maison, quand l'irruption d'un cavalier crotté et poussiéreux le fait se ranger en toute hâte contre le trottoir. Le cursus ! Que vient-il annoncer ? Déjà il a disparu vers la basilique sans ralentir son allure. Sur son passage, les gens l'injurient, furieux d'avoir été bousculés. Marius se précipite à sa suite.

Le cursus a posé pied à terre devant la basilique où les autorités de la ville rendent justice, comme chaque matin. En le voyant, chacun s'est écarté avec autant de crainte que de respect et Vicario s'est levé en toute hâte.

Il s'avance au milieu de l'assemblée. Il a les traits tirés par la fatigue du voyage.

– Je suis envoyé vers vous par notre empereur Marcus Salvius Otho[15].

À ces mots, les Pompéiens se regardent avec étonnement. Il continue :

– Servius Sulpicius Galba n'est plus. Le traître a péri. Vive Marcus Salvius Otho !

La nouvelle a de quoi étonner. Il n'y a pas six mois que Galba est sur le trône que déjà il est renversé. L'ironie du sort veut que Marcus Salvius Otho, le nouvel empereur, soit le premier époux de Poppae Sabina. Meilleur ami de Néron, il avait dû lui céder à contrecœur son épouse. Il se retrouve aujourd'hui sur le trône, mais sans celle qui l'y a précédé.

À peine remis de sa stupéfaction, Suedius Vicario réussit à reprendre l'acclamation du cursus. Tous les membres de l'assemblée l'imitent. Le nouveau duumvir, Salbius Petronus, applaudit à tout rompre.

– Va te reposer, dit-il au cursus. Tu reviendras ensuite me voir pour me donner des nouvelles de Rome. Isolés comme nous le sommes, nous ne savons pas grand-chose des grandes affaires de l'empire. Sais-tu qui sont les nouveaux consuls ?

– Valerius Proscius et Genialis Tremus. Le Sénat vient de les nommer.

– Les consuls suffects ont-ils déjà été désignés ?

– Je ne peux te répondre. Lorsque je suis parti, Rome était encore en pleines élections.

Le cursus cache mal son épuisement. Le duumvir lui fait signe de se retirer. Dès son départ, chacun donne son opinion sur ce nouveau retournement à la tête de l'empire. Immobile sur son siège, Vicario ne cache pas le sourire qui lui vient aux lèvres. Son air réjoui n'échappe pas à Marius Rufus qui s'approche :

– Tous ces événements ne facilitent pas l'exécution

d'une enquête. Nous sommes encore tranquilles quelque temps.

– C'est exactement ce que je pense, dit Vicario, avec satisfaction. Rome a bien trop à faire avec ses empereurs pour s'occuper de nous : il n'y aura pas d'enquête du Sénat. C'est une chance.

– Mais il reste une enquête, la tienne, celle que tu supervises personnellement, dit Marius. As-tu récolté des éléments intéressants ?

Il a essayé d'étouffer toute parcelle d'ironie dans sa question, mais il sent bien qu'il n'y est pas parvenu, à la réaction de Vicario.

– Tu n'es plus duumvir et tu n'as pas à connaître le déroulement de l'enquête, réplique-t-il. Mais saches que le décurion a effectué un travail remarquable. Tu observeras d'ailleurs qu'il n'y a plus de meurtres en ville.

Il s'est levé, signifiant ainsi que le sujet était clos. Il va s'éloigner quand il se retourne brusquement :

– Tu me cherches sur des peccadilles quand toi-même cours à ta perte. Tu venais adorer Minas, autrefois. En tant que grand prêtre, il est de mon devoir d'oublier nos différends et de te rappeler à tes obligations. L'homme n'est rien sans les dieux.

– Plus personne n'adore Minas, dit Marius, sinon une poignée de riches fidèles.

– Détrompe-toi ! La voix sifflante de Vicario lui blesse les oreilles. Les Pompéiens sont revenus à plus de sagesse. Et tu ferais bien de les suivre !

Il s'est éloigné, le port droit en dépit du léger embonpoint qui commence à gagner sa taille. Marius reste seul, interloqué par cette brusque prise à partie. Une main se pose sur son épaule. C'est Caius Puzzus, un sourire gêné sur les lèvres. Marius note pour la première fois ses tempes dégarnies, les plis qui se forment au coin de ses yeux. Tous les signes du vieillissement apparaissent comme s'il ne les avait jamais remarqués auparavant. Il se dit avec horreur qu'il doit être semblable, alors qu'il a l'impression d'avoir toujours l'âge de la toge virile.

– Reviendras-tu avec nous, Marius ? demande Caius Puzzus, d'un ton qu'il veut enjoué mais qui sonne faux.

Il secoue la tête avec fermeté.

– Le culte de Minas brille de ses derniers feux, Caius Puzzus. Pour moi il est déjà terminé.

– Nous n'avons pourtant jamais été aussi nombreux, proteste faiblement Puzzus. Mon oncle est préoccupé de te savoir à l'écart de sa protection.

– Je suis davantage préoccupé par le sort de l'empire, rétorque Marius.

Et il lui tourne le dos. Sa décision est soudain prise : il ne mènera aucune enquête qui puisse inquiéter Romula Popidia. Les troubles de l'empire se chargeront à eux seuls d'enterrer l'affaire.

Il n'a pas tort. L'arrivée d'un marchand de Germanie Inférieure quelque temps plus tard achève de semer le trouble dans les esprits. L'homme parle du nouvel empereur avec respect et enthousiasme.

– Toutes ses troupes l'acclament, raconte-t-il. Lorsqu'il se déplace en Germanie, les gens viennent de partout s'incliner devant lui.

– En Germanie ? demande Salbius Petronus. Mais Marcus Salvius Otho n'est pas là-bas. Il est à Rome !

– Qui te parle de cet usurpateur ? réplique le marchand. Moi je te parle du véritable empereur, Aulus Vitellius. Il a été élu empereur par l'ensemble des légions de Germanie.

Paquius Proculus soupire :

– Dois-je comprendre que l'empire a deux empereurs à sa tête en ce moment ?

– Il n'y a qu'un véritable empereur, Aulus Vitellius, répond le marchand. Ne vous fiez pas à Otho, ce choix pourrait vous être fatal.

La confusion qui règne au sommet de l'empire se répercute sur l'ensemble des colonies. Personne ne sait à qui se fier. À Pompéi, où l'on redoute encore sans y croire une intervention de Rome, la situation paraît presque trop belle pour être vraie.

Les graffitis agressifs ont disparu depuis l'agression de Labius et de Clefus. On ne lit plus sur les murs que de classiques messages d'amour ou de haine. Les meurtriers de Mortemus courent sans doute encore. Mais ils n'ont plus frappé depuis de longs mois. Ce retour inespéré au calme ravit les membres du conseil municipal.

– Nous pourrons dire que nous avons nous-mêmes remis de l'ordre dans la ville, s'enorgueillit le duumvir Salbius Petronus.

– Nous avons accompli du bon travail, approuve Vicario. Du très bon travail.

Et sa mine satisfaite en dit long sur le contentement qu'il en retire.

Les Ides d'avril apportent un nouveau changement à la tête de l'empire : Aulus Vitellius a renversé Otho. Il n'est cependant pas le seul en lice puisque les légions de l'armée d'Orient ont proclamé empereur leur chef, Titus Flavius Vespasianus [16]. Une fois de plus, l'empire est coupé en deux.

Labius ne suit que de loin ces soubresauts. Son ami Fabullus lui écrit pourtant de longues lettres dans lesquelles il raconte l'ambiance particulière de Rome en ces temps troublés. Il est lui-même prudent depuis le suicide de Néron, son nom étant accolé à toutes les réalisations artistiques de l'empereur déchu. Il n'est pas à l'abri d'une purge et se tient volontairement à l'écart. La tension semble très vive entre les partisans de Vitellius et ceux de Vespasianus. Aussi le peintre n'est-il guère surpris d'apprendre que Vespasianus a fini par l'emporter aux Ides de juillet [17]. Vitellius égorgé sur le forum, la place est enfin nette pour le nouvel empereur.

Les saisons passent et Fabullus se désole du silence de son ami. Mais Labius ne sait quoi écrire. Comment pourrait-il décrire le vide de sa vie en dépit de toutes les occupations qui l'accaparent ? Six ans se sont écoulés depuis qu'il a quitté Romula, et il ne peut pourtant détourner son esprit de son souvenir. Depuis qu'il s'est confié à Marius, il reste discret pour ne pas lui nuire. Mais la jalousie le tenaille quand il apprend qu'elle a été vue en compagnie de Vicario, et surtout de son neveu, ce Caius Puzzus qui avait eu l'impudence de s'assurer que la place était libre. Avec le temps, les apparitions de la jeune femme se multiplient. La protection affichée de Vicario a eu raison des dernières réticences. Il n'y a plus de motif à refuser sa présence : les meurtres ont cessé et Rome se désintéresse de son sort. Maintenant, Labius s'oblige à décliner toutes les invitations où il craint de la rencontrer. Cela ne le rend que plus renfrogné et difficile à vivre.

En rentrant un soir, il trouve Ignatia assise devant sa porte. Il n'a plus pensé à elle depuis son départ de la maison de Romula. La revoir ainsi, brusquement, le glace. Il se rappelle leurs étreintes brutales dans la remise à bois. Ce souvenir peu glorieux le révulse. Loin de faire un geste vers elle, il recule, mécontent.

– Ma maîtresse t'invite à la rejoindre pour la cena ce soir, dit-elle d'une voix mal assurée, décontenancée par son accueil revêche.

Labius met du temps à comprendre ce qu'elle vient de lui dire. Puis quelque chose de très doux l'envahit peu à peu. Romula l'invite. Il lui semble que ses yeux le piquent. Il détourne le visage. Il ne s'est pas senti si léger depuis des années.

– Que dois-je lui répondre ? demande Ignatia.

– Dis-lui que j'accepte son invitation.

Il tente de maîtriser l'émotion dans sa voix. L'esclave repart silencieusement.

Une fois dans l'atelier, Labius se laisse tomber sur son matelas au drap froissé. Il regarde autour de lui et la saleté des lieux lui fait soudain horreur. Les amphores de pigment, bien que soigneusement fermées, laissent échapper de la poussière de couleur qui se glisse partout. Ses vêtements et ses sandales en sont maculés. L'un des apprentis passe pourtant le balai une fois par jour pour retirer le plus gros. Mais la saleté sournoise s'insinue dans le moindre recoin. Une vision insupportable s'impose d'un coup à lui : celle d'un peintre vêtu d'un pallium à la couleur indéfinissable, coiffé d'un chiffon souillé qui porte les couleurs de la dernière fresque en cours. Un homme sale.

Comment se rendre à l'invitation de Romula dans cet état ? Elle garde le souvenir d'un homme raffiné qui apprécie les bains et soigne sa tenue. Elle doit continuer à ignorer qu'il n'a pas mis les pieds dans des thermes depuis de longs mois, qu'il a troqué le délassement du sudatorium pour l'aspersion glacée d'une simple cuvette d'eau. Il s'en contentait puisqu'il ne vivait plus que dans le vase clos des artistes de l'atelier.

Mais ce soir n'est pas comme les autres. Il songe d'abord aux bains loués par Julia Felix. Leur intimité lui plairait si la seule idée de rencontrer la maîtresse des lieux ne le faisait pas changer d'avis. Elle n'a pas perdu cette habitude agaçante de se ruer sur lui dès qu'elle l'aperçoit. Il n'a d'autres façons de s'en défaire qu'en saluant quelques-unes de ses connaissances. La fierté qu'elle tire du passage du peintre en ses murs la rendrait capable de mettre une plaque commémorative, si elle ne craignait de lui déplaire.

Il n'aime pas les thermes du forum, mal chauffés. Ceux du centre, en revanche, lui conviennent mieux, bien qu'ils aient gardé des séquelles du tremblement de terre. S'il le pouvait, il irait aux splendides thermes de Stabiae. Lorsqu'il avait le temps, autrefois, il sautait volontiers dans un cisium pour s'abandonner entre les mains des masseurs chevronnés de l'établissement. Il revenait parfumé d'une huile aromatique dont seule Stabiae avait le secret.

Mais le temps lui manque ce soir. Il se rabat donc sur les thermes du centre. Il en ressort soulagé et détendu.

La maison de Romula est illuminée de grosses lampes à huile. Le cœur battant, Labius pénètre dans l'atrium, puis traverse les pièces secondaires jusqu'à l'œcus. Un bruit de voix l'étonne. Sa déception est à la hauteur de la surprise qui l'attend : Romula est là, entourée de Julia Felix et du neveu de Vicario.

Il s'arrête, interdit, dans l'embrasure. Julia Felix se précipite vers lui. Romula l'arrête d'un geste :

– C'est à moi d'accueillir mon invité, dit-elle.

Il la dévisage, sans rien dire. Elle n'a pas changé et en même temps elle n'est plus tout à fait la même. Il a l'impression d'avoir quitté une jeune fille et de retrouver une femme. Il reconnaît la stola qu'elle porte, la palla de couleur flamboyante qu'elle a jetée par-dessus, les fines sandales de cuir qui protègent ses pieds. Seule la fibule dorée qui retient la stola sur l'épaule lui est inconnue. Elle représente un scarabée, aux yeux de lapis-lazuli.

– Entre ! Labius. Je suis heureuse de te revoir ici, dit-elle.

Le peintre avance. Il s'est rarement senti aussi gauche.

– Tu reconnais Julia Felix, bien sûr, continue la jeune femme. Et notre ami Caius Puzzus, qui s'est montré si présent ces derniers temps auprès de moi.

Cette dernière phrase sonne comme un reproche déguisé. Blessé, il a soudain une folle envie de rebrousser chemin et de regagner son atelier.

Mais elle lui a déjà mis dans la main un cyathe de gustaticium.

– Je bois à ton retour parmi nous, dit-elle avec un sourire dénué d'ambiguïté. Puisses-tu reprendre souvent ce chemin que tu avais oublié.

Il lève sa coupe et avale quelques gorgées. La douceur du miel qui coupe le vin le ragaillardit. Il s'aperçoit alors qu'il n'a pas ouvert la bouche depuis son arrivée.

– Je te remercie de ton accueil qui ne dément pas la bonne réputation de ta demeure, dit-il alors. Cette maison m'a manqué. Je la retrouve avec plaisir.

Julia Felix a un rire de gorge qui l'irrite :

– Eh bien ! moi, je bois à la bonne nouvelle que nous venons d'apprendre. Tu es sans doute déjà au courant ?

– Non, de quoi s'agit-il ?

Elle lève les yeux au ciel :

– Par Isis, à quoi pensent ces artistes toute la journée ! Comment peux-tu encore ignorer que Rome nous envoie un tribun pour régler les problèmes de la colonie !

La nouvelle laisse Labius sans voix, tandis qu'une angoisse terrible lui étreint la poitrine.

– Mon oncle a reçu hier un message de l'empereur Vespasianus, raconte Caius Puzzus. Il a envoyé un tribun à la suite du rapport du consul Sonus Culcus.

– Les gens ne savent pas s'il faut s'en réjouir ou s'en inquiéter, dit en riant Julia Felix. Ils craignent les sanctions que pourrait prendre le tribun pour le meurtre du questeur.

Elle s'interrompt brusquement et jette un regard gêné vers Romula.

– Mon oncle a lu le message ce matin à la basilique. Il n'y est fait aucune allusion à Mortemus, proteste Caius Puzzus. On lui a dit que Vespasianus était plutôt soucieux de l'argent de l'empire[18]. C'est le manque à gagner de la colonie qui a attiré son attention. Le tribun qu'il envoie aura pour charge principale de remettre le tabularium à jour. Et rien d'autre.

Il a appuyé sur ces derniers mots, comme pour bien faire comprendre que le meurtre du questeur appartenait au passé.

Un immense soulagement envahit alors Labius. Ainsi Rome a définitivement renoncé à poursuivre Romula : la voici blanchie de tous soupçons. Il se sent plein d'allégresse.

– C'est une bonne nouvelle, dit-il.

Son ton guilleret lui attire un coup d'œil étonné de Romula. Il lui sourit tandis qu'elle se tourne vers Julia et Caius.

– Eh bien ! mes amis, il est temps de nous quitter, s'exclame-t-elle. Elle les a pris par l'épaule et les pousse doucement vers la porte. Labius sent son cœur s'emballer. Ainsi ils vont dîner seuls !

– Laisse-moi au moins saluer Labius, proteste Julia.

Elle se dégage, et ce faisant sa stola accroche l'un des coffres de l'œcus. Elle trébuche, tandis qu'un bruit métallique résonne. Labius s'avance pour la retenir. Derrière elle, Caius Puzzus a ramassé un petit outil de jardinage qu'il considère avec étonnement.

– Je ne savais pas que tu jardinais, Romula.

Elle lui reprend l'outil et le tend à Labius.

– Ce n'est pas à moi, mais à Labius.

Il reconnaît alors le ciseau qu'il avait ramassé dans la rue de longues années auparavant et le glisse dans sa poche.

– Ma tante utilise les mêmes, dit Caius Puzzus. Elle les fait venir de Lutetia.

Affichant la mine de celle qui n'entend pas, Romula les entraîne tous les deux. Caius Puzzus cache mal sa contrariété. Labius l'entend plaider sa cause avec ferveur tandis qu'ils passent la porte. Quelques minutes plus tard, elle réapparaît. D'un signe de la main, elle l'invite à la suivre jusqu'au triclinium.

– Passons à table dès maintenant, veux-tu ? propose-t-elle. Je me souviens que ton estomac n'aime pas attendre.

La table est raffinée. Romula a sorti l'argenterie pour fêter leurs retrouvailles. Seul un saladier de terre cuite au dessin d'Arezzo rappelle l'ordinaire de la maison. Il déborde d'une salade parsemée de filets de poisson. Elle s'allonge et pousse le plat vers lui.

– Sers-toi. Je crois me souvenir que tu aimais cette entrée.

C'est effectivement un plat dont il raffole. Il se sert avec générosité.

– Je te sais gré de t'en être souvenue.

– Je voulais marquer ce dîner dans ta mémoire.

– Il n'a pas besoin de cela pour l'être déjà.

Elle sourit. Plus il la regarde, et plus il se demande comment il a pu la quitter. Il note les petites rides qui n'existaient pas lorsqu'ils étaient ensemble, les filets gris qui éclairent sa chevelure sombre. Tous ces signes des saisons passées depuis leur dernière rencontre l'attendrissent.

– Comment vas-tu ? lui demande-t-elle.

– Je n'ai pas à me plaindre. Les chantiers sont nombreux et les gens font la queue pour passer commande. Les temps sont plutôt fastes.

Il tente de tempérer la joie qu'il a ressentie tout à l'heure, mais sans succès. Elle le regarde avec amusement :

– Tu m'as évitée depuis six ans et te voilà aussi joyeux que si tu m'avais quittée hier.

– C'est la venue de ce tribun qui me distrait, ou plutôt, elle me soulage.

– Parce qu'il ne va pas mener d'enquête sur le meurtre ?

– C'est cela, répond-il.

Il s'en veut de sa franchise. Mais elle ne semble guère affectée :

– Il viendrait pour cela qu'il ne ferait pas davantage de moi une coupable, dit-elle juste.

– Oui ! mais il ne vient pas pour cela. Tu es définitivement innocentée. Marius et moi n'aurons pas besoin de rassembler des preuves pour l'établir.

Il est étonné de la voir se rembrunir brusquement. Elle se ressert de poisson et lui tend le plat. Il refuse. Elle avale quelques bouchées, avant de lever soudain sur lui un regard d'une intensité particulière. Il y lit comme un signal d'alarme.

– Tiens-toi à l'écart de cela, dit-elle très vite. Je ne voudrais pas qu'il t'arrive du mal.

La phrase retentit étrangement dans le triclinium. Labius ne peut s'empêcher de noter le contraste entre l'ambiance chaude créée par les chandelles et le contenu presque menaçant de leur conversation.

– Est-ce un avertissement ? demande-t-il, incertain.

Elle tend sa main par-dessus la table et la pose sur la sienne.

– Non, c'est un conseil. Juste un conseil. Je n'ai aucun avertissement à donner à l'homme que j'aime.

Le contact de sa main lui procure une chaleur oubliée. Il est saisi d'un frisson.

– Je ne sais à quoi tu joues, ni à quoi je dois m'attendre, avoue-t-il. Mais je ne veux plus m'en soucier. Les jours sont trop longs sans toi. C'est tout ce que je sais.

Un esclave vient rincer leurs doigts tandis qu'un autre remporte le saladier. Il revient quelques instants plus tard déposer un plat qui fume.

– Cela sent merveilleusement bon, dit Labius. Qu'est-ce donc ?

– Un salmis de langues de rossignol, répond-elle.

Il est stupéfait. C'est un plat d'une extrême délicatesse, que l'on sert pour des hôtes de choix.

– Tu m'as gâté.

Il savoure le mets avec un plaisir qu'il ne cache pas. Cela fait longtemps qu'il n'a dégusté une cuisine de cette qualité. En face de lui, Romula se ressert à plusieurs reprises. Elle montre une joie enfantine.

– Je rêvais depuis longtemps de ce plat, confie-t-elle. Mais je n'avais pas d'hôte qui lui soit digne !

Labius saisit l'occasion :

– Vicario est pourtant le premier magistrat de la ville, remarque-t-il. Il aurait été sensible à un pareil traitement.

Il guette sa réaction. Elle termine avec lenteur sa bouchée, les yeux perdus dans le vague.

– Vicario est l'homme qui m'a sauvée, dit-elle à mots comptés. Grâce à lui, j'ai repris pied dans la ville. Les portes se sont ouvertes à nouveau devant moi. Il m'a protégée et je lui dois la vie. L'as-tu rencontré récemment ?

– Je le vois régulièrement.

– C'est un homme bon, mais étrange. Après tant de bienveillance dans les moments les plus difficiles, il ne me rend plus visite. Il n'y a que Caius Puzzus qui vienne tous les jours.

– Caius Puzzus est très amoureux.

Elle répond par un rire.

– C'est bien possible, reconnaît-elle. Enfin, maintenant, je revis. Je me suis abstenue de toute recherche durant ces dernières années, et cela me manque. Je vais me remettre au travail dès demain.

Il ne reste plus que quelques langues de rossignol dans le plat. Il est repu mais il se force pour lui faire plaisir.

Le repas est terminé, elle bâille ostensiblement et s'en excuse. La journée a été longue et chargée. Il est temps pour elle de regagner sa couche. Il ne sait pas comment lui dire qu'il aimerait revenir auprès d'elle. D'une voix hésitante, il demande :

– Caius Puzzus a-t-il tes faveurs ?

Elle rit :

– Non, bien sûr ! Personne n'a mes faveurs, d'ailleurs.

Il s'enhardit :

– Puis-je espérer les regagner un jour ?

Elle le regarde avec mélancolie :

– Six années ont passé, Labius. Six années de silence. Nous avons changé tous les deux ; regarde nos visages. Tu ne peux pas revenir aussi vite que tu es parti. Il faut savoir ce que tu veux d'abord.

Il se relève alors, courbaturé par sa longue station couchée.

– Je veux revenir, dit-il. Je ferai ce qu'il faut pour cela.

VI

Dès ce jour, il se lance à corps perdu dans la reconquête de Romula Popidia. Chaque soir, il se rend chez elle et s'installe à ses côtés, en silence. Elle est rarement seule car sa réhabilitation sociale s'est traduite par une activité mondaine effrénée. Le peintre doit parfois rivaliser d'astuces pour se glisser au premier rang de ses admirateurs et faire sa cour, comme un étranger dans cette maison qu'il connaît pourtant mieux que personne. Mais un seul regard de la jeune femme lui donne la foi. Même s'il ne progresse guère, il éprouve un infini bonheur à renouer avec le passé. Son nouveau bien-être se ressent sur ses chantiers en cours. Il n'éprouve plus de lassitude ou de difficultés à trier les couleurs. Ses assistants le retrouvent comme au début, vif et imaginatif.

Ce soir pourtant, il ne pourra rester chez Romula. En cette veille des nones de décembre de l'an 828 [1], la ville reçoit le tribun envoyé par l'empereur Vespasianus. Dès le coucher du soleil, il est attendu au forum où se tient le banquet.

Le soleil vient à peine de disparaître, mais le peintre ne résiste pas à un petit détour par la maison de Romula. Comme d'habitude, elle n'est pas seule. Ce soir, ce sont surtout des femmes qui l'entourent. La plupart n'assistent pas à la cena d'honneur offerte au tribun. Leurs époux y sont déjà, et pour tromper leur ennui, elles se sont réunies chez Romula pour une partie de jacquet. Leur présence est insolite dans cette maison autrefois vouée à la science. Durant leurs années de vie commune, Labius n'a jamais vu une seule d'entre elles pénétrer ici. Romula préférait ouvertement ses recherches à la fréquentation de ses pairs. Depuis les événements, les choses ont changé. Pourtant il ne croit pas qu'elle ait vraiment renoncé à sa passion. Il pense plutôt qu'elle ménage sa réputation et sa sécurité. Mais ce ne sont que des suppositions : Romula ne lui confie plus guère de secrets.

Labius est accueilli par des exclamations de joie. Les joueuses se précipitent pour admirer son pallium et émettre mille commentaires sur la réception à venir. Le peintre se laisse faire, enchanté, tandis que Romula le contemple avec un air narquois. Quand enfin il parvient à se dégager, elle a déjà repris sa partie. Elle accueille son hommage avec bienveillance mais l'encourage à rejoindre au plus vite la fête. Il repart, à la fois heureux et fâché de n'avoir pu faire sa cour comme il l'aurait souhaité.

Arrivé au forum, il est ébloui par la magnificence déployée par la ville. Rien n'est assez beau pour souhaiter la bienvenue au tribun. Vicario a donné sur sa cassette personnelle de quoi illuminer la table de dizaines de chandelles. La vaisselle d'argent qui renvoie la lumière tremblante des bougies accentue encore la splendeur du décor. C'est celle du premier magistrat. Il a préféré la prêter plutôt que de se contenter de celle, plus modeste et en terre cuite, de la ville. De grosses corbeilles débordantes de fruits ornent chaque extrémité du buffet.

Labius repère très vite Suedius Clemens, le tribun. C'est un homme de taille moyenne, les cheveux déjà blancs en couronne autour de la tête. Il porte la toge, comme pour accentuer son rôle particulier au sein de la ville. Ses pieds, chaussés des *calceos*[2], témoignent de son attachement aux traditions. Il paraît sensible à l'accueil de la ville et improvise un petit discours où la classe patricienne se sent honorée. Suedius Vicario ne le quitte pas d'un pouce. Il lui présente chacun des invités avec force détails. Lorsqu'ils parviennent devant Labius, le tribun se montre très honoré de rencontrer l'artiste le plus réputé de l'empire. Même si le compliment est exagéré, le peintre s'incline longuement, sa vanité comblée.

La soirée est agréable. Labius retrouve de nombreuses connaissances qu'il n'avait pas vues depuis longtemps. Il aperçoit soudain Marius Rufus qui lui fait un signe de la main. Il se dégage de ses interlocuteurs pour aller le saluer. Les deux hommes n'ont pas eu l'occasion de se voir depuis l'annonce de l'arrivée du tribun.

– *Ave !* Labius, s'exclame Marius. J'ai appris que tu avais renoué avec tes anciennes habitudes !

L'allusion est à peine voilée à la cour menée par le peintre à Romula. Il choisit d'en sourire plutôt que de s'en vexer.

– On se trompe, parfois, dit-il. Il est temps de mettre une croix sur le passé, ne penses-tu pas ?

– Tu as raison, d'autant que j'ai vérifié. (Il baisse la voix.) Suedius Clemens n'est mandaté que pour remettre de l'ordre dans le cadastre. J'ai pu lire le message officiel de son arrivée. Vespasianus a besoin d'argent. Voilà le secret de l'arrivée de son tribun. La guerre contre Aulus Vitellius lui a coûté cher. Les caisses de l'empire sont vides depuis Néron. Ni Galba, ni Otho ne sont restés assez longtemps sur le trône pour ramener la prospérité. Et Vitellius a été accaparé par son combat contre Vespasianus. (Il se penche vers le peintre, et sa voix devient ironique.) La situation doit être grave, car j'ai appris que l'empereur venait d'instituer une taxe sur les urines ! (Il se relève, hilare.) Ne fallait-il pas être génial pour avoir une telle idée ? Désormais tu ne pourras plus te soulager où bon te semble. Des amphores placées au coin des rues recueilleront le précieux liquide, qui sera ensuite vendu aux foulons. Remarque, j'imagine que ces derniers vont s'y retrouver. Jusqu'à présent, ils utilisaient essentiellement les urines des thermes et du Grand Théâtre. Cela leur fait un apport de plus, même s'il est payant.

Labius ne partage pas l'hilarité de Marius. Il trouve tous ces détails plutôt répugnants.

– Est-ce bien des *vertigal urinae*[3] dont vous parlez ? intervient soudain une voix derrière eux.

Ils se retournent et aperçoivent le tribun, un sourire affable aux lèvres. Le découvrir ainsi à leur insu leur est désagréable.

– Je n'imaginais pas que cela soit déjà connu, poursuit-il. Vous êtes bien renseignés. C'est l'un des projets que je dois mettre en place ici. Cela va certes bouleverser les habitudes de chacun. Mais tout le monde y trouvera son compte au final.

Et comme Labius dissimule mal son dégoût, il lui dit en souriant :

– Tu sembles réagir comme Titus[4]. Sais-tu ce que Vespasianus lui a répondu ? *« Non olet*[5] *! »*

Labius sourit poliment. Il ne veut pas déplaire au tribun, même si cette nouvelle mesure lui paraît étrange. Il tente de se montrer aimable.

– Tu es attendu ici depuis longtemps. L'ampleur de la tâche ne t'inquiète-t-elle pas ?

– Et pourquoi m'inquiéterait-elle ? (L'œil acéré du tribun scrute le visage du peintre.) J'ai réorganisé bien d'autres villes avant Pompéi. Ce que j'ai vu ici depuis mon arrivée est encourageant. Votre premier magistrat a accompli un travail dont il peut être fier. Vous avez montré votre sagesse en l'élisant. Il est normal que Rome vous apporte son aide quand certaines difficultés subsistent.

– À quoi comptes-tu t'atteler pour commencer ? demande Marius.

– Tu sauras tout cela en te rendant sur le Forum dès demain. Je ne peux débattre en particulier de sujets qui réclament une plus large concertation. Mais je souhaite vous rendre une ville aux rouages bien huilés, et j'y mettrai le temps nécessaire.

Il se tourne vers Labius, suave :

– Me permettras-tu une visite à ton atelier ?

– L'honneur est pour moi. Ton jour sera le mien.

– Je passerai demain matin après la collation. Cela te convient-il ?

Labius ne peut cacher sa surprise. Il ne s'attendait pas à une visite si rapide. Il se reprend aussitôt :

– Ce sera parfait. Je t'attendrai avec mes assistants.

Il sent tout de suite que cela ne convient pas. Pas un muscle du visage n'a pourtant bougé chez le tribun. Imperturbable, il reprend :

– Je préférerais te voir seul, est-ce possible ?

Cette requête inattendue va contre les usages. Les assistants de Labius vont être vexés.

– Mes assistants auraient été heureux de te rencontrer, proteste-t-il sans conviction.

– Nous aurons d'autres occasions, répond Suedius Clemens. À demain, donc.

Il les quitte, après un bref salut. Marius sourit.

– C'est une visite privée, si je comprends bien ! plaisante-t-il. Il pourra ensuite s'en vanter auprès de ses amis de Rome.

– Crois-tu qu'il n'y ait que cela ? s'inquiète le peintre.

– Et que veux-tu qu'il y ait d'autre ? Tu es devenu un monument incontournable de la ville. Son empressement devrait te combler !

Labius ne répond rien. Au fond de lui, l'inquiétude a surgi, soudaine et sournoise.

Suedius Clemens est un homme féru d'art. Il se passionne pour la sculpture et déplore le manque d'imagination des artistes romains. Tout en admirant les croquis de Labius, il commente avec vivacité la production romaine, réduite selon lui à un plagiat de la Grèce.

– Je vois qu'en peinture on s'en sort un peu mieux, dit-il.

– Pourtant l'inspiration reste surtout hellénique, répond Labius. Il est difficile d'innover tant le goût de nos clients a été influencé par cette culture.

– Tu as dû te féliciter des audaces de Néron, remarque Suedius Clemens.

Émanant d'un magistrat de Vespasianus, la remarque a de quoi étonner. Labius cache pourtant son trouble. Il sait que Néron n'a pas été réhabilité. Aussi se méfie-t-il. Peut-être est-ce un piège.

– Tout le monde n'a pas adhéré aux nouvelles modes lancées par Néron, dit-il prudemment.

– Mais toi, oui. La Domus Aurea en témoigne.

Tant de précision pétrifie le peintre. Il n'aurait jamais imaginé qu'on puisse lui reprocher un jour d'avoir servi les aspirations artistiques de Néron. Les lettres de son ami Fabullus lui reviennent en mémoire. Ne lui avait-il pas écrit qu'il s'était fait discret pour échapper à la purge qui avait suivi le suicide de l'empereur ?

– J'ai décoré l'atrium, il est vrai, dit-il à contrecœur.

– C'est un travail splendide, approuve le tribun.

Labius le regarde avec un certain malaise. À quoi joue-t-il ?

– Je ne devrais peut-être pas le dire, reprend Suedius Clemens, mais j'ai apprécié ce souffle nouveau que Néron a influé dans la création artistique. Je constate que tes croquis sont beaucoup plus classiques.

Le peintre se détend. Il explique :

– Ainsi que je te le disais, nos clients restent dans des registres connus. Il arrive rarement de peindre pour un amateur éclairé.

– C'est souvent le cas dans les villes de province.

L'homme est sympathique. Sa connaissance et son amour de l'art y sont pour beaucoup. Labius se laisse aller à parler de ses dessins et de ses projets. Il a oublié la qualité de son interlocuteur et s'enthousiasme pour ses sujets de prédilection. En face de lui, Suedius Clemens l'observe, amusé. Lorsqu'il achève sa démonstration, le peintre est confus d'avoir accaparé si longtemps le tribun. Il voudrait s'en excuser mais l'autre hausse les épaules. Il a repris sa promenade dans l'atelier et saisi un dessin qu'il regarde avec attention. Soudain il relève la tête et plante des yeux froids dans ceux de Labius.

– Hier soir, tu m'as surpris, dit-il.

Le changement de sujet est si brusque qu'un instant Labius perd le fil. Puis il se souvient d'avoir vaguement évoqué la tâche qui attendait le tribun.

– Je me suis demandé à quoi tu faisais allusion. (Labius veut protester mais déjà l'autre poursuit.) Ou plutôt, j'ai pensé que tu parlais de ce meurtre non élucidé. Un questeur, je crois.

Pris au dépourvu, le peintre reste d'abord sans voix. Il sent à nouveau l'inquiétude s'emparer de lui.

– C'est bien cela, n'est-ce pas ?

Labius rit avec gaucherie. Il n'en revient pas qu'une question aussi anodine ait pu être interprétée juste comme il ne le souhaitait pas.

– Non, dit-il enfin. Je ne pensais pas du tout à cela. L'affaire est réglée depuis longtemps. Je pensais plutôt au cadastre.

– Au cadastre ! (Le tribun a reposé le dessin qu'il tenait. Un sourire flotte sur ses lèvres.) Qu'est-ce que j'ai été imaginer ! C'est pourtant ce pourquoi je suis là : rétablir le cadastre de la colonie. Vous serez heureux du travail que j'accomplirai pour votre ville. Vespasianus va réparer l'outrage que vous a causé Néron en se désintéressant de vous. Gloire à l'empereur !

Labius répète machinalement derrière lui, inquiet. Le tribun reste encore quelque temps à admirer les planches de l'atelier, puis il finit par prendre congé, affable. On l'attend à la basilique. La porte refermée sur lui, le peintre s'interroge sur le vrai sens de sa visite. Ne venait-il pas en fait parler du meurtre du questeur ? Pourtant il a vite renoncé au sujet. Perplexe, il retourne à son travail.

Les magistrats attendent Suedius Clemens dans la basilique. Le bâtiment a été fermé pour l'occasion. Le peu qui reste des archives de la ville est disposé sur une table de bronze. À côté, le banquier Jucundus a installé les registres que le questeur a inspectés sept ans auparavant. Le tribun est frappé de l'aspect physique du banquier. Il est très maigre, et ses yeux semblent jaillir de leurs orbites. La violente agression qui a causé la mort de Ceius Mortemus l'a si profondément choqué que les quelques mois qui ont suivi le meurtre l'ont laissé alité et prostré. Revenu peu à peu à la vie, il a perdu tout entrain et toute conversation. Les clients se sont spontanément détournés de lui, comme s'il était porteur de guigne. L'incertitude qu'entretiennent par ailleurs les médecins sur ses capacités intellectuelles ne favorise pas leur confiance.

Le tribun sait aussi qu'il souhaite quitter ses fonctions de fermier des impôts municipaux. Il a transmis à Vicario une demande officielle de démission, due à son grand état de fatigue. Suedius Clemens compte la lui accorder aussitôt qu'il aura fait le point et réorganisé le cadastre municipal. Pour l'instant, il ne peut se passer d'un personnage aussi fondamental dans l'administration de la colonie.

– Je ne pense pas qu'il soit utile d'être aussi nombreux. Je vais garder à mes côtés Caecilius Jucundus, Suedius Vicario et le duumvir, dit-il. Il me faut étudier les comptes et revoir les taxes touchées par la colonie jusqu'au séisme. Ainsi nous pourrons retrouver les différents biens de la colonie.

Les magistrats ne peuvent que s'incliner même si, au fond de lui, chacun est contrarié de ne pouvoir rester et observer la méthode de travail de Suedius Clemens.

Cette dernière se révèle efficace. À l'évidence, le tribun a une grande habitude des terres usurpées et des biens détournés. La précision des registres tenus par Caecilius Jucundus facilite son travail. Il pointe successivement toutes les fermes environnantes qui ont payé le patritum et l'avitum jusqu'à la catastrophe. Elles sont nombreuses. Les fouleries ne le sont pas moins. Patiemment, le tribun dicte à deux commis les noms de chaque bien qu'il recense. La liste s'allonge au fil des heures. Quelquefois le tribun demande un complément d'information à Jucundus. Celui-ci répond d'une voix faible. Ses renseignements sont toujours concis, et le tribun fait d'instinct confiance à cet homme diminué par les événements. Vicario l'observe avec attention.

– Ce que tu fais là, j'ai essayé de l'accomplir plusieurs fois, dit-il.

– Tu n'as pas besoin de te justifier, Vicario, je te crois sans peine. Les tâches entreprises dans la ville parlent pour toi, répond le tribun sans lever les yeux de son travail.

Vicario n'a pas entendu. Il insiste :

– Je suis allé voir un à un ces usurpateurs. Et je n'ai jamais rien pu obtenir.

Cette fois-ci, Suedius Clemens lève les yeux, étonné :

– Un ancien duumvir, Marius Rufus, m'a pourtant dit que Jucundus refusait d'ouvrir ses registres de comptes. Comment as-tu fait pour recenser ces biens ?

– Je ne lui ai rien présenté, intervient alors Jucundus. (Il est sur la défensive.) Je sais très bien que je ne dépends que du questeur. J'ai bien voulu prêter mon aide à Vicario, confirmant ou infirmant ses soupçons sur tel ou tel domaine. Mais c'est tout.

Sa soudaine vivacité surprend le tribun.

– Je ne te fais aucun reproche, dit-il. Bien qu'en de pareilles circonstances, tu aurais pu te montrer moins rigoureux.

– L'ordre est garant de la stabilité de l'empire, rétorque le banquier. Je m'y suis raccroché pour ne pas sombrer dans le chaos.

Il roule de drôles d'yeux affolés

– Si l'empereur avait tout de suite dépêché un homme tel que toi, Jucundus aurait ouvert ses registres et nous n'en serions pas là, rappelle Vicario.

Il échange un regard furtif avec le banquier.

– Laissons cela, dit le tribun.

Il ne veut surtout pas entrer dans la polémique. Il a déjà eu l'occasion d'apprécier la grande susceptibilité des habitants sur le sujet. Le désintérêt de Néron, tempéré par Poppée qui a obtenu la levée de l'interdiction des jeux, est encore présent dans toutes les mémoires. Depuis son arrivée dans la ville, Suedius Clemens perçoit à son égard une foule de sentiments différents. On lui sait à la fois gré d'être là et on lui en veut de ne pas être venu plus tôt. Comment faire comprendre qu'il n'y est pour rien, n'ayant appris les démêlés de Pompéi qu'avec la mission confiée par Vespasianus ?

Il se tourne vers Suedius Vicario.

– En frappant à chaque porte pour récupérer l'argent de la colonie, tu n'avais pas choisi la bonne méthode, explique-t-il en mesurant ses propos.

Il ne s'agit pas de vexer le seul magistrat qui lui est acquis depuis le début.

– Mais tu ne pouvais le savoir. Il ne faut pas dialoguer avec ces gens-là, mais les faire plier par la peur. Le recensement de tous les biens de la colonie me prendra du temps, beaucoup de temps. Mais j'y parviendrai. Et lorsque ce sera fini, je ferai placarder sur les murs de la ville la liste définitive. Tous seront contraints de venir se présenter à moi dans un délai d'une semaine. Je ne les châtierai pas. Ils seront déjà bien assez punis par la peur qu'ils vont ressentir entre la lecture de la liste et leur comparution devant moi. Mais ils devront immédiatement payer l'avitum et le patritum dus depuis la catastrophe. Ceux qui ne le pourront pas iront en prison.

– Excellente initiative, approuve Jucundus, la voix soudain raffermie.

– Bien que je sois très attaché au respect de l'ordre, dit Vicario, je ne partage pas cette façon d'agir.

Le tribun lève un sourcil, surpris de cette remarque.

– Je reconnais que parmi les usurpateurs il existe des gens riches qui n'auront pas de mal à payer, dit le premier magistrat. Mais il y a aussi beaucoup de personnes modestes que la catastrophe a ruinées, et qui ont surtout vu dans le non-paiement des impôts municipaux l'occasion de survivre.

– Ils se sont mis hors la loi, réplique Suedius Clemens, ils doivent en payer le prix.

– Ils se sont mis hors la loi par nécessité, corrige Vicario.

Jucundus tente de l'interrompre, mais il lui intime l'ordre de se taire d'un vigoureux signe de la main.

– Dois-je te rappeler encore que nous avons été abandonnés de tous, et qu'au plus fort de notre désespoir, nous n'avons reçu qu'un message de l'empereur Néron nous incitant à quitter définitivement la ville ? Avec de tels encouragements, la population s'est débrouillée comme elle a pu. Je ne doute pas qu'il y ait d'authentiques filous parmi ceux qui ont lésé la colonie. Mais je pense que Rome serait magnanime si elle voulait bien considérer quelques cas en particulier.

– Il est inutile de me rappeler à tout moment la réaction de Néron à l'annonce des malheurs de la ville ! s'exclame avec colère le tribun. Je sais tout cela à la perfection. Mais Néron n'est plus et Vespasianus aujourd'hui daigne s'intéresser à votre ville. As-tu seulement conscience que tu es en train de donner des conseils à celui qui le représente ici ?

Jucundus a reculé, effrayé de ce brusque accès de violence. Mais le premier magistrat de la ville ne se démonte pas.

– Je me suis permis sans doute quelque liberté à exprimer ainsi ma pensée. Mais je suis sûr que Jucundus partage cette opinion.

Il se tourne vers le banquier et quête d'un mouvement de menton autoritaire son assentiment. L'autre hoche la tête.

Suedius Clemens s'absorbe dans la liste qu'ont dressée ses commis. Il tente de calmer les soubresauts de colère qui s'agitent en lui.

– Je ne vois là que des fermiers et des industriels dont les revenus doivent être confortables, observe-t-il d'une voix calme.

– Ils l'étaient certainement avant le séisme, dit Vicario.

– Les exploitations sont de bonne taille, dit encore le tribun.

– Tu sais comme nous que des troupeaux entiers ont été décimés. Qu'est-ce que rapporte une terre sans bétail pour y brouter ? souligne Jucundus de sa voix fatiguée.

Malgré lui, le tribun est touché par les arguments des deux hommes. Le premier, visiblement opulent s'il se réfère au couvert somptueux prêté à l'occasion de la cena, l'étonne par son humanisme. Le second, si marqué par les stigmates de son agression, le frappe par sa bonne volonté. Tous deux se sont dévoués corps et âme à leur ville. Il décide de leur donner une chance.

– Soit, tu me guideras au cas par cas, dit-il à Vicario. Je ne trancherai pas sans avoir au préalable demandé ton avis. Même si je persiste à penser que la majorité des cas est l'illustration d'un vol concerté des biens de la colonie. Terminons maintenant cette liste.

L'ampleur du travail va dépasser les pronostics du tribun ; il faut répertorier les biens, le nom de ceux qui les exploitent pour s'assurer que ce sont bien eux qui les gèrent encore, l'état actuel et l'éventuel changement d'affectation. Chaque habitant reçoit la visite d'un commis du tribun, si ce n'est celui-ci en personne. Les questions posées sont précises, et les réponses notées méthodiquement. Certains domaines agricoles, ruinés, ont loué une partie de leurs locaux à des industries telles que celle de la laine. Cela représente un investissement important, tant par l'importance du cheptel ovin que par les installations nécessaires au traitement de la laine : la *radix lanaria*[6], par exemple, ne peut être installée sans autorisation préalable. Le nombre des fermes répertoriées dans le livre de Jucundus, très nombreuses, ne correspond plus à la réalité du terrain. Vicario comme Jucundus doivent le reconnaître en écoutant le commis du tribun réciter la longue liste des domaines agricoles. Il est clair que bon nombre de domaines de la colonie ont changé d'activité sans que les autorités municipales n'en aient été informées officiellement Et pour cause, puisque le cadastre n'est pas reconstitué. Avec sa reconstitution, le montant de l'avitum et du patritum va augmenter, compte tenu des nouvelles activités répertoriées. Pompéi va engranger une jolie somme qui lui sera précieuse pour relancer son économie.

Une ambiance étrange s'installe alors dans la ville. Chacun se regarde d'un œil méfiant. En fait tout le monde connaît les contrevenants, sans avoir jamais osé leur adresser la moindre remarque. Maintenant que le tribun a pris les choses en main, les langues commencent à se délier. C'est sans doute cette atmosphère très lourde qui a raison des plus réfractaires. Ils ne peuvent sortir de chez eux sans être dévisagés, parfois même insultés. La méthode de Suedius Clemens a le mérite d'être efficace, même si elle ne contribue pas à renforcer la cohésion de la colonie. Il a dressé les « bons » habitants contre les « mauvais ». Le bruit court néanmoins que Suedius Vicario a insisté pour qu'il fasse preuve d'indulgence envers ceux qui ont fraudé pour survivre.

Enfin, la liste complète est achevée. Elle aura nécessité trois ans de travail long et minutieux. À la voir si fournie, on se prend à reconsidérer la richesse de la colonie. Certes Pompéi n'est qu'une grosse bourgade de province. Mais l'importance de ses domaines, de ses industries et de ses activités portuaires en a fait autrefois la première ville de Campanie. C'est cette place qu'il lui faut reconquérir à présent

Aux calendes de février de l'an 831[7], les Pompéiens voient fleurir sur les murs de la ville des slogans inédits. Tous les dealbator de la ville ont été réquisitionnés, pour leur plus grande satisfaction. Eux dont l'activité dépend essentiellement des élections du duumvirat et de l'édilité aux calendes de juillet ont enfin une autre mission. L'arrivée de Suedius Clemens est en ce sens considérée comme une véritable aubaine. Mais la majeure partie des habitants se réjouit aussi de sa présence. Des graffitis sauvages célèbrent « ce très saint juge » sur les murs. Les premières effigies de l'empereur apparaissent sur le temple des lares publics. On l'honore avec une reconnaissance débordante. Personne ne sait encore ce qui va ressortir de la vaste enquête cadastrale menée par Suedius Clemens : le texte dicté par le tribun aux dealbator demande aux propriétaires ayant usurpé des biens urbains, tout comme aux exploitants ne payant plus leurs impôts, de se faire connaître du tribun dans un délai d'une semaine. Il considérera leur présentation spontanée comme une preuve de bonne volonté. En revanche, ceux qui ne répondront pas à l'appel seront jugés avec beaucoup plus de sévérité.

Labius ne se sent guère concerné par le vaste chantier lancé par le tribun. Il est propriétaire à soixante-dix pour cent de l'atelier qu'il partage avec Clefus et son acte de propriété stipule en toutes lettres qu'il appartenait avant à la famille des Istadii. Néanmoins, à cause de cette suspicion générale qui a gagné l'ensemble de la ville, il a hâte que la réorganisation du cadastre s'achève.

Pour l'heure, la cour effrénée qu'il fait à Romula Popidia l'accapare. Autour de lui, on sourit de son empressement. Les ragots vont bon train sur sa tentative de reconquête. L'ensemble de la classe patricienne n'a rien perdu de ses volte-face. Il a renié Romula puis l'assiège à nouveau. On ne lui épargne pas les moqueries les plus vives. Mais emporté comme il l'est par sa passion, il n'y prête pas garde. Personne n'oserait par ailleurs plaisanter ouvertement devant lui. Il court chaque soir chez la jeune femme, les bras toujours chargés de cadeaux. Il est rarement seul, et si par hasard cela arrive, Romula se débrouille pour instaurer une certaine distance qui le glace. Il finirait par se décourager si elle ne continuait à accepter ses visites et ses présents. Il interprète cela comme un signe positif qui lui donne l'entrain suffisant pour revenir le lendemain. Son regret principal est de ne pouvoir bénéficier de ses confidences. Elle lui a fermé la porte de son jardin secret, et jamais il n'en a autant souffert que ce soir. Arrivé plus tôt que d'habitude, il croise un cavalier inconnu dans l'atrium. Il est assis sur un coffre, le vêtement fatigué et poussiéreux. Les deux hommes échangent un salut, suffisant pour que Labius catalogue l'inconnu dans le rang des serviles. Lorsque Romula paraît, suivie d'Ignatia portant plusieurs paquets bien enveloppés, elle a un froncement de sourcils. Elle lui demande d'entrer dans l'œcus et il ressent avec contrariété que sa présence gêne. Bien qu'elle ne lui donne aucune explication, il devine que l'homme doit être l'un des messagers de ces savants romains qu'elle côtoyait autrefois, l'un de ceux avec qui pourtant elle a officiellement rompu tout commerce, suivant les conseils de Vicario. Au fond de lui, Labius se trouve satisfait de cette preuve de son anticonformisme. Elle n'a donc pas cédé, sinon pour donner le change. Un peu plus tard, lorsqu'elle le rejoint dans l'œcus, elle se contente de répondre par des sourires à ses questions, et il mesure tout le chemin qu'il lui reste encore à parcourir pour retrouver sa confiance. Ce soir-là, le découragement l'envahit ; il repart avec tristesse.

Derrière lui, Romula congédie tout le monde. Elle descend d'un pas léger jusqu'à son atelier où, quelques heures auparavant, elle a déposé les tablettes apportées par le coursier. Tant d'années qu'elle n'a plus de nouvelles du savant Ergolus Ergocus ! Tant d'années qu'elle se terre comme un animal menacé, sous la protection du premier magistrat de la ville. Tant d'années qu'elle tait son mépris pour le culte stupide du monstre Minas, eu égard à Vicario qui s'est montré si bienveillant pour elle. La porte de l'atelier s'ouvre sans un bruit. Elle se glisse à l'intérieur, respire avec délices l'odeur particulière qui y règne, s'assoit devant sa table de travail et s'empare des tablettes. Ergolus a bien reçu son dernier paquet. Pour lui il n'y a rien de nouveau dans ce qu'elle lui a envoyé. Les échantillons ne trahissent pas de changement notable. Elle repose les tablettes, heureuse. Ce premier échange de correspondance l'emplit d'exaltation. Elle a enfin l'impression de revivre. Elle se demande déjà comment elle pourra recueillir d'autres éléments sans attirer l'attention des habitants de la ville. Pour les premiers échantillons, elle a envoyé le second esclave qui l'accompagnait dans ses expéditions. Personne ne lui a accordé d'intérêt. Il est monté sur le Vesuvius par le chemin habituel, en prenant garde de ne pas croiser les agriculteurs qui travaillent leurs vignes et leurs oliveraies. Le récit de sa journée a bouleversé Romula. L'envie la tenaille d'y aller elle-même. Mais la peur des représailles est encore forte : elle ne veut plus entendre la voix nasillarde de celui qui l'a agressée lui annoncer d'autres catastrophes. Elle se relève, arpente avec lenteur son domaine, le sourire aux lèvres. Par Isis, qu'elle s'y sent bien ! Ses yeux tombent sur un croquis de Labius. C'est l'un de ses derniers présents. Il la représente, élégante silhouette aux cheveux bruns ondulés relevés en chignon. C'est une esquisse. Il lui a promis une vraie peinture sur l'un de ses murs, lorsqu'il terminerait un chantier. Mais elle sait déjà qu'elle ne l'aura jamais. Leur séparation a mis au jour beaucoup de vérités qu'elle ne voyait pas autrefois. Amoureuse de son corps et de son talent, elle avait occulté tout ce côté superficiel et égoïste propre aux artistes à la mode. Elle ne veut pas revenir sur la souffrance de son abandon, sur l'absence totale de nouvelles, malgré ce brusque revirement qui l'a ramené auprès d'elle, chaque soir. Son attirance pour lui n'a pas changé ; elle le trouverait même plus séduisant encore avec les premiers signes du temps qui marquent ses tempes. Mais la désillusion l'empêche de répondre spontanément à ses avances. Elle a eu trop de mal, trop de chagrin. Et elle sait que ce ne sont pas tant le secret de ses émotions qu'il recherche que la chaleur de sa couche.

En ville, les Pompéiens voient avec surprise les vertigal urinae faire leur apparition au coin des rues. On les regarde avec ironie. Le premier qui ose s'en servir déclenche un véritable incident. Moqueurs, deux hommes urinent en même temps que lui, mais contre le mur. Dans l'attroupement qui s'est créé, les rires gras et les bons mots fusent : l'invention de l'empereur fait l'unanimité contre lui. Mis au courant, Suedius Clemens ne prend pas l'affaire à la légère. Les deux plaisantins sont immédiatement arrêtés et conduits en prison. La nouvelle se répand : désormais il ne fait pas bon uriner ailleurs que dans les amphores prévues à cet effet.

Les Pompéiens ont cependant du mal à se plier à cette innovation. Il n'est pas rare de voir un passant commencer sa petite affaire contre un mur, et la terminer dans la précipitation dans l'une des amphores de Vespasianus. Si leurs habitudes ne sont pas encore rodées, Suedius Clemens a en revanche bien organisé la récolte. Les amphores sont vidées régulièrement et le contenu vendu à ceux qui en ont besoin. Les foulons, les tanneurs, tous ceux qui travaillent le tissu et la peau s'en portent acquéreurs.

La dextérité dont a fait preuve le tribun dans l'installation des vertigal urinae se retrouve dans le règlement du cadastre municipal. Le succès est total. Ses annonces sur les murs de la ville ont semé l'effroi dans le clan des fraudeurs. Des dizaines d'entre eux se sont présentés spontanément. On murmure qu'il a déjà récupéré plus de cent mille sesterces. Heureusement Suedius Vicario veille, attentif à protéger de son avidité les petits fermiers ruinés.

Il en fait un point d'honneur, sous l'œil accablé de Jucundus. Les paysans défilent dans la basilique, jetant des regards implorants vers leur premier magistrat : tous ont appris qu'il s'employait à les protéger. Mais son intervention ne suffit pas toujours, et la mauvaise foi de certains met parfois Vicario dans une situation embarrassante. La prestation de ce petit fermier, locataire de la colonie depuis plus de trente ans, n'a pu faire plier le tribun, qui l'écoute d'un air goguenard. Il a eu, jure-t-il, l'esprit troublé par le tremblement de terre ; ce trouble lui a fait oublier de payer depuis. Son visage rougi par le froid et le soleil, ses grosses mains calleuses et son dos voûté parlent pour lui. Il est presque convaincant. Mais le visage fermé de Suedius Clemens n'augure rien de bon.

– Tu oublies que nous sommes en Campanie, le grenier de l'empire, lance-t-il. Ta démonstration ne suit pas. Ici, vous faites une récolte de plus [8] que dans les autres régions de l'empire. Comment peux-tu affirmer être ruiné ?

– Les semences me coûtent un argent que je n'ai plus.

– Alors comment fais-tu pour planter autant de champs ?

– Certains se portent à mon secours en me donnant le trop-plein de leurs semences.

– Ne te moque pas de moi, tonne le tribun. Depuis quand les agriculteurs s'offrent-ils des semences entre eux ? Je veux bien oublier les deux premières années, compte tenu des difficultés générales à reprendre le dessus. Mais tu paieras les suivantes !

Vicario se garde d'intervenir. L'homme a sans doute trop exagéré pour qu'il puisse espérer rattraper sa maladresse. Il a d'ailleurs déjà sorti de sa poche des pièces brillantes qu'il compte devant la table de Clemens. Visiblement, il ne croyait pas lui-même en sa piètre défense.

Suedius Clemens s'est tourné vers Vicario :

– Celui-ci a trompé la colonie en pleine connaissance de cause.

Vicario approuve. Il guette déjà de l'œil le fermier suivant, un homme âgé, qui avance bien droit devant le tribun, s'incline, donne son nom et l'adresse de son exploitation. Vicario s'est rapproché du tribun :

– Celui-là est un grand fourbe, murmure-t-il. Je suis venu plusieurs fois le voir et il n'a jamais voulu reconnaître ses liens avec la colonie.

L'homme s'est lancé dans une explication laborieuse et confuse. Il semble inquiet et ne cesse de jeter des regards anxieux autour de lui. Il reconnaît volontiers la visite de Vicario, mais affirme avec une tranquille assurance s'être acquitté à chaque fois de la somme qui lui était réclamée. Le tribun exige de voir les registres. Rien n'indique un quelconque paiement du fermier à la colonie. Jucundus secoue la tête : tout cela n'est que mensonge. Suedius Clemens lui demande alors combien il a payé. L'autre s'emmêle sur le montant exact ; il parle d'abord de sommes élevées, puis se reprend, confus. Sa gêne manifeste achève de semer le trouble sur l'ensemble de sa déposition. Le tribun est outré de tant de mauvaise foi.

– Tu paieras tout sans attendre. Si tu ne le peux pas, ton bail sera annulé.

Le fermier ne cherche même pas à discuter. Ses épaules droites se sont brusquement affaissées, comme s'il se savait vaincu d'avance. Il repart, le pas traînant, et derrière lui Vicario secoue la tête, navré de tant de fausseté.

Le rythme soutenu mené par le tribun a bientôt raison des dernières difficultés du cadastre. Le conseil de la ville, réuni quatre mois plus tard à la basilique, n'en revient pas de voir l'affaire si vite réglée. Suedius Clemens est assis au centre, les nouveaux rouleaux du cadastre devant lui. À ses côtés se tient Vicario, les traits tirés. Il a tenu jusqu'au bout à assister à la comparution des fermiers de la colonie, n'hésitant pas à en défendre avec vigueur certains, tandis qu'au contraire il en pourfendait d'autres. Plus d'une fois, les commis de Suedius Clemens ont cru que ce dernier allait se fâcher. Mais il a gardé son calme, faisant noter scrupuleusement les interventions de chacun. Le banquier

Jucundus, évidemment d'astreinte en sa qualité de fermier des impôts municipaux, est devenu plus maladif encore. Il est temps que l'opération se termine afin qu'il puisse présenter sa démission. Il n'est à l'évidence plus en mesure d'exercer sa fonction. Ses seules sorties jusqu'à l'arrivée du tribun étaient réservées au culte de Minas. Les longues séances à la basilique l'ont épuisé au-delà de ses forces. Si aujourd'hui Suedius Clemens a demandé une tenue exceptionnelle du conseil, c'est pour présenter le cadastre reconstitué de la colonie et la suite qu'il entend lui donner. Son intervention courte et précise satisfait les membres du conseil, dont Marius Rufus. À observer Vicario de profil, la tête appuyée sur sa main droite, le vieillissement du premier magistrat de la ville lui saute aux yeux. Tôt ou tard, il devra se retirer de la vie publique. Et Marius se prend à rêver : la place sera libre et, pourquoi pas, disponible pour lui. Le ton ferme du tribun brouille brusquement ses songes. La mine stupéfaite de ses voisins l'inquiète d'un coup. Il se penche, attentif. Il n'en croit pas ses oreilles. Le tribun est en train de parler du meurtre du questeur Mortemus.

– Cette affaire non élucidée va à l'encontre de la gloire de Rome, dit-il. La réception d'un rapport anonyme la veille de mon départ pour votre cité a provoqué ma curiosité. Je n'ai pas voulu me pencher sérieusement dessus avant de régler la question du cadastre pour laquelle Vespasianus m'a envoyé. Mais en accord avec lui, je souhaite apporter une conclusion décente au meurtre d'un magistrat de l'empire. J'ai maintenant tout le temps nécessaire pour y parvenir. Je vous serai gré de bien vouloir me communiquer toutes les informations que vous auriez pu relever à l'occasion de cette affaire. L'enquête est officiellement rouverte.

Un silence sidéré accueille la fin de sa diatribe. Il regarde calmement autour de lui, guettant les réactions des uns et des autres. Mais il n'y en a pas. L'annonce est si inattendue que personne ne sait quoi dire. Vicario lui-même a l'air étonné. Il ne devait pas être dans la confidence. Quant à Jucundus, il est devenu plus blanc que ce qu'il était déjà. Il est agité de tremblements incontrôlés, et Vicario doit lui poser une main apaisante sur le bras pour qu'il parvienne à reprendre la maîtrise de lui-même.

– Bien, dit Suedius Clemens, après un dernier regard à la ronde. Je ne vous retiens pas davantage. Nous aurons l'occasion de nous revoir prochainement.

Dans un bruit sourd, les magistrats se lèvent avec peine, encore sous le choc de l'annonce. Les fins de séance habituellement si bruyantes contrastent avec le silence consterné qui habite chacun des membres du conseil. Ils gagnent la sortie à pas lents, chuchotant les uns avec les autres. Marius suit, littéralement accablé. Les idées se bousculent sans qu'il parvienne à se fixer sur l'une d'elles. L'inéluctable est arrivé : l'enquête reprend, et il n'a aucun élément pour l'orienter dans un sens ou dans un autre. Il faut qu'il voie Labius pour le mettre au courant.

Le peintre n'est pas à son atelier ; il est sur un chantier au bout de la ville. La route est longue et chaude. Pourtant Marius n'hésite pas.

En arrivant devant la maison, il a la surprise de croiser l'un des commis du tribun. L'autre le salue avec respect avant de reprendre d'un pas vif la direction du centre de la ville. Le maître des lieux, Manuelus Costus, l'accueille avec étonnement :

– Je ne t'ai pas vu ici depuis longtemps, s'écrie-t-il. Est-ce moi ou le peintre Labius que tu viens voir ? Il semble que ma demeure soit devenue son nouveau lieu de rendez-vous. Un commis du tribun vient de quitter la place après lui avoir remis un message.

– C'est bien Labius qui a dicté ma venue jusqu'ici, reconnaît Marius, gêné.

– Alors va ! Il est dans l'œcus.

Labius est en train de tancer l'un de ses assistants lorsque Marius entre dans la pièce. L'irruption de l'ancien duumvir le surprend.

– Tu cherches Manuelus Costus ? demande-t-il d'une voix courroucée. (Il n'aime pas être dérangé.) Tu le trouveras dans l'atrium !

– C'est toi que je viens voir.

Labius le regarde avec surprise.

– Moi ? Et que veux-tu donc ?

– Je te le dirai seul à seul.

Après un bref moment d'hésitation, Labius le rejoint dans le jardin. En quelques mots, Marius le met au courant des derniers propos du tribun. Le peintre a pâli. La nouvelle le bouleverse autant que l'ancien duumvir tout à l'heure.

– Serait-ce pour cette raison que le tribun a manifesté l'envie de me rendre visite demain à mon atelier ? se demande-t-il à voix haute.

– Cela n'a sans doute rien à voir, dit Marius. Et quand bien même il voudrait aborder le sujet, tu n'as rien à lui confier. Écoute surtout ce qu'il a à te dire. Il n'est pas homme à tenir des propos inconsidérés. S'il veut obtenir quelque chose de toi, il te le fera savoir très vite. N'oublie pas que nous avons conclu alliance pour défendre Romula. Le moment est venu d'unir nos forces si elle doit être à nouveau soupçonnée. Peut-être en sauras-tu davantage demain. Dans ce cas, tiens-moi au courant.

– A-t-il dit d'où venait ce rapport anonyme ? interroge encore le peintre.

– Il n'a rien dit. Sa visite dans ton atelier est une aubaine pour nous. Peut-être a-t-il une autre piste que nous ignorons. Et retrouvons-nous demain soir pour en parler.

Le peintre mord ses lèvres avec nervosité.

– J'admire ta combativité. Moi, je pensais cette histoire terminée depuis long...

Il s'interrompt brusquement. Il vient de se rappeler la première visite du tribun à son atelier, et ses questions étranges sur la mort du questeur. Il secoue la tête, résigné.

– Cela ne m'étonne pas. Déjà, au lendemain de son arrivée, il me parlait de ce questeur. J'aurais dû m'en douter.

Le lendemain matin, le tribun se présente à l'heure convenue devant l'atelier de Labius, souriant et affable. L'un de ses commis le suit, chargé d'une tablette et d'un stylet, comme s'il voulait prendre des notes. De son côté, Labius a réuni tous ses assistants. Ils sont impatients de rencontrer l'homme que tous les murs de la ville célèbrent. Suedius Clemens se montre charmant. Il s'intéresse à chacun, prenant soin de distinguer sa spécialité de l'ensemble du groupe. Labius devine à leur air flatté que l'homme les a conquis. Lui reste sur ses gardes. Il a compris que Suedius Clemens voulait des informations. Une simple visite amicale ne justifierait pas la présence de son commis.

Suedius Clemens ne s'encombre pas de manières. Après avoir pris le temps d'honorer chacun des membres de l'atelier, il se tourne vers Labius et lui demande distinctement une audience privée. Aux yeux de ses assistants, Labius a le beau rôle. Il est celui à qui le tribun de Vespasianus vient implorer une entrevue. Nul doute qu'ils s'en glorifieront auprès de ceux qu'ils vont rencontrer. Seul Labius, étrangement calme et lucide, admire le jeu du tribun.

Le dernier des peintres s'est à peine retiré que Suedius Clemens aborde sans digression le sujet qui l'amène :

– J'ai un dossier très complet sur l'affaire du questeur assassiné. Si complet que je n'ai plus qu'à arrêter le coupable.

Labius reste muet. Il a noté le masculin à propos du coupable. Suedius Clemens aurait-il été aiguillé sur une autre piste que celle de Romula, ainsi que l'espérait Marius ?

Devant son silence, le tribun ne dit rien non plus. Puis au bout de quelques minutes, il reprend la parole. Ses mots résonnent étrangement dans l'atelier vide, tandis que le stylet de son assistant court sur la cire molle.

– Si je viens te voir, c'est parce que tu as été très proche de ce coupable, et que tu l'as quitté au lendemain du meurtre. Je parle de Romula Popidia, bien sûr.

Bien sûr. Étrangement, Labius se sent presque soulagé. Maintenant il sait de quoi il retourne. Marius et lui vont enfin pouvoir mener une offensive digne de ce nom.

– J'ai vécu avec elle quelques années durant, dit il. Je l'ai quittée par couardise. Parce que je craignais pour la réputation de mon atelier. Aujourd'hui je sais que je me suis trompé.

– Et c'est pour cela que tu tentes de la reconquérir.

– C'est pour cela, oui.

Il regarde le commis qui grave avec application sur sa tablette.

– On m'a parlé d'une enquête que tu mènerais avec Marius Rufus sur les circonstances de ce meurtre.

Labius sursaute. Qui pouvait être au courant de leurs recherches ?

– Vous êtes décidés à prouver son innocence, n'est-ce pas ? Je suis curieux d'entendre vos arguments. Car la seule piste valable reste celle de Romula Popidia.

– Elle ne me paraît pas étayée de preuves suffisantes, répond-il très vite.

– Pourtant tous les indices concordent : les deux hommes impliqués étaient de sa maison.

Labius est stupéfait de sa bonne connaissance du dossier.

– Il y en avait un qu'elle ne connaissait même pas ! coupe-t-il.

– Admets avec moi que l'argument est faible, dit Suedius Clemens. Les deux hommes sont de sa maison, elle en a caché un dans ses appartements privés pour le soustraire à la justice ; elle professe haut et fort ses sentiments contre Rome.

– C'est une femme qui parle à tort et à travers, proteste Labius.

Il s'en veut aussitôt de ce portrait auquel il ne croit pas.

– Comme beaucoup d'autres, enchaîne le tribun. Je connais cela. Mais c'est un grand nombre de coïncidences pour une seule personne. Le rapport que j'ai reçu avant de partir est éloquent.

– Le rapport du consul suffect venu ici après le meurtre concluait pourtant à l'innocence de Romula Popidia.

Le tribun secoue la tête.

– Celui-ci n'est jamais parvenu jusqu'à Rome. Sans doute les troubles qu'a connus l'empire ont-ils contribué à sa perte. C'est d'un autre dont je parle. Un rapport extrêmement précis et détaillé que j'ai reçu la veille de mon départ. Et il n'était pas signé.

Il se rapproche de Labius, comme s'il ne souhaitait pas que son commis entende.

– Ma démarche aujourd'hui est d'abord amicale, dit-il. Les éléments de votre enquête m'intéressent. Communique-les-moi, et je pourrai ainsi les ajouter au dossier.

– Dois-je comprendre par ces mots que tu ne places pas d'emblée Romula Popidia au rang de coupable ? interroge le peintre.

– Non. (La réponse est sèche.) Tu dois surtout comprendre que le tribun de Vespasianus juge sur des faits, et non sur un simple rapport. Si tu as des éléments pour innocenter la principale suspecte, il t'appartient de me les faire connaître. Sinon ma sentence ne devra pas t'étonner.

Sur ces mots, il s'incline et se retire si rapidement que le commis, surpris, range avec précipitation sa tablette, son stylet et s'élance à sa suite. Labius reste encore quelques instants pétrifié à regarder l'endroit où le tribun s'est tenu. Puis il se laisse tomber sur un tabouret et passe sa main dans ses cheveux. Il ne sent aucune animosité particulière chez Suedius Clemens. Le tribun a à cœur de trouver le coupable, pour la bonne marche de l'empire. Il ne mène aucune bataille personnelle contre Romula Popidia ou qui que ce soit de suspect dans la ville. Il veut connaître la vérité. Et rien ne l'arrêtera dans sa quête.

Le soir même, le peintre s'enveloppe dans une palla sombre et part rejoindre Marius Rufus au lieu-dit des Arabesques, à l'écart des grandes voies fréquentées de Pompéi. Pour la première fois depuis sa tentative de reconquête de Romula, il n'ira pas la saluer ce soir. Seulement à la pensée qu'il tente de la sauver des griffes du tribun, son cœur se gonfle de fierté et de tendresse. Il marche vite, anxieux de croiser une connaissance ou de révéler sa présence dans ces lieux inhabituels.

Bientôt il s'approche du magasin d'étoffes que lui a indiqué Marius. Le rendez-vous a lieu dans l'arrière-boutique. Le commerce appartient à l'ancien duumvir. Il est tenu par l'un de ses affranchis qui fait un signe discret au peintre. L'homme écarte le rideau qui sépare le magasin de l'arrière-boutique et le laisse passer. Marius est déjà là, assis sur l'un des tabourets grossiers qui meublent l'endroit. Autour de lui sont posés les uns sur les autres de nombreux rouleaux de tissus de laine, de coton et de soie. Le choix est restreint car le quartier, populaire, n'a guère les moyens de s'offrir les étoffes chatoyantes des patriciennes de la haute société.

– Entre vite ! dit Marius en se levant. Je me suis demandé si tu ne t'étais pas perdu en chemin.

Labius se découvre, soulagé d'être enfin arrivé. Il prend place en face de Marius, devant un tréteau de bois que l'ancien duumvir a débarrassé de la toise et des différents instruments de mesure dont se servent les vendeurs. Il est à peine assis que Marius le presse : il veut tout savoir de la visite du tribun. Sa connaissance de leur enquête le laisse aussi stupéfait que le peintre le matin même. Qui a pu connaître leur projet ? La question le tourmente tant et si bien que le peintre s'agace :

– Mais enfin ? Qu'est-ce que ça change ?

– Quelqu'un s'intéresse aussi à cette affaire, et qui est très bien renseigné. Nous n'en avions pourtant parlé à personne ! Romula est la seule devant qui j'ai évoqué notre enquête. Elle m'a aussitôt supplié d'y renoncer, sous prétexte qu'elle avait confié ses intérêts à quelqu'un d'autre. C'était Vicario. Elle a dû lui en parler un jour. Voilà sans doute comment tout cela est arrivé aux oreilles du tribun.

– Très bien, dit Labius. Seulement je ne vois pas en quoi cela nous aide à trouver des éléments en faveur de son innocence.

– Peut-être, mais pourquoi Vicario a-t-il parlé de notre enquête au tribun ?

– Pour défendre la cause de Romula. Ne s'est-il pas impliqué quand nous étions tous distants ?

La remarque est judicieuse. Vicario a en effet été le seul à fréquenter la jeune femme quand tout le monde lui tournait le dos. Sa présence ne s'est relâchée que lorsqu'elle a été à nouveau réinsérée dans la vie sociale pompéienne. Comment réagit-il en ce moment à l'annonce de la réouverture de l'enquête ? Marius revoit son mouvement de surprise quand le tribun a fait son annonce à la basilique.

– Il nous faut reprendre dès le début : qui en veut à Romula Popidia au point de désirer s'en débarrasser ? Du plus loin que je me souvienne, elle a toujours mené des recherches qui prêtaient à sourire. Ses théories sur le Vesuvius et sur l'origine du tremblement de terre n'ont fait qu'accentuer ces réactions. Mais il n'y a rien là qui puisse justifier une quelconque rancœur.

– C'est une rancœur qui tourne à la haine. Il y a quand même eu tentative de meurtre.

– Mais elle est récente. Elle a commencé après le tremblement de terre, dit Marius. Il faudrait imaginer un lien entre le séisme, Romula Popidia et un troisième personnage. Peut-être que la clef du mystère se trouve là.

– N'oublie pas ses propos contre Rome, ils peuvent être mal interprétés, ajoute Labius.

– C'est un genre qu'elle se donne. Il n'y a pas plus romaine qu'elle, crois-moi. J'ai eu le temps de bien la connaître.

Cette allusion à leur vie commune passée jette un froid. L'ancien époux et le nouvel amant se regardent, mal à l'aise.

– Pourquoi l'as-tu quittée ? demande finalement Labius.

Marius soupire, les épaules soudain affaissées. Il a du mal à trouver ses mots.

– Je ne l'ai pas quittée. C'est elle qui a voulu notre séparation. J'étais trop ambitieux, trop politique à son goût. Cette vie ne lui convenait pas.

Il n'ajoute rien de plus. Mais Labius devine un amour qui n'est pas éteint. Curieusement, sa jalousie maladive se dissipe : ce sentiment qu'ils partagent tous les deux les rend plus proches.

– Reprenons, dit-il. Si l'attitude provocante de Romula Popidia n'est pour rien dans ce qui arrive, qu'est-ce qu'elle a fait alors de nouveau après la catastrophe qui aurait pu contrarier quelqu'un ?

Marius est songeur. Il revoit les jours qui ont suivi le tremblement de terre. Les gens erraient, hagards, parmi les ruines pour essayer de reconnaître leur demeure ou de retrouver leurs proches. Des enfants abandonnés appelaient en pleurant leurs parents qui ne répondaient pas. On avait conçu une organisation pour les accueillir, dans l'attente désespérée que quelqu'un vienne les réclamer. Des bêtes devenues folles étaient abattues, tandis que d'autres, blessées, attendaient qu'on les achève. Les survivants éperdus avaient voulu implorer la protection des dieux. De petits autels dédiés aux Lares augustes et aux Lares publics apparaissaient entre les tentes de fortune et les décombres. Les Pompéiens s'y relayaient pour prier en silence. Dans l'urgence, on avait décidé des élections pour choisir celui qui assurerait la reconstruction de la ville. À Marius Rufus le conseil de la ville avait préféré Suedius Vicario, un homme plus vieux et plus expérimenté. Encore aujourd'hui, Marius ne peut se souvenir de cet échec sans avoir l'estomac noué. Jamais il ne s'était senti aussi humilié, lui qui donnait tout son temps et tout son or à la ville.

Sa maison épargnée par le tremblement de terre, Romula avait mis à la disposition des plus miséreux son jardin qu'elle avait recouvert d'un vélum. Elle n'avait plus le temps de courir la montagne à la recherche de minéraux. À bien réfléchir, c'était pendant cette période qu'on l'avait le moins remarquée.

– Je ne vois rien qui justifie une telle haine. Romula Popidia n'a jamais été aussi calme qu'après la catastrophe, dit-il en haussant les épaules.

En face de lui, Labius secoue la tête, dépité.

– Lorsque je l'ai rencontrée, je connaissais déjà ses recherches par Julia Felix, et (il sourit) ses protestations contre le culte de Minas. C'est même là qu'elle m'a emmené le premier jour de notre rencontre !

Ils soupirent tous les deux. Marius se lève tandis que Labius s'enveloppe dans sa palla. Il échange un salut avec l'ancien duumvir et s'éloigne dans la nuit.

Resté seul, Marius inspecte le magasin rangé avec soin par l'affranchi. Il caresse machinalement les tissus disposés sur le comptoir, songeur. Minas... Le culte était apparu après le tremblement de terre. Mais Romula s'en était aussitôt démarquée, avec une vigueur telle que lui-même y avait renoncé. Il frémit soudain. Quelques années auparavant, le premier magistrat l'avait encouragé à se ressaisir et à rejoindre les fidèles de Minas. Caius Puzzus avait même précisé qu'ils n'avaient jamais été aussi nombreux. À l'évidence, le culte de Minas a connu des hauts et des bas. Des hauts et des bas ! Seraient-ils liés à l'effacement de Romula Popidia ? Il faut qu'il en ait le cœur net.

Dès le lendemain, il se débrouille pour rencontrer le neveu de Vicario au thermopolium où il a ses habitudes. Caius Puzzus est seul, attablé devant un plat d'anchois marinés et une patère de vin. Il est encore mal réveillé et Marius décide d'en profiter pour lui extirper toutes les informations qu'il souhaite. Il n'a guère de mal. Flatté de sa compagnie, Caius Puzzus répond avec obligeance, quelquefois avec plus de détails encore que ne l'aurait imaginé Marius. Effectivement, le culte de Minas est en plein essor. Les adeptes se comptent par dizaines, et sont issus des hautes classes de Pompéi. À écouter Caius Puzzus, Vicario y consacre beaucoup de temps et d'énergie. L'argent des fidèles finance des cérémonies splendides qui ont lieu à des jours et à des heures différents. La régularité des offices du matin et du soir n'existe plus. Elle ne convenait pas à Minas. Ou, plus prosaïquement, elle décourageait l'assiduité des fidèles. Cela, Marius le découvre à demimot. Vicario a visiblement réorganisé le culte pour qu'il soit le plus efficace possible.

– Et Romula Popidia ? demande-t-il à brûle-pourpoint.

Il s'attend que la question étonne Puzzus. Mais c'est lui qui est surpris, car il ne manifeste rien. Il termine sa bouchée, boit une rasade de vin et sourit enfin.

– Elle a causé du souci à mon oncle. Mais c'est fini. Ils se sont arrangés.

– Arrangés ? Que veux-tu dire par là ?

Marius a parlé trop vivement et Caius Puzzus le regarde d'un air méfiant.

– Pourquoi me poses-tu toutes ces questions ?

Marius a enfin le sentiment d'avoir une piste sérieuse et, décidé à ne pas gâcher ses chances, il avance :

– J'ai abandonné le culte à cause d'elle. Tu m'as confié un jour que je n'étais pas le seul. Je me demandais si elle avait eu autant d'influence que cela.

Caius Puzzus hésite avant de répondre. Puis il hoche la tête :

– Ses propos ont causé du tort. Elle s'appuyait sur les écrits de savants connus. Les gens se sont laissé convaincre, comme toi.

– Et le culte est devenu moribond, n'est-ce pas ?

Cette fois-ci Caius Puzzus repousse son assiette et considère Marius avec mécontentement.

– Pourquoi ne vas-tu pas voir Romula Popidia directement, ou mon oncle ? Tu sauras ainsi tout ce que tu veux.

Marius comprend qu'il n'obtiendra rien de plus. Mais peu importe. Il est sur la bonne piste. Il prend congé de Caius Puzzus et d'un pas rapide se rend chez Romula Popidia.

Il est encore tôt et elle est toujours dans ses appartements privés. Il patiente dans l'atrium, ému de retrouver ce décor où il a vécu deux années. Romula paraît enfin. Elle a ramené ses cheveux en boucles sur le haut de sa tête, ce qui allonge son visage et fait ressortir ses yeux bruns. Il est frappé par les grands cernes violets qui creusent ses joues. En silence, elle lui fait signe d'entrer dans l'œcus où elle prend place sur l'un des lits. Sans lui laisser le temps d'expliquer l'objet de sa venue, elle prend la parole d'une voix lasse :

– Tu viens me parler de l'enquête du tribun, n'est-ce pas ? Tout le monde ne parle que de cela dès que j'ai le dos tourné.

– C'est effectivement le but de ma visite, reconnaît-il, presque déconcerté par sa franchise. Le tribun est en possession d'un dossier anonyme qui t'accable. Je venais quêter auprès de toi quelques renseignements pour ma propre enquête.

Elle se penche alors vers lui, soudain grave :

– Je vais te redire ce que je t'ai dit naguère, Marius. Ne te mêle pas de cela. Je suis bien défendue. Personne ne me condamnera.

Son assurance l'étonne. Il insiste.

– Je ne suis pas certain que tu aies bien conscience de ce qui se trame. Le tribun veut un coupable, et tu es la seule suspecte.

À ces mots elle se lève brusquement :

– Je sais tout cela, dit-elle avec véhémence, bien que cette perspective ne me procure guère de plaisir. Depuis le meurtre du questeur, je suis restée à escient discrète et éloignée du monde, autant pour me protéger que pour préserver mes proches. Que le tribun de Vespasianus vienne ainsi réveiller ce douloureux passé est une grande épreuve. Mais je suis innocente de ce crime. Celui que j'ai chargé de ma défense saura le prouver.

– Qui as-tu choisi pour cela ?

Il est piqué au vif qu'elle n'ait pas songé à lui.

– Vicario. Il est le seul à qui j'ai tout confié depuis le début. Il saura me défendre parce qu'il me sait innocente.

Il bondit :

– Je savais que Vicario était pour beaucoup dans ta réhabilitation au cœur de la vie sociale de notre ville. Mais que tu ailles jusqu'à lui confier ta défense me semble une folie. N'oublie pas qu'il va siéger aux côtés du tribun !

– Vicario me protège depuis le jour où je lui ai fait confiance, réplique-t-elle. Il a été le seul à me démontrer de la compassion quand tout le monde m'ignorait. Je ne peux l'oublier.

– Je suis venu moi aussi vers toi, rappelle-t-il.

– C'était trop tard. Et l'affaire est dangereuse. Vicario est le seul de taille à me défendre. Depuis qu'il s'occupe de moi, rien ne m'est arrivé.

Marius a un rire amer.

– Et pendant ce temps, le culte de Minas dont il est le grand prêtre prospère, alors que tu en avais fait ton cheval de bataille.

Elle le regarde avec une commisération qui lui fait mal.

– Quand on a connu la peur, on est prêt à certains compromis. C'est vrai, je ne proteste plus. Je reprendrai ce combat plus tard. Il m'importe plus aujourd'hui de poursuivre mes recherches et d'en prouver le bien-fondé.

Marius s'est levé. Sa voix vibre de rage et de déception :

– Tu es bien naïve si tu crois que Vicario seul peut te procurer la sécurité. Je redoute le pire pour toi mais je ne m'en mêlerai pas.

Il se retrouve dehors, la tête bourdonnante, terriblement mortifié d'avoir été évincé au profit de Vicario. Tant l'entêtement de Romula que les soupçons qu'il nourrit de plus en plus sur le désintéressement du premier magistrat le mettent hors de lui. Mais il ne s'en mêlera pas, il l'a promis. Il serait presque content de la voir condamnée, histoire de lui montrer combien elle a eu tort de ne pas lui faire confiance. La tête baissée, grommelant entre ses dents, il répond à peine aux saluts des passants, pressé de gagner l'atelier de Labius. Il arrive au mauvais moment. Labius s'apprête à quitter son atelier pour se rendre sur son chantier. Marius a déjà remarqué combien il était de méchante humeur quand on le dérangeait durant son travail. Mais cela lui importe peu. Il oblige le peintre à poser ses affaires et à s'installer pour l'écouter. Sa réaction le console quelque peu. Labius est consterné. Qu'elle refuse une seconde fois leur aide le blesse plus qu'il ne l'aurait imaginé. La première émotion passée, il a le même réflexe que Marius. Puisqu'elle ne veut rien d'eux, ils ne feront rien. Une même jalousie les tenaille : Vicario, ce magistrat ventripotent qui les a privés de sa confiance. Ils se séparent, profondément contrariés l'un comme l'autre.

Rentré chez lui, Marius ne peut empêcher le flot de ses réflexions. Il sent bien que son enquête n'est qu'un faisceau de présomptions qu'aucune preuve ne vient étayer. Il est prêt à accuser un homme qui, bien qu'il le haïsse cordialement, n'a aucune raison valable d'agir ainsi. Si détestable soit-il à ses yeux, Vicario a instauré ce culte secret pour sauver sa ville. Tout ce qu'il fait est dicté par la sauvegarde de Pompéi. Découragé, l'ancien duumvir se laisse aller sur la banquette, la tête posée sur ses bras.

Depuis l'annonce tonitruante de la réouverture de l'enquête par le tribun, toute la ville bruit d'informations contradictoires. Le tribun est devenu invisible. On le dit enfermé dans le nouveau tabularium, à la recherche d'éléments sur l'affaire Mortemus. Ni Labius ni Marius n'ont tenté de le voir pour en savoir davantage sur l'avancée de ses recherches. Marius a croisé une seule fois Vicario, fort occupé avec la réhabilitation du forum dont l'un des portiques n'a toujours pas été reconstruit depuis le séisme. Replié dans un coin éloigné de la place, il n'a pu détacher ses yeux de cet homme sur qui se concentre toute sa rancœur. La patiente chronologie du culte de Minas a renforcé sa première intuition. Il meurt d'envie de l'aborder et d'en connaître davantage sur ces fameux éléments qui vont innocenter Romula. Mais sa fierté blessée l'en empêche. Il continue son chemin, étonné que la vie se poursuive tranquillement alors que le sort de Romula Popidia risque d'être réglé pour toujours.

De son côté, Labius sent à nouveau peser sur lui des regards curieux, bien que les commandes continuent d'affluer. À la fois inquiet et blessé par l'attitude de Romula, il n'est plus retourné la saluer à l'heure de la cena. Il est las de ne jamais la voir seule, et découragé de ne pas progresser dans son intimité. Un soir pourtant, une envie irrépressible s'empare de lui. Tant pis si elle ne le considère pas. Lui, au moins, pourra toujours la contempler.

La fraîcheur du soir lui fait du bien. Les gens le saluent sur son passage tandis qu'il hâte le pas vers la maison de Romula. Le calme inhabituel qui entoure celle-ci l'étonne. Il a l'habitude d'être guetté par l'un des esclaves qui propose aux invités un linge d'eau fraîche pour les rafraîchir. Or personne n'attend devant la maison. Les alentours sont déserts et la lampe à huile qui brille le soir au-dessus du porche est éteinte. Il frappe la porte avec force. Il peut entendre l'écho se répercuter de pièce en pièce, mais pas un bruit de pas ne répond. Il essaie encore une fois. Rien. Il pousse alors la porte et entre dans l'atrium. Il a soudain un vague pressentiment qu'il ne peut définir. C'est alors qu'il voit les esclaves de Romula, blottis derrière les coffres, comme s'ils se cachaient de quelqu'un. La faible lueur procurée par une chandelle de suif accentue encore le côté fantastique de la scène. Tous roulent vers lui des yeux affolés. Il n'a pas le temps de parler que déjà Ignatia se précipite sur lui.

– On a arrêté la maîtresse, balbutie-t-elle.

Sur le moment, Labius ne comprend pas ce que ces mots signifient. Le calme de la demeure, l'ordre qui y règne et la douce odeur de parfum qui flotte encore dans les murs démentent l'absence de Romula. Les sanglots des autres esclaves résonnent étrangement dans la maison désertée.

– Des gardes sont venus arrêter la maîtresse, répète Ignatia entre deux hoquets. Beaucoup de gardes.

Les autres esclaves se sont rapprochés de lui.

– Nous allons être vendus au marché, murmure l'un d'eux. Le chef des gardes reviendra demain nous chercher. Il paraît que tous les biens de la maîtresse seront dispersés.

Il les regarde fixement, éberlué. Puis il rassemble peu à peu ses esprits et ne peut que constater les faits. Ils parlent d'eux-mêmes : Romula a été arrêtée, quand il s'y attendait le moins.

– Qui est venu, dis-tu ? demande-t-il à Ignatia.

– Des gardes, ceux de la ville et d'autres que je n'avais jamais vus.

L'esclave connaît intimement tous les soldats de Pompéi. Ceux qu'elle n'a pas reconnus doivent appartenir à l'escorte du tribun.

– Où l'ont-ils emmenée ?

Elle ne sait pas. Derrière elle, les esclaves se sont groupés et implorent du regard Labius. Le peintre peut lire dans leurs yeux l'angoisse du lendemain. Chez Romula ils sont soignés et estimés. Si demain on les envoie dans une *familia rustica*[9], leur vie basculera dans le mépris et la dureté des tâches quotidiennes.

La stupeur qui a envahi Labius cède la place à l'incompréhension. Que s'est-il passé pour que Suedius Clemens prenne soudainement une décision si brutale ?

– Le tribun était-il avec les gardes ?

Ignatia ne se souvient pas. Elle pleure tout en racontant l'irruption des soldats dans la villa, alors que Romula achevait sa toilette du soir. Le décurion lui a ordonné de les suivre dans l'instant. Elle n'a rien dit, juste un mot pour qu'Ignatia prépare quelques affaires dans un sac. L'esclave l'a vue s'éloigner sans comprendre. Ce n'est que lorsque le décurion est revenu sur ses pas pour lui ordonner de se tenir prête le lendemain que la gravité de ce qui venait de se passer s'est imposée à elle.

À travers ses mots malhabiles, Labius peut imaginer la scène. Il s'étonne lui-même de son calme, alors que le dégoût le submerge. Quelque chose de très nouveau s'installe en lui : une volonté sans faille de comprendre. Il doit voir le tribun immédiatement.

L'arrestation de Romula est passée inaperçue, sinon une foule de curieux aurait envahi la chaussée. Suedius Clemens a choisi le moment le plus propice pour procéder avec discrétion. La nouvelle ne sera connue que le lendemain, quand Romula Popidia sera déjà reléguée au fin fond d'un cachot de la prison municipale. Avant de voir le tribun, il doit prévenir Marius. Par chance, l'ancien duumvir, si mondain, est chez lui ce soir-là. Il est consterné. Et comme son épouse Octavia reste à ses côtés, curieuse d'en connaître davantage, il la met à la porte avec brusquerie. Déjà il a attrapé un vêtement et se précipite dehors.

– Tu as raison ! Allons tout de suite voir le tribun !

Ils ont d'abord commencé à courir, mais l'émotion leur coupe les jambes. Ils sont contraints de marcher sur les trottoirs étroits qui bordent la rue, le cœur battant.

– Je ne comprends pas ce qui s'est passé : Vicario avait tous les éléments pour la défendre, dit Labius d'une voix haletante.

– Vicario n'a fait que l'accabler ! J'en ai la certitude, répond Marius.

– Mais pourquoi ? Il n'y a aucune raison.

– Il y en a forcément une. Tout cela est lié au culte de Minas. (Il s'est arrêté et Labius manque de lui rentrer dedans.) Seul le mobile m'échappe encore : en quoi Romula Popidia peut-elle le gêner dans ce culte ?

Labius n'apprécie pas que Marius mette en cause l'un des hommes les plus importants de la ville.

– Vicario a d'autres soucis en tête que plonger Romula Popidia dans l'embarras, répond-il. À la rigueur il peut déplorer qu'elle n'y adhère pas, puisqu'il fait cela pour le bien de la cité. Mais c'est tout.

– Non, il y a autre chose, insiste Marius. L'essor de ce culte correspond exactement aux périodes de silence de Romula. C'est une coïncidence troublante.

– Vicario œuvre pour le bien de la cité, tu le sais comme moi. Regarde ce qu'il a accompli depuis la catastrophe. Son culte veut préserver les habitants d'une nouvelle colère. Et il n'oblige personne à y rester : tu l'as bien quitté parce qu'il te coûtait trop cher !

La bouche de l'ancien duumvir s'entrouvre comme sous l'effet d'une intense surprise. Puis il se donne un grand coup de poing dans la paume de sa main.

– Par Jupiter ! J'ai trouvé ! s'exclame-t-il. J'ai le mobile !

Il a à peine achevé sa phrase que déjà il est reparti, courant cette fois-ci comme un fou. Derrière lui, Labius, stupéfait, doit hâter le pas pour ne pas se laisser distancer.

Le tribun loge dans le centre de la ville, chez le duumvir Salbius Petronius. La maison est brillamment éclairée, comme pour une fête. Le contraste avec la domus sombre de Romula est saisissant. Deux légionnaires montent la garde devant l'entrée. Ils ont des consignes strictes : le tribun n'est visible pour personne à cette heure de la journée.

– Nous devons pourtant le voir de toute urgence, s'écrie Marius. Cela relève de la plus grande importance.

– Reviens demain matin. Tu seras reçu comme les autres, répond l'un des légionnaires.

Son air buté ôte tout espoir de négociation. Marius fait signe à Labius de le suivre. Ils contournent la maison. Toutes les entrées sont gardées. Jamais le duumvir Salbius Petronius n'a été autant surveillé que depuis qu'il accueille

Suedius Clemens. Ils ont pourtant l'impression que la surveillance a été encore accrue ce soir-là. Soudain les deux hommes s'arrêtent. Par l'une des fenêtres de la villa, ils viennent d'apercevoir le visage en sueur de Suedius Vicario. Il semble en proie à une violente émotion. Son teint passe du jaune au rouge, tandis que ses lèvres articulent des mots qu'un interlocuteur invisible doit interrompre avec violence. Ils le voient brusquement reculer, comme s'il voulait esquiver un coup. Son comportement se fait subitement servile. Il baisse la tête, opinant avec application, puis se met à parler avec force obséquiosité.

Marius tente de deviner l'identité de l'interlocuteur de Vicario ; il a beau se décrocher le cou, il ne voit rien qu'une ombre dans la pièce. Salbius Petronius est un homme calme et dépourvu d'ambition ; il ne peut causer cet effroi qu'il lit dans l'attitude du préfet. Reste le tribun. Marius n'a rien décelé en lui qui trahisse la violence dont semble être victime Suedius Vicario.

Les deux hommes décident de poursuivre leur tour de la maison, essayant de trouver un moyen autre que la porte pour parvenir jusqu'à l'intérieur. Mais l'espacement régulier des légionnaires en faction rend leur projet irréalisable. Ils vont se retrouver à nouveau devant les deux soldats qui les ont chassés lorsque la porte principale s'ouvre brusquement. Un rectangle de lumière s'encadre sur la chaussée, dans lequel une silhouette s'agite avec véhémence. Le dos du tribun se découpe dans l'embrasure de la porte. Il s'adresse à Vicario. Aux éclats de voix qui leur parviennent, la discussion semble animée. D'instinct Marius et Labius ralentissent leur pas. Ils ne veulent pas que les légionnaires les aperçoivent et les fassent déguerpir. Ils échangent un regard complice, décidés à profiter de l'apparition inespérée de Suedius Clemens pour l'interpeller. Le tribun est sorti, suivi de Vicario. Ce dernier marche le dos voûté, comme accablé. Sa silhouette misérable contraste avec l'allure très droite du tribun. Très vite ce dernier s'arrête et, sans un mot, donne une accolade pleine de raideur à Vicario. Celui-ci se dérobe presque. Puis il s'éloigne à pas lents, plus penché encore qu'il ne l'était l'instant auparavant.

Marius se précipite alors, suivi du peintre qui a le cœur battant.

– Je dois te parler, ô tribun ! s'exclame-t-il d'une voix forte.

Suedius Clemens s'apprête à rentrer dans la maison quand il entend l'exclamation. Les deux légionnaires se précipitent, mais l'ancien duumvir s'avance avec calme et assurance.

– *Ave*, Suedius Clemens. Nous devons parler, il me semble.

Les mains des légionnaires se posent sur ses épaules.

– Nous n'en avons pas pour longtemps, crie Labius. Dis-leur de le relâcher. Tu dois nous expliquer ce qui s'est passé ce soir.

Le tribun ne fait pas un geste. Un lourd silence s'installe quelques secondes. Il le rompt d'une voix cassante, à l'adresse de Marius :

– Tu reviendras demain à mon audience publique. Je ne vois rien qui nécessite une conversation ce soir.

La froideur de son attitude fouette l'ancien duumvir. Il décide de jouer son va-tout.

– Romula Popidia est innocente, dit-il. Je peux t'en apporter les preuves. Vicario est à l'origine de tout. Elle gênait le culte de Minas qu'il avait institué et lui faisait perdre beaucoup d'argent.

Le tribun s'empourpre. Labius ne reconnaît plus l'homme policé se piquant de connaissances artistiques qui lui a rendu visite à l'atelier.

Il se penche à deux doigts du visage de Marius :

– J'en ai plus appris ce soir sur votre ville qu'en plusieurs années de présence parmi vous, siffle-t-il. Vous n'êtes que des hommes fourbes et idolâtres. Retourne chez toi si tu ne veux pas rejoindre Romula Popidia dans son cachot. Je suis venu restaurer la justice dans cette ville.

Elle a été rendue ce soir et sera officielle demain matin. Nous en reparlerons alors.

– Mais tu semblais toi-même douter ! proteste alors le peintre, le cœur serré. Je t'en prie, reçois-nous dès maintenant.

– Romula Popidia est innocente ! insiste Marius avec conviction. Tu dois nous écouter !

L'étreinte des légionnaires l'oblige à se tenir sur la pointe des pieds.

– J'ai déjà passé ma soirée à écouter Romula Popidia et Suedius Vicario. Ma conviction est faite. Il n'y a rien à ajouter au mépris dans lequel je vous tiens déjà. Retournez chez vous, articule le tribun.

Ses lèvres serrées forment comme une ligne blanche dont le sang s'est retiré.

– Nous avons tous les éléments pour confondre Vicario, dit encore Marius.

– Rien ne confondra Vicario que je ne sache déjà, tonne brusquement Suedius Clemens. Pour qui prenez-vous le tribun de Vespasianus, vous deux, qui tentez d'en faire le jouet de vos passions ? Je sais quels liens vous unissaient à Romula Popidia et je sais quelle rancœur tu gardes à Vicario, Marius Rufus. Quelles que soient tes preuves, elles ne sont pas crédibles à mes yeux. La justice de l'empire ne peut s'appuyer sur des propos dictés par l'envie ou la passion.

L'ancien duumvir en reste bouche bée. Le tribun se penche alors vers eux, les yeux étincelant d'une haine qui les glace :

– Romula Popidia est condamnée pour le crime de Ceius Mortemus. Toutes les preuves concordent. La justice de Vespasianus réparera l'outrage porté à un magistrat de l'empire.

Le peintre sent ses jambes se dérober sous lui.

– Emmenez-les, ordonne le tribun. Et il referme la porte avec brusquerie.

Labius est traîné sans résistance jusqu'à la limite de la

villa de Salbius Petronius. Les deux légionnaires le laissent tomber tel un paquet sur le trottoir. Il est rejoint sans ménagement par Marius, le visage blême.

Ils restent immobiles et silencieux un long moment. La rage et le désarroi se disputent dans leur cœur. Une terrible sensation d'impuissance s'est emparée d'eux. Les mots du tribun leur ont fait mal parce qu'ils touchent juste. Marius surtout se rend compte avec horreur combien son intervention nuit à la défense de Romula Popidia : le tribun ne veut porter aucun crédit aux propos à la fois du rival déçu de Vicario et de l'ancien époux de Romula Popidia. Pourtant l'ancien duumvir sait qu'il a raison. Le mobile est tellement évident qu'il s'en veut de ne pas y avoir pensé plus tôt. Vicario a voulu se débarrasser de celle qui tarissait la manne du culte de Minas. La perte devait être si importante qu'il n'a pas hésité à la charger d'un crime, tout en faisant mine de la protéger. La duplicité du premier magistrat le sidère. C'est vrai qu'il ne l'a jamais aimé, mais il n'avait pas de raison valable sinon sa rancœur. Aujourd'hui lui sait que Vicario est un homme malhonnête. Il le sait, mais personne ne le croira.

À ses côtés, la tête entre les mains, Labius ne bouge pas, comme anesthésié par ce qu'il vient d'apprendre. La violence du tribun l'a saisi. Il pensait que l'homme les écouterait avec bienveillance, et il découvre qu'il ne veut même pas les entendre. Il se redresse avec lenteur, tout contusionné, mais n'y fait guère attention.

– Je reviendrai demain, dit-il d'une voix mal assurée.

Il n'est pas certain de souhaiter la présence de Marius à ses côtés.

– Moi aussi, dit Marius.

Le peintre s'éloigne sans un mot. Il n'ose pas aller affronter les visages anxieux des esclaves, terrés contre les coffres. Leur sort est désormais scellé et il ne peut rien faire pour eux. À la première heure le lendemain, une patrouille viendra s'emparer d'eux. Si la condamnation de Romula est confirmée, ses biens seront répertoriés et vendus à l'encan. Sa belle demeure ira au plus offrant. Labius ne peut se représenter cela. Il gagne son atelier et s'allonge à même le sol. Il doit être prêt demain pour rencontrer le tribun.

Lorsqu'il arrive devant la maison de Salbius Petronius, l'agitation est déjà importante. Il a surpris des regards curieux sur le chemin. La nouvelle de l'arrestation de Romula a dû être colportée. Personne cependant ne vient lui en parler. Mais ce n'est pas nécessaire. Cette curiosité malsaine lui est familière depuis le meurtre de Ceius Mortemus. Il ne s'étonne plus de ces sourires faux qui disparaissent aussitôt sur son passage, pour laisser place aux chuchotements.

L'atrium de Salbius Petronius est assailli sous le nombre des visiteurs. Labius n'est jamais encore venu à ces rendez-vous matinaux. Il n'a vu le tribun qu'à la basilique ou chez lui. La file des visiteurs est longue. Mais la brièveté avec laquelle Suedius Clemens expédie chaque aparté la fait avancer vite. Il est presque étonné de se retrouver déjà devant lui. Le tribun le considère en hochant la tête. Il ne lui demande pas, comme aux autres, ce qui l'amène là. Il a un bref soupir :

– Je te recevrai à la fin. Attends-moi dehors.

Il sort et s'assied sur un banc de pierre accolé à une pergola. Dehors la température s'est réchauffée. L'agitation de la ville perceptible à quelques pas de là ne le distrait pas de ses pensées. Le visage de Romula le hante, ses attitudes, la bouffée de parfum qui accompagne chacun de ses gestes. Malgré lui ses yeux le piquent.

Une ombre lui cache soudain le soleil. Il lève la tête. Marius Rufus se tient devant lui, le visage tiré. Il se laisse tomber à ses côtés.

– Les dés sont pipés, murmure-t-il d'une voix lasse. Vicario a réagi très vite. Depuis ce matin, plus personne ne répond à mon salut. Il m'a devancé, pour aussitôt contre-attaquer.

Sa présence aussi fait horreur au peintre. L'ancien duumvir a un sourire amer.

– Je suis pourtant le seul à pouvoir prouver la culpabilité de Vicario.

– Il ne s'agit pas de prouver la culpabilité de Vicario, corrige le peintre, mais de démontrer l'innocence de Romula Popidia.

– Si elle est innocente, c'est parce qu'il y a un autre suspect.

Mais Labius n'écoute plus. Il a vu le tribun s'approcher, et marquer un arrêt.

– Je t'en prie, laisse-moi. Je parviendrai à défendre Romula Popidia. Je dois voir le tribun seul. Il a confiance en moi.

Cette dernière phrase touche Marius de plein fouet. Il laisse le peintre se lever et se diriger seul vers Suedius Clemens.

La présence de Marius Rufus a transformé l'attitude presque aimable du tribun. Il ne laisse pas même Labius commencer :

– Je n'ai rien à ajouter à ce que je t'ai dit hier soir, dit-il avec sécheresse. Tu perds ton temps et le mien avec. La justice de Rome a tranché. Ainsi en sera-t-il fait.

Son agressivité déstabilise d'abord Labius, peu habitué à ce qu'on s'adresse ainsi à lui. Mais il se reprend aussitôt et plaide sa cause avec vigueur :

– Il y a des éléments troublants, son agression, le meurtre de l'esclave Marcellus dans la prison.

– Je connais les moindres éléments de l'affaire et aucun n'est sans explication. Ma décision est fondée. Oublie Romula Popidia.

– J'ai la conviction qu'elle est innocente, proteste-t-il encore.

Sa voix encore si décidée l'instant d'avant faiblit, comme vaincue. Le tribun le regarde avec mépris.

– Belle conviction, qui t'a fait la quitter au bout de quelques jours. L'affaire est close. Quiconque en reparlera devant moi sera accusé de complicité.

L'image du tribun se brouille devant les yeux de Labius. Il sent la terre se dérober sous ses pieds, avant de se reprendre par un effort considérable.

Suedius Clemens ne s'est rendu compte de rien. Il regarde la lumière du soleil et s'impatiente :

– Il est déjà tard. Je dois te laisser, la basilique m'attend. Considère cette conversation comme un privilège eu égard à ton grand talent. Je refuse désormais d'accorder quelle que suite que ce soit à cette affaire.

La discussion est close. Il s'incline avec brièveté et commence à s'éloigner quand Marius se précipite. Le tribun ne ralentit pas le pas et se détourne avec ostentation.

– Si tu es un homme juste, tu dois écouter tout le monde ! s'écrie alors Marius, outré.

– Je suis un homme pressé, réplique sèchement le tribun.

Sur un signe de sa main, deux de ses gardes se précipitent vers Marius.

– J'ai des preuves à te présenter. Pourquoi ne prends-tu pas le temps de les écouter ? crie encore l'ancien duumvir.

Le tribun ne répond même pas. Il poursuit son chemin sans se retourner. Autour de Marius, les gens se détournent gênés. Labius s'est rassis sur le banc et tente de retrouver une respiration régulière. Il a l'impression qu'un brouillard épais le cerne de toutes parts. Peut-être devrait-il se rendre lui aussi à la basilique, pour entendre la condamnation publique de Romula. Mais une force étrange le cloue sur son banc. Il est incapable du moindre mouvement. Seule la douleur a jailli et il sent les larmes mouiller ses mains. Il est ridicule, profondément ridicule. Il cherche quelque chose pour s'essuyer et ne trouve que son pallium. Il y enfouit sa figure, haletant. Il est certain de ne jamais survivre à un tel désastre.

Marius Rufus ne s'est pas laissé intimider. Il a emboîté

le pas au tribun jusqu'à la basilique. Il a rejoint sa place de membre du conseil, notant au passage la curieuse affectation des élus qui s'effacent pour le laisser passer sans un mot. Vicario est déjà là, calme et souriant.

L'entrée du tribun provoque un important remue-ménage. Il ne s'est pas départi de ce visage fermé qu'il abordait face à Labius. Les élus s'interrogent du regard. Ils n'ont guère à attendre. Suedius Clemens a pris la parole, et sa voix vibre de colère.

– Je viens de passer trois ans parmi vous à remettre le cadastre de la colonie en état. Cette tâche achevée, je me suis consacré au meurtre d'un magistrat de l'empire, le questeur Ceius Mortemus. Il est aujourd'hui élucidé avec l'arrestation et la condamnation de Romula Popidia que de nombreuses preuves accusent. (Un murmure emplit la basilique, que le tribun fait cesser d'un geste impératif de la main.) J'ai donc accompli deux missions qui devaient vous rendre une colonie propre et saine. C'était sans me douter de l'existence d'un culte secret auquel vous tous, vous êtes voués. (Sa voix s'est enflée de colère tandis que son doigt accusateur pointe chacun des membres du conseil.) Un culte qui offense Jupiter puisqu'il adore l'un des Monstres qui ont aidé les Titans à le combattre ! Encelade a été emprisonné sous l'Etna et Minas sous le Vesuvius pour qu'ils cessent de nuire ! Votre culte, initié par le premier magistrat de Pompéi, Suedius Vicario, est une erreur profonde et blasphématoire. Et sans l'intervention de celui-là même qui l'a instauré dans votre ville, je vous aurais tous châtiés avec la plus grande sévérité !

Les Pompéiens se regardent, consternés, puis dévisagent Vicario, très droit. Mais déjà Suedius Clemens poursuit :

– Il paraît qu'il faut l'attribuer à votre crainte des éléments au lendemain du terrible séisme. J'accepte cette explication, par respect pour votre douleur. Mais au nom de notre divin empereur, je réclame pour la cassette de l'empire l'intégralité des sommes remises à Minas, soit un million de sesterces.

L'énormité de la somme fait bondir Marius. Un million de sesterces ! La pâleur qui a envahi le visage de Vicario laisse deviner qu'il ne s'attendait pas à cela non plus. Un silence de plomb s'est abattu sur l'assemblée. Jucundus, assis derrière le premier magistrat, s'est aussitôt penché vers lui, mais l'autre le rabroue brutalement. Il se lève, et son visage a pris un air soumis.

– La mansuétude du tribun de Vespasianus ne peut que nous toucher. La douleur nous a égarés. Nous sommes heureux de remettre pour la gloire de l'empire l'argent recueilli au cours de ce culte.

Marius n'en croit pas ses oreilles. Autour de lui, la même stupéfaction habite les membres de l'assemblée. Assis aux côtés de Jucundus, le neveu de Vicario, Caius Puzzus, a du mal à cacher sa gêne.

Le tribun hoche la tête.

– L'argent devra m'être remis avant les ides de juin. Désormais, Pompéi n'a plus besoin d'un magistrat extraordinaire pour la diriger. Et la fatigue de votre fermier des impôts, Caecilius Jucundus, justifie qu'il soit relevé de ses fonctions. Je nomme à sa place Suedius Vicario qui, en dépit de l'erreur de Minas, a su prouver son dévouement à votre cité. Les duumvirs et les édiles se chargeront de la gestion courante de la ville. Je resterai encore quelques semaines parmi vous pour veiller à la mise en place de cette nouvelle organisation. Puis je repartirai pour Rome. À cette occasion, j'offrirai de grands jeux pour toute la population de Pompéi.

Il regarde les patriciens avec satisfaction :

– Nous avons fait du bon travail, tous ensemble.

Marius est toujours sous le choc : un million de sesterces ! Suedius Vicario avait réussi à rassembler un million de sesterces sur le seul nom de Minas ! Et le voici qui est maintenant nommé fermier des impôts municipaux ! Un cercle de patriciens s'est rassemblé autour du premier magistrat pour le congratuler ; Vicario a un visage rayonnant. Le tribun a quitté les lieux, sans un regard en arrière. Jucundus se détache alors du groupe et prend à pas lents la direction de la sortie. Marius bondit.

– Jucundus, je dois te parler !

Le banquier ne répond pas. Marius insiste :

– Tu sais que Romula Popidia est innocente. Ne m'avais-tu pas dit que tu connaissais le vrai meurtrier ?

Cette fois, le visage semé de rides se tourne avec lenteur vers l'ancien duumvir.

– Aujourd'hui il y a un coupable : Romula Popidia. La justice de Vespasianus a tranché. Le reste n'a plus aucun intérêt.

– Tu as des choses à dire ! s'écrie Marius. Il faut sauver une innocente.

– Jucundus n'a rien à te dire, intervient soudain une voix sèche derrière eux. Marius se retourne. (Caius Puzzus est là, qui s'avance avec autorité vers le banquier pour lui prendre le bras.) Tu es un homme mauvais, Marius, car tu te venges d'une ancienne défaite électorale en salissant mon oncle. Tu ne mérites pas l'amitié dont il t'honorait.

Et il lui tourne le dos, entraînant Jucundus avec fermeté vers la sortie. Un instant le banquier se retourne, et sur son visage fatigué passe comme un infini regret.

Marius les voit s'éloigner, partagé entre la colère et le plus profond désarroi. Il a l'affreux sentiment d'être parfaitement impuissant.

VII

Dix jours plus tard, Suedius Vicario, accompagné des plus éminents membres du culte de Minas, dépose aux pieds du tribun un coffre contenant l'argent du culte. La somme, colossale, regarnira le trésor de l'empire. Le tribun a du mal à cacher sa satisfaction lorsque son regard accroche le couvercle du coffre. Il se tourne vers la délégation.

– Vespasianus accepte votre don mais vous met en garde, Pompéiens, dit-il d'une voix forte. Ne retombez pas dans l'erreur. Les Anciens prédisent de grands malheurs à ceux qui n'honorent pas leurs dieux. Vous avez déjà été châtiés une fois. Ne tentez pas à nouveau le courroux divin.

Les dignitaires pompéiens baissent la tête en signe de soumission. Vicario est le plus courbé de tous. Sa fonction de grand prêtre le place au premier rang des reproches du tribun.

Dans la foule des Pompéiens présents, Marius observe son vieux rival remercier le tribun de la clémence de l'empereur et l'assurer de son éternelle fidélité. Il semble sincère. Jucundus, plus prostré que jamais, promène sur l'ensemble de la scène un regard vide qui susciterait presque de la pitié. Mais Marius n'a ni l'envie, ni le temps de ressentir pareil sentiment à son égard.

Quelques heures plus tôt, il a reçu en secret Pelrios, le garde municipal affecté à la prison. Il a appris que Romula Popidia était enfermée au deuxième sous-sol de la prison et que la surveillance du bâtiment était accrue. Pelrios lui a juste confirmé qu'aucune sentence de mort n'avait été prononcée contre elle. Elle peut donc finir ses jours au fond de son cachot si personne ne parvient à démontrer son innocence.

En sortant de la basilique, Marius retrouve Labius, assis à un thermopolium. Il se tient la tête dans les mains ; son dos voûté en dit long sur le poids qui le submerge.

– Ça y est, dit Marius en prenant un tabouret en face de lui. L'argent a été donné. Un million de sesterces pour la gloire de Vespasianus. Et Vicario n'a pas l'air plus tourmenté que cela.

Labius lève la tête. Marius est frappé par les grands cercles violets qui entourent ses yeux.

– Le tribun n'a rien dit de plus ?

– L'affaire est close, souviens-toi. Faute de preuve.

– Des preuves... (Il a une grimace de dépit.) Nous n'avons rien qui ressemble à une preuve.

– C'est à cela que je veux m'atteler dès à présent. Le travail sera long peut-être, mais j'y parviendrai.

– Le tribun sera déjà reparti.

– Qu'importe, les nouvelles autorités de la ville devront m'écouter.

– Tu oublies que les gens t'évitent depuis que Vicario les a montés contre toi.

– C'est pourquoi tu vas m'aider. Il y a des gens que je veux interroger mais qui ne me répondront pas. À toi peut-être ils donneront les informations. Je voudrais d'abord que tu ailles voir le décurion : c'est lui qui a dirigé l'enquête sur les meurtres dont Vicario n'a jamais voulu me livrer les éléments. Il s'est ensuite occupé de l'enquête sur ton agression. Là aussi, on n'a jamais rien su.

Labius soupire.

– Pourquoi t'intéresses-tu à ces meurtres ? Ils n'ont rien à voir avec Romula Popidia.

– Ces morts avaient le même as que celui retrouvé dans la bouche du questeur.

– Mais personne ne l'a impliquée dans ces assassinats !

Marius abat d'un coup sec son poing sur la table :

– Justement, c'est bien là le problème. Pourquoi l'impliquer dans un seul meurtre alors que tous les autres avaient la même signature ? Celui qui a manigancé tout cela a commis une erreur : il fallait tout mettre sous la responsabilité de Romula Popidia, ou rien du tout. Qui sont les précédentes victimes ? Leur identité nous donnera peut-être un fil conducteur.

Labius secoue la tête.

– Je ne te suis plus.

– Ce n'est pas grave ; je sais où je vais. Charge-toi de ce décurion et obtiens tout ce que tu peux. Nous nous retrouverons ensuite.

L'excellente mémoire de Marius lui permet de se souvenir des noms des victimes sous son duumvirat. Des gens inconnus. C'est sans doute l'une des raisons pour lesquelles personne ne s'est jamais vraiment soucié d'éclaircir les circonstances exactes de leur mort. Il a du mal à retrouver la famille du premier mort. Elle vit à la périphérie de la ville et cultive un carré de légumes. Ce sont des gens pauvres, qui l'accueillent avec un respect méfiant. Le fils aîné a pris la place du père. Il répond par monosyllabes aux questions de Marius. L'air effrayé de la mère qui se terre au fond de la pièce en dit plus. Elle sait à l'évidence quelque chose mais s'enferme dans un mutisme total, sourde à toutes les questions de Marius. Sa visite à la deuxième famille n'est guère plus concluante. Eux aussi sont cultivateurs, et restent tout aussi muets. Les enfants touchent son pallium du bout des doigts, émerveillés par la douceur du tissu. La troisième visite est décevante : les anciens fermiers ont disparu. L'homme qui l'accueille ne sait pas ce qu'ils sont devenus. Il déclare être un fermier de

Pompéi et assure acquitter la pascua régulièrement. Cette information fortuite éclaire brusquement Marius. Si celui-là est un fermier de la colonie, cela signifie que son prédécesseur, assassiné, en était un également. Si les deux autres auxquels il a déjà rendu visite le sont aussi, il tient un premier élément commun. Il retourne voir les deux familles. Sa question les trouble. Il peut voir la mère rouler de gros yeux effrayés. Le fils reconnaît volontiers son fermage. Il paie l'avitum et le patritum depuis qu'il s'est déclaré auprès du tribun. Avant, explique-t-il, il a surtout géré les suites de la mort de son père. Le tribun s'est montré compréhensif, grâce à l'intervention de Suedius Vicario. Marius s'étonne. Le premier magistrat les connaissait donc ? Cette fois-ci, la mère s'est approchée. Mais son fils la repousse d'une main ferme.

– Mon père le connaissait, mais pas moi. C'est en son souvenir qu'il nous a défendus.

Il garde les yeux baissés en signe de respect. Mais Marius peut voir ses mains trembler comme sous le coup d'une émotion trop forte.

Il obtient la même réponse chez la deuxième famille et suscite une émotion semblable. Cette fois-ci, il s'enhardit jusqu'à demander si quelqu'un a une idée des causes de la mort du chef de famille. Seul le silence lui répond.

– Suedius Vicario vous a-t-il défendus auprès du tribun, lorsque vous vous êtes présentés ? demande-t-il encore.

Ils hochent la tête. Marius comprend qu'il n'en obtiendra rien de plus. Il repart, songeur. La bonne connaissance de Vicario de ces petits fermiers ne cesse de l'étonner. Pour quelqu'un qui se plaignait de la destruction du cadastre, il s'est admirablement débrouillé. Comment a-t-il pu y parvenir ? Lui reviennent alors en mémoire les révélations d'Aemilius, le commis de Jucundus : « leurs archives n'avaient pas toutes été détruites ». C'est sûrement là que Vicario a puisé ses informations, et sans doute avec la complicité de Jucundus. À nouveau le nom du banquier resurgit, comme intimement mêlé à ces mystères. Et pourtant il a été agressé. Marius grimace, perplexe. Trop de choses sont incompréhensibles sans fil directeur. Les trois victimes qu'il a recensées étaient des fermiers de la colonie, et elles étaient a priori personnellement connues de Vicario. Mais qu'est-ce qui prouve que Vicario ne les connaissait pas avant le séisme ? S'il pouvait établir que toutes les victimes étaient des fermiers de la colonie, alors il tiendrait le bout d'une piste sérieuse.

Lorsqu'il retrouve Labius plus tard, le peintre aborde une mine triomphante qui redonne courage à Marius, fatigué d'avoir retourné toute la journée des éléments apparemment sans rapport les uns avec les autres.

– Il n'y a pas eu d'enquête sur les meurtres. Le décurion a bien été chargé d'en mener une, mais faute d'éléments, il a renoncé, raconte Labius. Il m'a simplement donné quelques détails qui pourront t'intéresser. Les as retrouvés dans la bouche des victimes étaient tous frappés à l'effigie de Néron, sauf celui du questeur : c'était un as de Tiberius Claudius [1], une pièce de collection.

– Qu'est-ce que cela peut bien signifier, marmonne Marius.

– Je n'en ai aucune idée, mais il m'a montré la liste des victimes. Une dizaine. J'ai retenu des noms. Peut-être les connais-tu ?

L'excitation se lit dans les yeux du peintre. Il a l'impression de travailler pour le salut de Romula Popidia. Les noms qu'il donne ne disent rien à Marius. Mais il les note en toute hâte.

Dès le lendemain, il repart visiter chacune des familles relevées par Labius. Ce sont toutes des familles liées à la colonie, payant soit la pascua, soit l'avitum ou le patritum depuis l'intervention du tribun. Chaque fois que Marius les interroge sur les circonstances de la mort du père, le silence se fait, et il ne parvient pas à savoir s'il est dû à la peur ou à la peine.

Dans les jours qui suivent, il s'efforce de trouver entre

les différentes victimes un lien autre que celui de leur statut de fermier. Il remarque qu'elles ont toutes été défendues par Vicario devant le tribun. Le nom de Jucundus revient comme un leitmotiv. Marius est persuadé qu'il est intimement lié à l'ensemble des événements. Mais depuis sa démission, l'homme ne sort plus. Il est même protégé par des gardes qui éloignent les importuns. Seul Labius, en sa qualité d'artiste, aura peut-être une chance de l'atteindre. Le peintre répugne à cette idée. Marius doit insister :

– Tu es pourtant d'accord avec moi sur l'innocence de Romula Popidia. Si ce n'est pas elle qui a commis le meurtre, il faut bien que cela soit quelqu'un d'autre. Et Vicario comme Jucundus sont ceux qui ont le comportement le plus étrange. Mes questions sont simples : Jucundus faisait-il vraiment des prêts pour rembourser des dettes de jeux, et qui désignait-il en me parlant après son agression ?

Labius hoche la tête, songeur.

Dès le lendemain il se présente au domicile de l'ancien banquier. À sa grande surprise, les portes s'ouvrent sans difficulté. On le fait entrer dans l'atrium où Jucundus le rejoint bientôt, appuyé sur une canne. L'air accablé qui est le sien en public a disparu. Le peintre a en face de lui un homme presque guilleret, qui l'accueille avec force démonstration d'amitié. Il ne s'étonne même pas de cette visite impromptue. Mais quand Labius lui livre le but de sa visite, son interlocuteur se rembrunit aussitôt.

– Je n'ai rien à dire. (Il y a comme de la crainte dans sa voix.) Je ne comprends pas sur quoi Marius se base pour me poursuivre ainsi de sa curiosité. Car c'est lui qui t'envoie, n'est-ce pas ?

– Tu lui as parlé, après votre agression.

– Je lui ai parlé, moi ?

Il semble inquiet et stupéfait.

– Tu lui as parlé de quelqu'un qui serait responsable de cette agression.

Le teint de Jucundus est devenu livide.

– Je délirais. Il n'y a aucun crédit à porter à mes propos. Le choc avait été terrible.

Le peintre n'insiste pas. Il imagine que Marius profiterait du trouble de son hôte pour le pousser dans ses retranchements, mais lui n'en a pas le culot. Il se rappelle de la seconde interrogation de Marius :

– Encore une question ; est-il bien vrai que tu avançais de l'argent sur demande de Vicario à des joueurs endettés ?

Jucundus lui lance un regard désemparé.

– C'est arrivé, pourquoi ? Ils m'ont toujours remboursé.

– As-tu fait cela pour Marcellus, l'esclave de Romula Popidia ?

Le banquier manifeste une certaine nervosité. Il répond néanmoins :

– Une fois je crois. Maintenant suis-moi.

Parvenu à la porte de l'atrium, il fait signe à Labius de passer. Et alors qu'ils vont se séparer, lui glisse :

– Dis à Marius qu'il n'est jamais bon de remuer le passé. Cela peut être dangereux. Qu'il se tienne calme, comme moi.

– Marius et moi regardons vers l'avenir, réplique le peintre. Nous ne voulons pas qu'il ressemble au cachot de Romula Popidia.

Cet entretien laisse Marius sur sa faim. En face de lui, Labius mordille un pinceau. Il repense à cette visite du tenancier Firmalon au domicile de Romula Popidia, quelque temps après le meurtre. Une idée fait peu à peu son chemin en lui :

– Ils venaient réclamer l'argent que Marcellus n'avait pu leur rembourser, réfléchit-il à haute voix. Ils parlaient d'une promesse que celui-ci leur aurait faite de les rembourser avant les Ides d'avril. Cela correspond à l'assassinat du questeur. Comme si Marcellus allait payer Firmalon avec l'argent gagné pour tuer Mortemus.

– Ne m'as-tu pas dit que ce Marcellus était un esclave honnête ?

– C'était ce que pensait Romula. Mais il était joueur.

– Et l'importance de sa dette aurait pu l'acculer à accepter n'importe quoi pour s'en sortir. Comme tuer un questeur ?

– Et pourquoi pas ? (Labius s'est redressé, très agité.) Jucundus m'a dit qu'il lui avait prêté de l'argent une fois. Pourquoi lui aurait-il refusé une seconde fois, si ce n'est pour le forcer à accepter le marché du meurtre du questeur ?

– Pourquoi pas, c'est vrai, murmure Marius. Il reste une question de taille : pourquoi avoir tué le questeur et tous ces petits fermiers ? Quelque chose me dit que tout est lié. Mais je ne parviens pas à trouver un fil commun.

Un esclave entre à ce moment, tenant une tablette entre ses mains. Marius la lit rapidement, puis se tourne vers Labius.

– C'est l'invitation aux jeux qu'organise le tribun pour son départ.

– Déjà ? s'étonne Labius.

– La mort de Vespasianus et l'accession au pouvoir de Titus auront précipité son départ. Puis il ajoute, dépité : Tu avais raison : il repartira sans que j'aie pu lui apporter les preuves de l'innocence de Romula Popidia.

Le tribun a choisi les Ludi Apollinares [2] pour organiser ses jeux. L'amphithéâtre de Pompéi a ouvert ses portes plus tôt que prévu. Devant l'ampleur de la foule qui gronde, ses responsables ont prudemment incité les spectateurs à s'installer à leurs places. Ils espèrent ainsi éviter les bagarres, si fréquentes, et favoriser le bon déroulement des jeux. La foule est encore bon enfant. Elle se disperse avec docilité sur les vingt mille places qu'offrent les trente rangées de la *summa et media cavea* [3] restaurées de l'édifice. Les mariniers ont déjà actionné les câbles commandant l'installation du *velum*[4]. Le soleil, masqué par la toile, devient plus supportable bien que la chaleur reste étouffante. La fête promet d'être extraordinaire. Le neuvième jour avant les ides de juillet est consacré chaque année aux jeux d'Apollon. Le tribun a assuré que la fête dépasserait en splendeur tout ce que les Pompéiens ont vu jusque-là. On murmure qu'il a recruté des gladiateurs issus de l'école de Capua[5]. Le spectacle promet alors d'être grandiose. Les gladiateurs capouans sont les plus connus de l'empire. Leur dextérité et la sévérité de leur entraînement en ont fait les combattants les plus chers du marché. Mais quel bonheur que de les voir combattre ! Ils possèdent une technique que tous leur envient. Le *ludus gladiatoris*[6] de Pompéi, créé il y a une dizaine d'années, s'inspire directement de leurs méthodes. Le bruit court aussi que des animaux figureront dans la parade. Et tous de s'interroger ; quel genre de *venatio*[7] a bien pu imaginer le tribun ? Serait-ce un classique combat de gladiateurs contre des fauves ou, plus amusant, celui de bêtes sauvages contre des bêtes domestiques ? Un badaud affirme qu'il a entendu parler de combat de lions contre des gazelles. Ses voisins en restent pantois. Jamais une telle venatio n'a eu lieu à Pompéi !

Les gradins se remplissent rapidement. L'*ima cavea*[8], réservée à la classe patricienne, commence aussi à se remplir. Les notables arrivent les uns après les autres, s'attachant à conserver une attitude digne de leur rang. La plupart n'ont aucun plaisir à se trouver là. Ils préfèrent aux jeux sanglants des arènes les déclamations lyriques à l'Odéon ou les pièces de Ménandre au Grand Théâtre. Mais ils peuvent difficilement refuser l'invitation de Suedius Clemens. Ils se saluent entre eux, tandis que la plèbe les observe et les nomme au fur et à mesure de leur arrivée.

– N'est-ce pas le maître Labius là-bas ? demande soudain l'un des spectateurs en pointant son index sur une silhouette qui vient d'apparaître en bas à droite.

– Si, confirme son voisin, c'est bien lui. Il est avec Marius Rufus et sa femme.

– Je ne l'aurais pas reconnu, dit le premier. Il a beaucoup vieilli.

– Il n'est plus si jeune, répond l'autre.

– Les événements ne l'ont pas rajeuni non plus, ajoute un troisième larron. Oh ! Regardez !

Une femme richement parée fait son apparition. Sa palla jetée avec une nonchalance étudiée sur une stola rouge prune laisse entrevoir les éclats dorés de ses nombreux bijoux. Elle est suivie d'une esclave qui porte des rafraîchissements. Tous la regardent se diriger avec grâce vers les gradins où viennent de s'asseoir Labius et Marius Rufus. Les deux hommes se sont relevés et la saluent.

– C'est Julia Felix, chuchote le spectateur qui l'a remarquée. Elle vient sûrement admirer les prouesses de son cher Celadus [9] !

– Je ne savais pas qu'elle entretenait des liens avec lui, s'étonne son voisin.

– Ils sont ensemble depuis quelque temps déjà.

– C'est une chance d'être gladiateur, soupire le premier. J'aimerais partager ma couche avec une telle patricienne !

– Il faudrait d'abord que tu comptabilises un certain nombre de victoires [10] ! répond l'autre. Celadus en compte déjà quatorze. Te sens-tu de taille à lui tenir tête ?

Ils éclatent de rire.

En bas, Julia Felix a pris le bras d'Octavia, l'épouse de Marius, pour monter à l'étage supérieur où s'assoient les femmes. Le peintre la regarde en souriant. Il l'a rarement vue aussi avenante.

– Tu es superbe, Julia, dit-il. Je me sens flatté que tu aies déployé tant de beauté en notre honneur.

En face de lui, Octavia pouffe. Julia Felix ne relève pas. Elle préfère prendre la remarque sur le ton de la plaisanterie :

– Peu m'importent tes sarcasmes, Labius, dit-elle d'une voix légère. Je suis ici par amour et non par devoir. Mon Celadus gagnera contre tous ces combattants que le tribun est allé chercher à Capua. Et nous fêterons cela ensemble dans sa cellule [11] !

Les deux femmes s'éloignent en riant vers leur étage. En les regardant s'éloigner, une ombre de tristesse gagne Labius. Romula devrait être à leurs côtés. Depuis son arrestation brutale, elle est comme effacée de la mémoire de ceux qui l'ont connue : plus personne ne parle d'elle, à part Marius et lui.

Une vaste clameur enfle soudain. Le peintre sursaute : deux par deux, les gladiateurs entrent par les deux grandes portes qui mènent à l'arène. Ils s'avancent fièrement au centre, jusqu'à l'arbitre qui les attend. La foule crie de plus en plus fort. Immobiles, les combattants regardent l'arbitre tracer avec application, à l'aide d'un bâton, l'espace au milieu duquel ils vont se battre. Le cercle défini, des esclaves apportent les armes de chacun des gladiateurs. Lorsqu'ils sont armés, une *tuba* [12] fait retentir un air de parade, repris par l'ensemble de trompettes massées sur le côté.

Les deux premiers combattants se courbent vers le tribun. Ce dernier, installé sur un *bisellium* [13] de marbre rose au centre de l'ima cavea, lève la main pour donner le signal du début.

Les deux hommes qui s'affrontent à présent dans l'espace défini par l'arbitre sont un mirmillon et un rétiaire [14]. Le filet de ce dernier tourne dans les airs en sifflant, avant de s'abattre sur son adversaire une seconde trop tard. Le mirmillon fait preuve d'une agilité incroyable. Il paraît insaisissable tant il tournoie, bondit et retombe toujours sur ses pieds. Il mène une guerre d'usure au rétiaire qui s'épuise. La foule, au début enthousiaste, se lasse bientôt de ce numéro d'acrobate. Elle veut un combat, pas un exercice de palestre. Les huées s'élèvent çà et là. Elles réveillent l'ardeur du rétiaire. Il joue si bien l'homme désemparé que le mirmillon prend des risques. Il s'approche trop près, ne regarde pas assez la main cachée du rétiaire. Et soudain le filet se déploie et s'abat sur lui. Il tente de sauter en arrière, puis se débat. Trop tard. Les crocs du trident lui entrent dans la gorge. Le rétiaire se tourne vers le tribun. Celui-ci jette un coup d'œil sur son programme [15] : le mirmillon n'a que trois victoires à son actif. C'est trop peu pour prendre le risque de mécontenter la foule qui réclame sa mort : il baisse le pouce. Le sang jaillit en même temps qu'une formidable ovation. La vue du liquide rouge galvanise l'assemblée. On attend la suite avec impatience.

D'autres combattants viennent justement d'entrer. Ce sont des thraces et des hoplomaques [16]. Parmi eux se tient Celadus, l'amant de Julia Felix. Sa seule apparition déclenche des cris hystériques. L'homme aux quatorze victoires est le héros de Pompéi. On compte sur lui pour vaincre l'hoplomaque capouan. Il s'incline devant le tribun, puis se tourne vers Julia Felix. Labius la voit devenir aussi pourpre que sa stola.

Mais déjà le combat a commencé. Malgré sa stature impressionnante et sa carrure, l'hoplomaque est d'une étonnante agilité. Pourtant, Celadus ne paraît pas intimidé. Il attaque avec régularité, tandis que l'autre esquive, avant de foncer soudain avec une force décuplée. Le thrace se retrouve plusieurs fois à terre, comme assommé. Mais à chaque fois que l'hoplomaque croit en tirer parti, il se relève et réattaque. Les deux hommes se retrouvent bientôt au corps à corps. Celadus cherche la faille dans l'armure de son adversaire, tandis que ce dernier s'efforce de le renverser pour l'écraser. Soudain la petite épée de Celadus rompt la cuirasse et s'enfonce dans la chair de l'hoplomaque. Celui-ci vacille, tente de retrouver son équilibre, puis se raccroche à Celadus qu'il entraîne dans sa chute. Les spectateurs retiennent leur souffle. Ils ont tous vu l'épée pénétrer la chair du Capouan. Celadus n'a plus que ses mains pour se défendre de l'énorme tas de ferraille qui le cloue au sol. L'hoplomaque n'a pas dit son dernier mot. Il a récupéré sa serpette tombée en même temps que lui. Il la fait tournoyer dans un silence quasi religieux. Puis l'abat d'un coup sec sur le thrace. Mais celui-ci a roulé sur le côté. Déjà il est debout sous les hurlements de la foule. Il donne un violent coup de pied à l'hoplomaque qui s'effondre à nouveau. Celadus retire alors son épée rougie et arrache le casque imposant de l'hoplomaque. Il se tourne vers le tribun. Ce dernier peut entendre la foule scander la clémence : le combat lui a plu par sa hargne. L'hoplomaque s'est bien défendu. Et puis c'est un homme de Capua, un gladiateur coûteux que le tribun n'a pas l'impression d'avoir assez rentabilisé. Il pointe le pouce vers le haut. Aussitôt des clameurs de joie retentissent. À l'étage des femmes, Julia Felix s'est déjà levée pour aller rejoindre dans le carcer [17] son bien-aimé. Marius et Labius la regardent se faufiler dans un nuage de parfum et échangent un léger sourire. L'engouement des patriciennes pour les beaux gladiateurs n'est pas nouveau. Depuis la construction du ludus gladiatoris en l'an 815 [18], les combats ont revêtu une importance grandissante au cœur de la cité campanienne. Ils ont été un dérivatif au désarroi des habitants après la catastrophe. Le ludus gladiatoris est l'un des premiers bâtiments neufs à avoir été construit en lieu et place du quadriportique du Grand Théâtre. Il est devenu l'un des centres les plus animés de la ville. On assiste aux entraînements des combattants, on jauge leurs performances et on répand sur les murs leurs qualités. Le risque qu'ils prennent à chaque combat, le sursis que leur laisse chaque victoire en font des héros auxquels les femmes les plus dignes de la ville ne sont pas indifférentes. Elles connaissent toutes les noms des gagnants et leurs particularités.

– As-tu vu Vicario ? dit Marius.

Labius hoche la tête. Personne ne peut manquer le nouveau fermier des impôts municipaux, installé juste derrière le tribun, un énorme chien à ses côtés. Il doit sentir leur regard sur lui car il se tourne brusquement vers eux, et leur adresse un geste aimable de la main.

– Jucundus n'est pas là, remarque Labius. Il est étrange qu'il n'ait pas honoré l'invitation du tribun.

– Ta visite l'a sûrement épuisé, grince Marius.

Le peintre ne relève pas. Il jette un regard sur l'arène. Cette fois-ci, ce sont un samnite et un gaulois qui s'opposent. Le combat est hargneux et violent. Il réveille chez les spectateurs des pulsions incontrôlées. Certains sont debout, le poing serré. Ils hurlent tellement fort que l'on ne peut comprendre un mot de leur discours. Mais l'on sent la tension monter. Elle est presque palpable. C'est justement ce que Labius abhorre. Il se demande ce qu'il est venu faire ici. L'issue inéluctable qui conduira fatalement à la mort de l'un ou l'autre des combattants l'écœure.

La chaleur est si forte que les éventails agités par les patriciennes ne suffisent plus à les rafraîchir. Le tribun fait alors un signe aux mariniers qui surveillent la bonne tenue du velum. Aussitôt, des esclaves chargés d'amphores parfumées descendent de part et d'autre de la cavea. Avec une feuille de palmier, ils arrosent l'assemblée qui manifeste bruyamment sa satisfaction. L'eau pulvérisée est additionnée de safran et une odeur délicieuse se répand peu à peu dans l'amphithéâtre, engloutissant sous ses effluves ceux plus âcres de la transpiration et du sang. L'initiative est hautement appréciée. Les spectateurs en redemandent et les amphores doivent être plusieurs fois remplies pour satisfaire les envies de tous. Des vivats saluent le tribun qui doit se lever pour montrer sa gratitude.

Dans l'arène, le combat des gladiateurs a laissé la place à la venatio. Dans une grande cage un ours brun grogne, affolé par le tumulte que déclenche son entrée en scène. Il se met à tourner dans sa cage, essayant de passer son museau entre les barreaux, s'arc-boutant pour les faire céder. Des esclaves manœuvrent enfin la porte à glissière qui ferme sa prison. Il hésite avant de sortir. À quelques pas de lui, un essédaire[19], monté sur un char flamboyant, est prêt à le charger, pique en avant.

– Je n'apprécie pas plus la venatio que le combat de

gladiateurs, soupire Labius, qui lutte contre un léger malaise.

Devant eux, l'ours a chargé. L'essédaire l'a aussitôt blessé, ce qui le rend plus furieux encore. Labius est étonné de la rapidité avec laquelle l'animal court. Il n'imaginait pas qu'une bête aussi lourde puisse se déplacer si rapidement. Le gladiateur semble lui-même surpris. Il a beau fouetter son cheval, le plantigrade gagne du terrain. L'homme fait alors volte-face. Mal lui en prend. D'un grand coup de patte, l'ours gifle le cheval, qui s'effondre en sang. L'essédaire n'a que le temps de sauter du char. Il doit alors regarder sans intervenir l'ours se déchaîner sur sa monture. Les huées des spectateurs le poussent à tenter quelque chose. Il se précipite sur l'ours et lui plante sa lance dans l'épaule. Mais l'animal se redresse de toute sa hauteur, la pique enfoncée jusqu'à la garde. De la bave et du sang coulent de sa gueule. Il a les yeux injectés : la douleur le rend fou. L'essédaire décide de pousser son avantage. Il contourne l'animal et lui enfonce une autre pique par-derrière. Les hurlements de la foule n'étouffent pas les grognements de douleur de l'ours. La seconde morsure de la lance décuple brusquement ses forces. Il se retourne avec une vivacité qui prend le gladiateur au dépourvu. Avant qu'il n'ait le temps de réagir, l'animal est sur lui. D'un seul coup, l'arène devient silencieuse. On n'entend plus que les grognements de l'ours tournant et retournant sa victime, la dépeçant avec violence et rage. L'animal a gagné.

Un second gladiateur entre alors. C'est un rétiaire. Affairé par les restes de l'essédaire, l'ours ne remarque pas tout de suite sa présence. Il faut que le rétiaire vienne le tourmenter de son trident pour qu'il s'intéresse enfin au nouveau venu. Sa réaction est aussi rapide que définitive. Il s'abat littéralement sur le gladiateur, étouffant toute tentative de défense. On voit les jambes de l'homme s'agiter avec désespoir, puis plus rien. Cette deuxième victoire de l'ours déchaîne les passions. Tout l'amphithéâtre s'est levé en hurlant. Le tribun se tourne pour quêter un conseil. Assis quelques sièges plus loin, le fameux organisateur Alleius Nigidus Maius s'avance vers lui. Le tribun l'écoute avec attention, puis envoie ses ordres à un commis qui dévale la cavea jusqu'au carcer. L'idée d'Alleius Nigidus Maius est bonne : cinq gladiateurs représentant un rétiaire, un hoplomaque, un essédaire, un samnite et un thrace font leur entrée. Leur apparition soulève une tempête parmi les spectateurs. Il y a en effet parmi eux deux des gloires de Pompéi, le fameux Celadus d'une part, et Crescens. Les autres portent les couleurs de l'école néronienne de Capua[20].

Devant ces nouveaux adversaires, l'ours n'hésite pas. Avec rage, il s'élance sur le groupe. Les deux blessures que lui a infligées le premier essédaire commencent à se ressentir. Sa course est plus lourde, son sang coule en abondance.

Labius détourne les yeux. Il n'a pas envie de se repaître de l'agonie de l'animal. Il a bien combattu. Il mérite d'être gracié. En revanche les patriciens autour de lui semblent tous captivés par le combat. Son œil est attiré par la silhouette penchée de Vicario. Le nouveau fermier est tellement absorbé par le spectacle qu'il ne remarque même pas Labius. Le peintre n'arrive pas à déceler le sentiment qui habite son regard. Le cri qui jaillit de la cavea fait brusquement se relever Vicario. Labius regarde vers l'arène. L'hoplomaque et le thrace Celadus ont eu raison de l'ours. La bête gît sur le côté, son flan largement ouvert par la dague du thrace. Elle tressaute encore dans son agonie, et le peintre distingue ses petits yeux sombres allumés d'une dernière étincelle de vie. Puis un voile tombe. C'est la fin.

Les spectateurs n'ont pas attendu ce moment pour crier leur joie. Il n'y a sans doute que Labius à avoir remarqué les derniers soubresauts de l'ours. La prouesse des gladiateurs le laisse indifférent. Il n'arrive pas même à admirer leur art.

Le spectacle marque une pause. Les notables de l'ima

cavea se sont levés et saluent ceux qu'ils n'ont pas encore vus. Labius les connaît maintenant tous depuis longtemps. Il a décoré la plupart de leurs domus. Julia Felix est revenue, pleine de fierté.

– Je me retirerais bien, chuchote Labius à Marius.

– Tu vexerais le tribun. Regarde plutôt qui arrive.

Labius suit son regard. Caecilius Jucundus monte avec lenteur les marches. Il veut s'asseoir quand Vicario l'interpelle à haute voix et lui fait signe de le rejoindre. Il libère une place au banquier qui s'installe sans un mot.

Une grande clameur monte soudain. Le spectacle vient de reprendre.

Les jeux choisis par le tribun sont d'une grande qualité. On voit des taureaux contre des hommes, des chiens contre des daims, des sangliers contre des chiens, et bien d'autres duels inédits. La foule en réclame toujours plus et le tribun se félicite de tant de succès. Lorsque le dernier jeu est achevé, il se lève pour marquer officiellement la fin des Ludi Apollinares. Sa mission à Pompéi s'achève. Il lui faut maintenant regagner Rome, où Titus, le nouvel empereur, doit l'attendre. Il quitte le théâtre sous les ovations, entouré de tous ceux qui veulent le saluer une dernière fois. Les trompettes entonnent le même air qu'au début, et la cavea se vide peu à peu de ses spectateurs.

Labius sort de l'amphithéâtre quand une main s'abat sur son épaule. Il se retourne, surpris. C'est Clefus. Labius sait qu'il n'est pas allé au spectacle car il voulait rester travailler à l'atelier. Il n'a pas le temps de s'étonner que déjà le chef d'atelier a pris la parole.

– Un voyageur est arrivé tout à l'heure, dit-il, essoufflé. Il voulait voir Romula Popidia. Comme il a trouvé la maison abandonnée, il est venu se renseigner à l'atelier. Je crois que c'est l'un de ces savants qu'elle recevait chez elle.

Le peintre cherche des yeux Marius pour le prévenir. Mais il n'en a pas le temps. Déjà le flot des spectateurs qui sortent l'éloigne de Clefus. Il parvient à le rejoindre à coups de coude et tous deux se frayent un passage jusqu'aux rues plus dégagées du centre. Une rheda poussiéreuse attend devant l'atelier. Son triste aspect trahit le long voyage sur les routes de terre de la région. Labius se hâte de pousser la porte. Un homme se lève aussitôt et se tourne vers lui. Il reconnaît avec peine Ergolus Ergocus. Les rides ont envahi son visage et sa barbe a éclairci pour virer au blanc. Un flot de souvenirs et d'émotions envahit le peintre. Il se rappelle sa contrariété lorsque Ergolus venait à Pompéi étudier le Vesuvius avec Romula en son absence, puis la joie de celle-ci lorsqu'elle avait de ses nouvelles. Il tend les mains pour l'accueillir.

– Sois le bienvenu, Ergolus Ergocus, dit-il.

Le savant s'incline.

– Je te remercie de ton accueil. J'aurais dû te prévenir, sans doute, mais j'ai informé de mon arrivée la mauvaise personne. Je ne m'attendais pas aux bouleversements dont ton associé s'est fait l'écho auprès de moi. Les nouvelles de Pompéi n'ont pas été jusqu'à Rome.

– Puisque tu ne peux te rendre là où tu l'escomptais, tu es ici chez toi, répète Labius. Puis il mesure l'incongruité de sa proposition en regardant l'atelier. Il n'y a aucun endroit pour installer le savant, sinon cette petite chambre où lui-même dort. Il se reprend.

– Tu seras mieux chez Julia Felix. Elle loue des chambres confortables.

Ergolus secoue la tête.

– Je préférerais dormir ici, dans un petit coin. J'aime la discrétion. Si je loue une chambre, tout le monde connaîtra ma présence ici. Donne-moi un matelas et de quoi dîner. Et surtout, raconte-moi tout.

Tout en installant les victuailles sur la grande table à tréteaux qui leur sert de table à dessin dans la journée, Labius lui rapporte les derniers événements. La stupéfaction qu'il peut lire sur le visage de son interlocuteur l'encourage. Visiblement, Ergolus Ergocus est abasourdi.

– Personne n'a défendu Romula Popidia ? s'étonne-t-il.

– Elle s'en était remise à la protection de notre premier magistrat, Vicario.

Il s'apprête à livrer les soupçons que Marius et lui portent sur Vicario quand Ergolus l'interrompt :

– C'était une initiative stupide ! s'écrie-t-il. J'ai rencontré moi-même cet homme au retour d'une expédition sur le Vesuvius. Il était campé sur ses positions et très agressif. Il ne supportait pas les objections que Romula Popidia formulait sur ce culte honteux qu'il avait fondé. Pendant plusieurs années, je n'ai plus eu de nouvelles d'elle. Elle n'écrivait ni n'envoyait d'échantillons, ce qui était contraire à nos accords. Et puis un jour elle m'a écrit qu'elle avait eu des moments difficiles et n'avait pu poursuivre ses observations. Elle avait joint des échantillons intéressants. Notre correspondance a repris.

– C'est vrai, confirme Labius. Elle a connu des moments pénibles, et Vicario lui avait déconseillé de poursuivre ses recherches.

– Et puis là, à nouveau, le silence, reprend le savant. Mon ami Caius Plinius Secundus a fini par me pousser à réagir. Ses fonctions d'amiral de la flotte de Misène et son passé de soldat lui ont permis de beaucoup voyager. Il s'intéresse comme nous au Vesuvius. Les montagnes de ce type le passionnent. Il a établi déjà une liste de toutes celles qu'il a observées, avec leurs caractéristiques principales. Romula Popidia était une mine d'informations. Plinius Secundus a regretté son soudain silence. J'ai voulu savoir ce qu'il en était.

Ce qu'il ne dit pas, c'est cette odeur irritante[21] que l'on a rapportée à Plinius Secundus. Depuis Misène où sa flotte est basée, il a un point de vue incomparable sur le Vesuvius. Il a fait part récemment à Ergolus Ergocus de ces émanations dont il ne parvient pas à définir l'origine. Il se demande si cela ne provient pas de la montagne. Romula Popidia n'a-t-elle rien signalé ? C'est à la réception de sa lettre qu'Ergolus s'est décidé à entreprendre ce long chemin pour mieux observer le phénomène.

– Romula Popidia t'avait-elle parlé d'une animosité particulière entre Vicario et elle-même ? demande le peintre.

Ergolus secoue la tête.

– Elle m'avait fait part de son aversion pour le culte de Minas. Vicario ne voulait pas l'écouter. Quand je l'ai rencontré, son assurance m'a frappé. Rien ne semblait l'effrayer. Il était certain du bien-fondé de son entreprise, et traitait Romula Popidia avec beaucoup de mépris... Tout comme moi, d'ailleurs, ajoute-t-il. (Il se souvient encore de la façon péremptoire dont Vicario lui avait répondu.) Ce n'était certainement pas la meilleure personne pour la défendre, conclut-il.

Il se sert de vin et laisse passer quelques instants de silence.

– Il faut que je remonte là-haut, dit-il soudain. Sur le Vesuvius. Sais-tu si ces esclaves qui l'accompagnaient toujours sont encore ici ?

Perdu dans ses réflexions, Labius peine à émerger. Il contemple enfin le savant avec étonnement.

– Pourquoi veux-tu aller là-haut ? Les échantillons de Romula ne te suffisent pas ?

– J'ai besoin de vérifier certains éléments.

Son ton, très calme, inquiète pourtant le peintre.

– Y a-t-il quelque chose de nouveau ?

– À ma connaissance, non. Mais ces montagnes doivent être surveillées.

– J'ignore ce que sont devenus les esclaves. Je ne suis pas retourné à la domus de Romula depuis son arrestation. Ils devaient alors être vendus le lendemain.

– Il n'y a guère de chance que je les retrouve, alors, murmure Ergolus. Tant pis, je parviendrai bien à me débrouiller tout seul.

Une idée folle traverse alors l'esprit de Labius. En tant d'années communes, pas une seule fois il n'a suivi Romula en haut du Vesuvius. Il n'en a jamais eu la curiosité.

– Accepterais-tu que je t'accompagne ? Je serais heureux de découvrir enfin cette montagne, dit-il.

– Pourquoi pas : un vieil homme comme moi craint la solitude. Nous partirons demain à l'aube. D'ici là, reste discret sur ma présence.

À cet instant, des coups vigoureux retentissent à la porte. Les deux hommes sursautent.

– Je ne veux pas que l'on connaisse ma présence dès ce soir, dit vivement le savant. Je me méfie de votre premier magistrat : il pourrait tenter de m'empêcher d'effectuer mes prélèvements. Laisse-moi gagner ta chambre avant d'ouvrir.

– Il n'est plus notre premier magistrat, mais le fermier des impôts municipaux, corrige le peintre. Mais va vite.

Labius attend qu'il ait disparu avant de s'approcher de la porte.

– Qui est là ? demande-t-il, le cœur battant.

– C'est moi, Marius !

Il ouvre et l'ancien duumvir se rue à l'intérieur.

– Je viens de voir Pelrios, dit-il, haletant. Il va nous arranger une entrevue avec Romula demain, après le coucher du soleil. C'est une occasion inespérée de savoir exactement ce qui s'est passé le soir de son arrestation.

– Moi aussi j'ai du nouveau, dit Labius.

Mais déjà il s'en veut. En rapportant ce qu'il vient d'apprendre, il révèle la présence du savant. Il est trop tard. Marius le presse de parler. Il lui fait promettre le secret sur la présence du savant. Les remarques d'Ergolus sur les curieuses relations entre Vicario et Romula passionnent Marius.

– Tout se recoupe, dit-il. Romula était bel et bien gênante comme nous le pressentions. Demain soir, nous aurons la clef de tout ceci.

Le savant et le peintre se retrouvent en bas de la montagne à la première heure. Labius est ébahi par la richesse des cultures qui s'étalent sur ses flancs. Les vignes et les oliviers grimpent jusqu'au sommet, en lignes bien droites. Entre elles poussent des céréales, des légumes et du fourrage. À perte de vue, les deux hommes peuvent admirer les couleurs changeantes des cultures. Ils progressent sans parler, économisant leurs forces pour le plus dur : la dernière montée, plus abrupte. Le cocher d'Ergolus Ergocus les accompagne.

À un moment, Labius n'entend plus la respiration haletante de son compagnon. Il se retourne. Le savant s'est arrêté. Il observe les feuilles d'un olivier d'un air perplexe. Puis il les arrache et les met dans une poche qu'il porte sur le côté. La curiosité du peintre est à nouveau aiguisée lorsqu'il remarque qu'Ergolus coupe avec régularité des branches et des feuilles sur son chemin. Il se décide à l'interroger quand une exclamation de colère retentit à côté d'eux. Un vilicus a jailli des vignes où il travaille, le fouet à la main. Il apostrophe avec violence Ergolus :

– Qui es-tu donc, toi, pour te permettre de couper ainsi des branches sans la permission de mon maître ?

Ergolus s'excuse. Mais l'homme ne décolère pas.

– Nous avons suffisamment de soucis sans que tu t'en mêles ! Sais-tu qu'une branche coupée peut tuer un arbre ?

– De quels soucis parles-tu ? demande aussitôt le savant.

– Et de quoi te mêles-tu ? réplique l'autre.

Il est de plus en plus agressif. Des gardes et des esclaves sont sortis des cultures. Labius tente de s'interposer.

– Pardonne à mon ami. Il vient de Rome et n'a pas l'habitude de ce genre de promenade.

Mais Ergolus Ergocus n'écoute pas :

– De quels soucis parles-tu ? répète-t-il. Je suis un savant et je peux t'aider. Explique-moi.

Le vilicus hésite. Puis un bref coup d'œil au collier de barbe d'Ergolus, signe de sagesse, le convainc. Il devient plus aimable.

– Certaines de nos cultures sont endommagées par un mal étrange qui les dessèche, dit-il. Cela a commencé aux calendes de juin.

– Peux-tu me montrer des exemples de ce mal ?

– Tu n'as qu'à ouvrir ta besace, riposte le vilicus. Je t'observe depuis quelque temps déjà. Tu as remarqué les plants malades et les as coupés. Je ne pourrai mieux faire.

Ergolus Ergocus hoche la tête d'un air pensif.

– Depuis les calendes de juin, dis-tu... As-tu noté aussi des odeurs inhabituelles ?

Les esclaves se regardent entre eux, interloqués.

– Quel genre d'odeur ? demande l'un d'entre eux.

– Personne ne t'a demandé ton avis, s'écrie le vilicus en faisant claquer son fouet.

– Une odeur irritante, comme le soufre, poursuit Ergolus.

Ils secouent la tête. Soudain un homme lève la main :

– Maintenant que tu en parles, je me rappelle d'une odeur étrange qui m'a fait tousser. Il a fallu que je boive pour être soulagé. C'était il y a une semaine, au sommet de la montagne. Je travaillais au fourrage.

– Qu'est-ce que cette odeur ? interroge Labius, intrigué.

Ergolus a un geste d'impuissance.

– C'est un phénomène que nous devons sans doute aux dieux. Je n'ai aucune explication. Pas plus que je ne saurais expliquer la faiblesse de ces plantes.

– C'est une maladie, tranche le vilicus. Ce n'est pas la première fois que cela nous arrive.

– C'est peut-être cela, concède Ergolus.

Une réticence dans sa voix alerte Labius. Le savant est-il en train de découvrir quelque chose d'inquiétant ?

– Cette maladie (il bute sur le mot) a-t-elle attaqué toutes les cultures ?

– Non. Monte, et tu verras que les ravages sont plus importants au sommet de la montagne. Mais tout n'est pas désespéré. Nous allons traiter, et les plantes retrouveront leur vitalité.

– Fasse que les dieux t'entendent, répond Ergolus.

Ils reprennent leur marche. Maintenant que le savant a attiré son attention sur la faiblesse de certaines plantes, Labius a l'impression d'en apercevoir partout. L'œil acéré d'Ergolus l'a déjà noté. Il ne fait aucun commentaire. Le peintre interprète son silence comme un mauvais augure. Une inquiétude sourde le gagne. Romula aurait-elle raison, avec ses folles théories sur le feu du Vesuvius ? Pourtant la tranquillité de la montagne dément ses pronostics alarmistes. Les narines frémissantes, il essaie alors de repérer cette émanation de soufre dont l'esclave a parlé. Mais il ne perçoit rien.

Ils arrivent au sommet à la quatrième heure. Le soleil pèse de tout son poids, ajoutant à leur fatigue. Ergolus Ergocus ne parle toujours pas. Labius le voit avec stupeur enlever ses sandales et marcher lentement pieds nus. La concentration intense qu'il peut lire sur son visage jure avec le spectacle presque comique de sa marche lente. Il marche longtemps, comme à la recherche d'un signe perceptible par la plante de ses pieds. Labius ne voit rien qui le surprenne. Hormis cet étrange mal qui affecte les cultures, le sol est verdoyant, et le calme qui s'empare de lui devant la vue splendide endort toutes ses inquiétudes. Il s'assoit, les bras autour de ses genoux, et se perd dans la contemplation magique de la mer.

Ergolus, qui revient vers lui le visage soucieux, l'arrache de sa rêverie.

– Que cherchais-tu ? demande Labius, curieux.

Le savant se laisse tomber à ses côtés.

– Lorsque le feu de la terre arrive, il doit réchauffer la surface du sol. Je vérifiais si celui-ci était plus chaud qu'à l'accoutumée.

– Le soleil ne te facilite pas la tâche, compatit Labius. La terre est chaude de ses seuls rayons.

– Je n'ai rien remarqué de nouveau, admet Ergolus.

Pourtant certains signes m'inquiètent. Strabon dit bien que le Vesuvius est éteint. Mais à quoi attribuer alors ces étranges émanations qui font dépérir la végétation ?

– Le vilicus a lui-même parlé d'une maladie.

– Cette maladie coïncide avec les premières émanations qu'a perçues Plinius Secundus : les calendes de juin.

Labius ignore qui sont Strabon et Plinius Secundus. Il imagine que ce sont des collègues d'Ergolus.

– Tes amis ne savent sans doute pas plus que toi expliquer les mystères de la nature, hasarde-t-il.

L'ombre d'un sourire passe sur les lèvres d'Ergolus.

– Strabon était un historien grec qui s'est intéressé aux phénomènes du feu souterrain.

– Je ne sais de quoi tu parles, dit Labius. J'ignorais qu'il y avait de tels feux avant de rencontrer Romula Popidia. J'honore Mithra qui me protège de ces maux.

– Tu ferais sans doute mieux d'invoquer Vulcain. Le calme trompeur qui règne en haut de cette montagne ne laisse rien présager de bon. Mon ami Plinius Secundus dit que cela augure d'une catastrophe immense. Cette trompeuse sensation précède tous les cataclysmes auxquels il a assisté. La crainte m'envahit que ses observations ne s'appliquent au Vesuvius.

– Ne te laisse pas bercer par ces contes, dit Labius en se relevant.

Ce paysage que Romula a si souvent contemplé l'emplit de joie.

– Je dois pourtant informer de mon pressentiment les autorités de ta ville, dit Ergolus. Il est encore temps de faire des offrandes à Vulcain pour calmer sa colère.

– Vulcain n'est pas en colère. Les cultures sont malades, cela passera. Ici les récoltes ne se comptent pas. Nous produisons le double qu'ailleurs. Les dieux ont béni cette terre et lui ont donné la fertilité. Pourquoi se fâcheraient-ils ?

– Ils se sont déjà fâchés une fois, lui rappelle Ergolus. Le tremblement de terre était peut-être un signe annonciateur. Les Anciens décrivent le feu souterrain comme accompagné de grandes secousses. Et puis il y a ce culte à Minas. Vulcain a pu en prendre ombrage.

Labius reste pensif.

– Les autorités de la ville ne t'écouteront pas, dit-il enfin. Ici, nous avons l'habitude des secousses. Notre terre bouge régulièrement. La force du séisme de l'an 815 était exceptionnelle. Quant au culte de Minas, le tribun l'a supprimé, et il a confisqué tout son trésor.

– Qu'en sais-tu ? réplique sèchement le savant. (Le calme de Labius l'agace.) Peut-être reste-t-il des nostalgiques de Minas qui poursuivent leurs offrandes. Il se passe quelque chose, ici. Il est de mon devoir d'en parler aux autorités de la ville.

– Très bien, dit Labius. Adresse-toi au duumvir Ceius Secundus. C'est un homme avisé. Il ne prendra pas de mesures à la légère. Mais quelles preuves de tes pressentiments vas-tu lui apporter ?

– Je suis un homme de science. Cela devrait suffire.

– Je crains que Ceius Secundus n'ait besoin d'éléments supplémentaires.

– Les quelques observations que j'ai faites sur la croissance de la végétation et les odeurs de soufre que certains ont senties devraient répondre à ses questions.

– Il n'y a qu'un homme qui ait senti cela, objecte le peintre.

– Mon ami Plinius Secundus a remarqué la même chose. C'est à la suite de cela que je suis venu jusqu'ici.

Les arguments du savant n'ébranlent pas Labius. Il songe que le duumvir n'y accordera pas plus d'importance.

– Je ne vais pas rentrer à Pompéi aujourd'hui, dit Ergolus. Je souhaite m'attarder ici quelques jours. Cela me permettrait de rassembler plus d'éléments, et de convaincre le duumvir.

– Mais tu n'as rien pour dormir, proteste le peintre.

– J'ai tout prévu. Mon cocher a emporté de quoi nous abriter et nous nourrir pour trois ou quatre jours.

Labius hausse les épaules.

– Fais comme tu l'entends. Je redescendrai seul. Veux-tu que je prévienne le duumvir de tes travaux ?

– Je le ferai moi-même à mon retour.

Labius hésite à redescendre. La beauté du paysage et la sérénité de l'endroit lui donnent envie de traîner encore un peu. Les bruits de la ville sont étouffés par la légère brise qui frise les feuilles des vignes. Il a l'impression d'être seul dans son tête-à-tête avec la mer. Sa plénitude tranche avec la fébrilité que manifeste Ergolus. Celui-ci s'affaire avec son cocher à des travaux que le peintre regarde d'un œil distrait. Mais cette agitation finit par lui gâcher son plaisir. Il décide de regagner la ville.

Ergolus lui promet son retour dans trois nuits. Les deux hommes se quittent amicalement.

La descente, curieusement, est plus difficile que la montée. Labius a mal aux jambes à force de les raidir pour freiner sa vitesse. Il croise le vilicus qui l'arrête. Il a l'air soucieux.

– Où est ton ami ? demande-t-il.

– Il reste en haut pour observer la montagne.

– La maladie a attaqué plus de plants que nous ne le pensions. Mon maître aurait été heureux de le rencontrer. Il ne vient pas souvent. Mais il vaut mieux avoir une raison quand les vignes ne rendent pas ce qu'il en attend.

Labius retient à grand-peine un sourire.

– Qui est ton maître ?

– Suedius Vicario.

Labius ne pensait pas les biens de Vicario si étendus.

– Ergolus Ergocus ne pourra rien lui dire de plus, dit-il. Cette soudaine baisse de croissance l'intrigue. Il va continuer ses observations.

Puis ses yeux se posent sur une rangée d'oliviers dont le feuillage argenté a viré au jaune, et il s'inquiète :

– Est-ce là la maladie dont tu parles ?

– Oui, répond le vilicus. Et depuis notre rencontre de ce matin, je constate le grand nombre de faibles plants à cette période de l'année. C'est la première fois que cela arrive. J'aimerais que ton ami puisse nous éclairer.

– Dans quelques jours nous en saurons plus, dit Labius.

Il a saisi entre ses doigts une feuille d'olivier. Sa texture molle le frappe. Les autres sont à l'identique.

– Ne serait-ce pas un ver qui attaque ces arbres, interroge le peintre.

– Nous avons pourtant traité comme d'habitude.

– La nature a ses secrets, conclut Labius. Nous ne pouvons tout prévoir.

Il n'a pas envie d'entrer dans la logique de catastrophe que prédit Ergolus. Il fait un signe de la main au vilicus et poursuit sa descente.

Il est déjà tard et la perspective de revoir Romula le remplit de trouble et d'impatience. Elle lui fait même oublier la fatigue de la journée. Il arrive devant chez lui et s'apprête à pousser la porte de l'atelier quand il sursaute violemment : Vicario se tient devant lui, souriant.

– Je pensais que tu ne reviendrais jamais, dit-il.

La vision du fermier des impôts municipaux l'a tellement pris au dépourvu qu'il en reste muet.

– La vue était belle, de là-haut ? poursuit Vicario d'un ton badin.

Une fois de plus, il démontre sa parfaite connaissance des faits et gestes de chacun.

– Très belle, oui. Que puis-je pour toi ? bredouille-t-il, affolé à l'idée que Vicario le retienne et l'empêche de retrouver Marius.

– Tu héberges un grand savant, depuis hier.

– Comment le sais-tu ?

– C'était mon rôle, autrefois, de tout savoir. Il faut croire que j'ai du mal à perdre certaines habitudes.

Il sourit gentiment. Puis il reprend, sérieux :

– S'il s'agit d'Ergolus Ergocus, la ville a besoin de lui. Une maladie étrange frappe les cultures du Vesuvius.

Peut-être a-t-il une solution. C'était l'objet de ma visite ici ; plusieurs propriétaires se sont plaints.

– Je viens d'apprendre par ton vilicus que tu es l'un de ces propriétaires, dit Labius. J'ignorais que tu possédais aussi des terres sur le Vesuvius.

Vicario a un bref éclat de rire. Puis il se penche vers Labius.

– Je suis un homme riche, Labius ! Être le Premier Magistrat d'une ville est une tâche difficile mais qui rapporte. Il faut bien que je dépense mon argent, n'est-ce pas ?

Le peintre ne répond pas. Il se demande à quel jeu provocateur joue Vicario. Les mots lui brûlent la bouche de demander pourquoi Romula Popidia a été enfermée. Comme s'il lisait dans ses pensées, Vicario a posé une main sur son épaule.

– Je sais que tu m'en veux pour Romula Popidia, dit-il, et sa voix est navrée. Je n'ai pas réussi à détourner l'attention du tribun de ce rapport anonyme qu'il avait reçu. Il était persuadé de sa culpabilité. Et je n'avais aucun élément pour le faire changer d'avis. Je porte sur moi la responsabilité de l'avoir fait enfermer, alors que j'étais le seul à la soutenir. Crois-moi, j'en suis profondément désolé.

En le voyant si contrit, Labius se sent honteux des soupçons qu'il nourrit. Une boule lui monte à la gorge.

– Je sais. Tu as toujours été son premier soutien.

Un long moment de silence les unit dans une même pensée pour Romula Popidia. Vicario lui donne à nouveau une tape sur l'épaule.

– Mais la vie continue. Nous parviendrons peut-être un jour à l'innocenter. En attendant, n'oublie pas de prévenir Ergolus Ergocus que le conseil de la ville serait heureux de bénéficier de ses lumières.

Puis, sans attendre, il remonte dans son cisium et, d'un claquement sec, fait démarrer ses chevaux. Labius reste là, songeur, à entendre le bruit des sabots décroître au loin. Puis il entre à pas lents dans l'atelier désert. Son enthousiasme est tombé d'un seul coup. Il ôte son vêtement plein de sueur et délace ses sandales. La brise vespérale qui s'est levée fait grincer les volets de bois. Elle court dans son dos et le fait frissonner. Il s'empare d'une serviette et se frictionne longuement. Lorsque son dos est bien rougi, il plonge son visage dans une cuvette d'eau fraîche et se relève en s'ébrouant. Il se sent mieux. Il enfile un pallium propre, change de sandales et avise le soleil couchant : le rendez-vous est pour bientôt. Une brève pensée le ramène en haut du Vesuvius, aux côtés d'Ergolus et de son cocher. Il les imagine affairés tous les deux sur ce sol verdoyant, examinant le moindre plant avec une attention soutenue. Il hausse les épaules. Quand la nuit sera tombée, ils sentiront le froid de la montagne les envelopper et ils regretteront de ne pas l'avoir suivi tout à l'heure. Mais il sera trop tard.

Dehors, les dernières boutiques baissent leurs volets et l'animation peu à peu s'éteint. Les rares passants pressent le pas pour rejoindre leur maison. L'heure de la cena approche et instinctivement, Labius s'empare d'un morceau de pain qui traîne sur une table et mâche avec lenteur la mie rassise. Un dernier coup d'œil dans la rue lui indique que la voie est libre. Il se glisse dehors et, à pas décidés, se dirige vers la prison, en proie à une grande excitation.

Marius est déjà là, tapi dans la pénombre d'un porche. Il fait signe à Labius de le rejoindre.

– Pelrios ne va pas tarder, chuchote-t-il. Il est toujours à l'heure. Qu'as-tu dit à ton savant ?

– Rien, répond le peintre sur le même ton. Il n'est pas ici. Il a préféré rester en haut du Vesuvius.

Il sent le regard de Marius le scruter :

– Pourquoi ? questionne-t-il. Il y a du nouveau ?

– Oui et non.

Mais il n'a pas le temps d'achever sa phrase. La porte de la prison s'est entrouverte dans un grincement particulier, et la silhouette de Pelrios s'encadre dehors

– Allons-y, murmure Marius.

Les deux hommes se faufilent jusqu'au garde qui referme prestement l'épaisse grille derrière ses visiteurs.

– Les sentinelles jouent aux dés, explique-t-il dans un souffle. Vous aurez le temps de passer sans vous faire remarquer. En bas, il n'y a que moi. Suivez-moi bien.

Ils longent une première salle de garde d'où s'échappent des éclats de voix. On peut entendre le roulement des dés sur le bois. Chaque silence est ponctué de jurons. Un couloir froid et humide les mène ensuite jusqu'à une pièce circulaire où descend un escalier. Quelques torches accrochées au mur éclairent par intermittence le trou lugubre où ils vont devoir s'engouffrer.

– Je croyais que tu amenais Romula Popidia jusqu'à nous, chuchote Marius. Tu as changé d'avis ?

– C'est trop dangereux. Si quelqu'un s'apercevait de son absence je serais un homme mort. Alors qu'il y a une cellule vide à côté de la sienne où vous pourrez vous faufiler en cas de danger.

Ces paroles plongent Labius dans l'angoisse. Que feront-ils si quelqu'un les découvre ici ? Déjà Marius a emboîté le pas à Pelrios et descend avec lenteur les marches glissantes. L'eau ruisselle le long des murs de la paroi. Le premier sous-sol est bientôt atteint. Un garde est assoupi, de dos, sur une table. Il ne tressaille même pas au léger bruit de pas des trois hommes qui s'enfoncent vers le second sous-sol.

– Nous n'arriverons jamais à remonter, gémit Labius.

L'humidité et le froid le rendent très nerveux.

– Tais-toi, gronde Marius. Nous sommes arrivés.

Pelrios a saisi une torche et s'avance dans le couloir jalonné de grilles.

– L'as-tu prévenue de notre visite ? demande Marius.

– Non.

Ils avancent encore de quelques mètres quand soudain un bruit de pas et de voix résonne dans l'escalier. Labius se retourne, horrifié, puis croise le regard inquiet de Pelrios.

– Qu'est-ce que c'est que ça ? murmure-t-il.

Il leur fait signe de s'arrêter. Ils entendent maintenant distinctement des pas descendre les marches qu'ils viennent eux-mêmes de franchir.

– Par Jupiter, ils sont au premier sous-sol et ils descendent encore, s'écrie Pelrios.

Les deux hommes se mettent à courir à sa suite, le cœur battant. Ils ne prêtent même pas attention aux voix qui s'élèvent des cellules qu'ils longent.

– Tenez, mettez-vous là, dit Pelrios en leur montrant le fond d'une cellule.

Il est très pâle et ils comprennent qu'ils doivent se tenir collés contre le mur. Pelrios referme en toute hâte la grille. Une voix s'élève alors.

– Que se passe-t-il, Pelrios ?

Marius et Labius ont le même sursaut au cœur. C'est la voix de Romula Popidia, si proche, si calme.

– Rien, bredouille le garde. Rendors-toi, noble patricienne. Je fais mon tour de garde.

Maintenant, Marius et Labius peuvent distinguer nettement les voix qui résonnent contre les murs suintants de la prison. Les visiteurs ont atteint le bas de l'escalier et s'engagent dans le début du couloir. À nouveau la voix de Romula s'élève :

– Est-ce un nouveau prisonnier que l'on amène ?

Mais Pelrios ne répond pas. Il est en train de parler avec les nouveaux arrivants. Marius et Labius, collés contre leur mur, devinent la présence de Romula de l'autre côté de la paroi. Ils écoutent sa respiration saccadée. Son souffle est rauque, comme si elle était souffrante. L'envie tenaille Labius de lui parler. Cette présence si proche le rend fou. Comme s'il devinait son désir, Marius lui plaque d'autorité sa main sur la bouche.

– Tais-toi. (Sa voix est à peine audible.) Si l'on nous découvre, tout est perdu.

– Il y a quelqu'un ?

Sa voix les fait tressaillir. À cet instant, les pas ont repris et s'avancent dans leur direction. On entend Pelrios qui s'étonne à haute voix que le duumvir n'ait pas cru bon de le prévenir personnellement. Une voix plus grave lui répond que le duumvir a signé un ordre. Cela revient au même. Les deux amis échangent un regard incrédule : ils ont reconnu Vicario. Cette fois-ci, le flambeau de Pelrios passe devant la grille de leur cellule, lançant des ombres menaçantes sur les murs, puis s'arrête. Son trousseau de clefs cliquette dans le silence.

– Bonsoir, Romula Popidia, dit Vicario.

Elle ne lui répond pas. Seul le bruit de la porte que l'on pousse fait entendre ses grincements.

– Le duumvir souhaite te changer d'étage. Il craint que tu ne prennes froid ici, reprend Vicario. J'espère que tu seras sensible à ses attentions.

Les gardes ont dû la saisir, parce que les deux hommes voient soudain passer devant leur grille une longue silhouette titubante.

– Où m'emmènes-tu ? dit-elle enfin.

Sa voix fatiguée ne lui ressemble pas.

– Un peu plus haut, vers l'air libre. Tu y seras mieux.

À nouveau le flambeau de Pelrios passe devant leur cellule, puis les pas s'éloignent jusqu'à l'escalier. Chaque marche est gravie lentement, comme si la prisonnière avait du mal à marcher. Puis le silence retombe, comme une chape gluante. Marius s'approche de la grille et la pousse légèrement. Il va s'engager dans le couloir quand il croise deux yeux fauves qui le dévisagent. Il recule, surpris, avant de se reprendre. C'est un prisonnier qui le regarde fixement, le front appuyé contre les barreaux.

– Par Isis, où est Pelrios, jure-t-il. Je n'arriverai jamais à nous tirer de là tout seul.

– Où est Romula, surtout, gémit Labius. Elle était là, si proche, et voilà qu'on la transfère au moment même où nous arrivons !

Marius retourne dans la cellule et se laisse tomber sur le sol. Ils patientent un long moment, frissonnant l'un contre l'autre. En face, le prisonnier s'est rendormi. Quand enfin le garde revient, les deux hommes sont transis de froid. Ils veulent lui poser des questions mais Pelrios pose un doigt sur ses lèvres. Silencieux, ils font le chemin en sens inverse et parviennent au bas de l'escalier. Là enfin, il se tourne vers eux, et Labius prend soudain conscience de son aspect repoussant :

– Vicario est venu sans prévenir, chuchote-t-il. Il avait un ordre du duumvir Secundus pour changer Romula Popidia d'étage. Elle n'est plus sous ma surveillance, maintenant. Je ne peux plus rien faire.

– Tu veux dire que nous ne pourrons pas la voir ce soir ? demande Marius, très déçu.

– Je ne m'entends pas avec le garde du premier sous-sol, réplique Pelrios. Il sera impossible d'arranger une entrevue avec lui.

Marius et Labius échangent un regard navré. Ils attendaient tellement de cette rencontre qu'ils ne peuvent imaginer qu'elle n'ait plus lieu.

– Pourquoi l'a-t-on transférée ? demande enfin Marius.

Pelrios a un geste d'ignorance.

– C'est plutôt bon signe, dit-il juste. Les prisonniers que l'on veut laisser mourir restent à jamais au second sous-sol. Ils ne résistent guère plus de deux ans. À présent, je vous ramène.

On le sent devenir nerveux. Marius n'insiste pas. Il s'agit de sortir sans encombre de la prison. La remontée s'effectue avec lenteur, Pelrios en premier. Au premier sous-sol, le garde naguère endormi est tout à fait éveillé. Il se promène de long en large dans le couloir bordé de cellules, particulièrement attentif à sa nouvelle pensionnaire. Son trousseau de clefs rythme sa marche d'un bruit de ferraille que Pelrios épie. Lorsque le garde est de dos, tout au bout du couloir, il s'élance et franchit le palier. Les deux hommes lui ont emboîté le pas et se retrouvent à sa suite, vers le rez-de-chaussée. La partie de dés des hommes de garde, un instant interrompue par la visite de Vicario, a repris aussitôt. Ils passent sans difficulté devant et parviennent jusqu'à la grille extérieure.

– Qu'Isis te protège, dit Marius. Tu nous as bien aidés, même si les événements se sont ligués contre nous.

Labius lui donne une accolade froide tant l'homme le révulse. Et puis la déception qu'il ressent se reporte sur le malheureux garde.

Dehors, la nuit est tombée. Plus personne ne se trouve dans les rues.

– Allons parler dans la boutique où je t'ai reçu un soir, dit Marius.

Le peintre maugrée. Le magasin est à l'autre bout de la ville et il a froid et faim.

– À quoi bon, dit-il, nous n'avons rien de nouveau.

Mais Marius insiste. Son affranchi aura sûrement quelque chose à leur donner à manger. Labius le suit, mécontent. Le plat chaud que Marius lui confectionne rapidement sur le brasero de l'arrière-boutique le rassérène un peu.

– Pourquoi est-ce Vicario qui fait appliquer les décisions de la ville, s'interroge Marius. Ce n'est pas logique. Il n'a plus aucun pouvoir. Normalement, il est le fermier des impôts municipaux, c'est tout.

– Il a la nostalgie de son ancien pouvoir, ou alors ses habitudes sont tellement ancrées qu'il ne parvient pas à en changer. C'est ce qu'il m'a dit tout à l'heure quand il m'attendait devant la maison.

Marius lève un sourcil, étonné :

– Il t'attendait ? Pourquoi cela ?

– Il a des champs sur le Vesuvius et ses cultures sont atteintes d'un mal étrange. Les autres fermiers et lui s'inquiètent.

– C'est pour cette raison qu'Ergolus est resté là-haut ?

Labius hoche la tête.

– Il a l'air inquiet. Il a parlé d'émanation de gaz. C'est curieux.

– Je ne savais pas que Vicario avait autant de terres, remarque Marius.

– Moi non plus. Quand je le lui ai fait remarquer, il a plaisanté curieusement sur le fait qu'être le premier magistrat de la ville rapportait bien. Il s'est montré très aimable, ensuite. Je me demande si nous ne faisons pas fausse route.

– Bon sang, murmure l'ancien duumvir. Comment n'y ai-je pas pensé plus tôt !

Il attrape avec brusquerie Labius par son pallium :

– Comment n'y ai-je pas pensé plus tôt ! répète-t-il avec force. L'argent ! C'est toujours l'argent qui motive Vicario ! L'argent de Minas, bien sûr, mais surtout l'argent de la colonie ! (Il s'est levé, emporté par sa fougue.) Voilà l'arbre qui cachait la forêt ! Minas n'est qu'une broutille par rapport à ce qu'il a brassé au nom de la colonie.

Désemparé, Labius le regarde sans comprendre. Marius poursuit sur sa lancée :

– Regarde plutôt : les richesses de Vicario ne peuvent venir du seul culte de Minas. Cet homme est insolemment riche depuis le tremblement de terre alors que tout le monde a été ruiné ! Il n'y a qu'une explication : il s'est enrichi par son rôle éminent au sein de la ville. Il avait tous ces registres soi-disant détruits à sa disposition grâce à Jucundus. Il s'est servi de la destruction du cadastre pour instituer ses propres règles, et il a rançonné tous les fermiers de la colonie contre je ne sais quelle menace. Ceux qui refusaient étaient exécutés. Les meurtres, signés d'un as dans la bouche, ont fini par avoir raison des plus récalcitrants. Seulement le questeur est arrivé. Il allait tout remettre en question ! Souviens-toi de la précision du commis Aemilius : il a été assassiné *alors qu'il n'avait pas encore consulté le registre des recettes et des dépenses*. C'est la meilleure preuve de la culpabilité de Vicario. Mais comme il fallait trouver un coupable, il s'est débrouillé pour diriger les soupçons sur Romula Popidia à travers ses esclaves. Et voilà comment il a réussi à se débarrasser de deux personnes gênantes à la fois !

– Et Jucundus, là-dedans ? demande Labius, étourdi par ce flot de paroles.

– Jucundus est son complice, bien sûr ! Sans lui, il n'aurait pu avoir accès à la liste des fermiers. Ils ont œuvré ensemble.

– Mais alors pourquoi a-t-il été agressé ?

– Pour donner le change !

Toutes ces déductions plongent Labius dans un abîme de perplexité.

– J'aimerais trouver une explication plus simple. Je n'aime pas mettre en cause des gens aussi importants que Vicario. Il m'a paru sincère, tout à l'heure.

– S'il l'était vraiment, Romula ne serait pas en prison.

– Nous avons beaucoup de présomptions contre lui, mais rien de tangible.

– Si nous mettons la main sur ses comptes occultes, nous serons sauvés, réplique Marius. Et peut-être Ergolus Ergocus acceptera-t-il de témoigner de l'antagonisme existant entre Vicario et Romula. Cela fera un élément de plus.

Labius soupire.

– Ergolus est bien plus préoccupé par son Vesuvius. Quand je pense qu'il va aller annoncer les pires catastrophes au conseil... Je me demande quelle sera la réaction du duumvir.

Deux jours plus tard, Ergolus Ergocus revient, harassé. Ses trois jours d'observation lui ont permis de sentir avec netteté cette émanation de soufre décrite par son ami Plinius. Une odeur irritante qui l'a gêné une nuit durant. Il s'étonne que Labius n'ait rien perçu : l'odeur lui a paru suffisamment forte pour descendre jusqu'à la ville.

Le peintre lui fait part de l'invitation de Vicario. L'occasion est parfaite pour présenter sa thèse. Pourtant Labius le sent incertain. À l'évidence, le savant est perdu dans ses hypothèses. Il attribue ainsi le dépérissement des cultures à l'influence des gaz ; mais comment en convaincre les autorités sans l'ombre d'une preuve scientifique ? Il estime néanmoins de son devoir de tenter une démarche.

Labius l'accompagne le lendemain de son retour à la basilique Le nouveau duumvir, Ceius Secundus, leur fait bon accueil ainsi que l'ensemble des magistrats et patriciens présents. Les propriétaires terriens concernés par la maladie du Vesuvius sont au premier rang. Parmi eux, Vicario ne quitte pas des yeux Ergolus Ergocus.

Le duumvir dissimule mal une mine soucieuse. Les problèmes rencontrés par les agriculteurs sur les flancs du Vesuvius le tourmentent. Pompéi a perdu beaucoup de ses industries au lendemain du séisme de l'an 815. La fertilité de sa terre est l'une de ses dernières richesses. Il n'est jamais bon signe qu'un même symptôme attaque l'ensemble des cultures.

– Tu as fait un long voyage pour venir jusqu'au Vesuvius, Ergolus Ergocus. Nous savons que tu t'y intéresses depuis longtemps. Peut-être sauras-tu apaiser les tourments des agriculteurs. Leurs cultures sont attaquées par une mystérieuse maladie qui freine leur croissance. Tu es déjà venu ici étudier notre Vesuvius. Penses-tu fournir un élément de réponse ?

– Je suis très honoré que le conseil de la ville vienne me demander un avis, répond le savant. Je crains cependant de ne pouvoir apporter une réponse aussi simple que vous l'espérez.

Cette phrase intrigue les magistrats.

– Explique-toi, dit Ceius Secundus.

– Je reviens de trois jours et deux nuits passés au sommet du Vesuvius. La faiblesse de la végétation et les émanations gazeuses que j'ai pu observer m'incitent à la prudence. Le Vesuvius est répertorié par les Anciens comme l'une des forges de Vulcain. Il se pourrait que les manifestations dont nous parlons soient les conséquences d'un réveil de la montagne.

Un silence médusé accueille ses propos.

– Veux-tu dire que notre Vesuvius serait comme l'Etna[22] ? interroge d'une voix hésitante l'un des magistrats.

– Je le pense.

– Il n'en a pourtant ni l'apparence, ni l'activité, remarque Ceius Secundus, sans dissimuler sa méfiance.

– Les matériaux de construction utilisés par les Pompéiens sont les mêmes que ceux utilisés aux abords de l'Etna. La fertilité de votre terre est caractéristique : elle se retrouve autour de toutes les montagnes que Vulcain habite. Certaines émanations de gaz correspondent aussi aux descriptions des Anciens. J'ai moi-même senti du soufre là-haut. Il n'y a que la forme de la montagne qui diffère. Mais je suis catégorique, le Vesuvius est semblable à l'Etna.

– À la différence qu'il n'a pas de feu, observe un patricien.

– Il est vrai. Mais ces montagnes sont creuses. Le vent, en s'engouffrant dedans, réveille les cendres et leur redonne vie. Lorsque la pression est trop forte, la montagne s'ouvre pour laisser échapper ce feu dévorant. Il se répand alors telle une boue noire sur la montagne et engloutit tout sur son passage[23].

Les magistrats échangent des regards stupéfaits. Ils apprennent que le Vesuvius peut se réveiller de son long sommeil séculaire quand ils attendent un simple remède pour traiter les cultures.

– Je n'ai rien respiré qui ressemble à du soufre, objecte l'un d'eux. Ne t'es-tu pas trompé ?

– Il y a trop d'éléments concordants pour que je puisse me tromper sur la nature du Vesuvius. Bien d'autres avant moi les ont repérés. Je devine un changement que je ne sais définir avec précision. Quelque chose est en train de bouger au sein de la montagne. Je crains de grands malheurs, mais je ne puis vous les certifier. C'est un sombre pressentiment, que partage avec moi l'amiral de la flotte de Misène, Plinius Secundus.

– Je connais cet homme de réputation, reconnaît Ceius Secundus. Je ne savais pas qu'il s'intéressait à ce sujet.

– Plinius est un grand savant. Son *Historia Naturalis* répertorie dix forges de Vulcain. Le Vesuvius en fait partie. N'oublie pas que, sur ordre de Jupiter, Athena a jeté Minas, le frère d'Encelade, sous le Vesuvius.

Ceius Secundus ne répond rien. Le nom de Minas a jeté un froid dans la basilique. Il quête du regard l'avis de ses collègues. Un patricien prend la parole :

– Les agriculteurs s'affolent, certes, mais ce n'est ni la première ni la dernière fois. Ils obtiendront des aides de la ville une fois de plus. Pourquoi ne pas attribuer ce dépérissement à une simple maladie comme il en arrive tant ? Je ne me souviens pas d'une année sans problème de ce type dans nos cultures.

– C'est vrai, approuve un autre.

– Ces émanations de gaz existent, je ne les ai pas inventées, proteste Ergolus. Le Vesuvius est en train de changer.

– Et comment va-t-il changer ? interroge Ceius Secundus. Est-ce de sa forme, dont tu parles ?

– Je ne sais ce qui peut se passer, admet le savant. Je n'ai que des écrits à vous soumettre pour vous convaincre. J'ignore tout des risques à venir. Mais si le feu devait exploser, les conséquences s'avéreraient dramatiques pour Pompéi, tout comme pour Herculanum.

– Et si nous contactions le duumvir d'Herculanum ? Peut-être les agriculteurs ont-ils les mêmes problèmes que nous ? suggère un magistrat.

– Ils ont certainement les mêmes soucis, dit Ceius Secundus. Nos terres sont proches les unes des autres. Nous rencontrons toujours les mêmes infestations. Cela ne nous apportera rien. Je voudrais savoir surtout ce que propose Ergolus Ergocus.

– Je propose d'offrir des offrandes à Vulcain et à Vénus. S'ils devaient se mettre en colère, l'abondance de nos cadeaux parviendra peut-être à les toucher et à les faire changer d'avis.

– Je me refuse à organiser une telle cérémonie, déclare, péremptoire, Ceius Secundus. Le faste qu'elle réclame étonnerait nos concitoyens et les inquiéterait. Je veux bien, en revanche, confier la sauvegarde de la ville à un prêtre. Personnellement, les arguments que tu nous as soumis ne me convainquent pas. Ma famille est installée ici depuis toujours[24]. Jamais il n'y a été dit que le Vesuvius abritait une forge de Vulcain. Nous savons pourtant les dégâts occasionnés par l'Etna. Il me semble que si le Vesuvius représentait un tel danger, il serait connu depuis toujours. S'il ne l'est pas, ainsi que nous nous accordons tous à le dire aujourd'hui, c'est que ce danger n'est pas fondé, et n'a jamais existé.

La logique de sa démonstration est approuvée par l'ensemble des magistrats. Seul Vicario se lève. Son intervention suscite aussitôt le silence :

– Et pourquoi ne pas offrir aussi un sacrifice en l'honneur de Minas ? dit-il.

L'audace de sa proposition fait bondir Ergolus :

– Minas est un monstre qui s'est révolté contre Jupiter, s'écrie-t-il. Offre-t-on des sacrifices à Encelade ?

– C'est pourtant Minas qui risque de renverser le Vesuvius par ses soubresauts. Ce n'est pas Vulcain.

– Tes propos sont blasphématoires, proteste le savant. C'est toi qui as attiré sur nous le courroux des dieux avec ton culte sacrilège. Minas est leur prisonnier. Comment pourrions-nous rendre hommage à celui qui crée le mal ?

– Le tribun de Vespasianus a supprimé ce culte, Vicario. Dois-je te rappeler qu'il a pris tout l'argent qui lui était consacré et nous a fermement invités à honorer nos dieux ? intervient le duumvir. Je vais charger un prêtre de déposer des offrandes à l'intention de Vulcain et Vénus, car il est toujours bon d'honorer les dieux. Pour les cultures, nous allons surveiller de près la progression du mal.

Nous verrons ainsi si nous pouvons l'enrayer. Nos agriculteurs ont déjà démontré à plusieurs reprises leurs talents. Nous te prouverons, ami, que tes pressentiments étaient sans fondement.

Le savant s'incline sans un mot. Puis, suivi de Labius, il quitte l'enceinte de la basilique. Une grande agitation s'est emparée de lui. Il doit s'asperger d'eau à la fontaine de la place pour se calmer. La fraîcheur lui fait du bien.

Lorsqu'il se relève, le courroux se lit encore dans ses yeux.

– Nous courons vers une grande calamité, dit-il, amer. La proposition blasphématoire de Vicario est arrivée aux oreilles des dieux. Nul ne pourra leur faire oublier cette offense. Cet homme va causer la perte de votre ville.

– Tu n'as aucune certitude, proteste Labius.

– Je suis un homme de science. Je sens les éléments se mettre en marche.

– Ne pourrais-tu pas plutôt nous aider à sortir Romula de prison en témoignant contre Vicario ?

Le savant le regarde avec stupéfaction :

– Crois-tu vraiment que mon témoignage sera crédible, dit-il enfin. Vicario est devenu fermier des impôts municipaux. Tout le monde lui accorde confiance. Et moi, on ne m'écoute même pas quand je vous mets en garde. Ce n'est pas une bonne idée. Prouve d'abord son innocence. Alors je pourrai t'aider.

Il s'éloigne, laissant Labius seul sur le parvis. Derrière lui, il entend les deux battants de la basilique s'ouvrir et laisser échapper les membres du conseil. Tous sont plongés dans de vibrantes discussions. En l'apercevant, le duumvir s'approche de lui :

– Labius, toi qui reçois cet homme et le connais, réponds-tu de sa santé mentale ? lui demande-t-il.

– C'est un grand savant, répond le peintre, sans conviction.

Le duumvir hoche la tête, songeur. Autour de lui, les autres membres du conseil qui se sont approchés haussent les épaules : le discours du savant ne les ébranle pas. L'ancienneté de leurs attaches campaniennes suffit à les rassurer sur l'éventualité du cataclysme évoqué par Ergolus. Si aucune légende, aucune archive ne le mentionne, c'est que le danger n'existe pas.

VIII

Sixième jour avant les ides d'août de l'an 832[1]

Le calme du Vesuvius renforce les membres du conseil dans leurs certitudes : les derniers rapports des agriculteurs se montrent optimistes et personne n'a senti cette fameuse odeur de soufre dont a parlé Ergolus. Seule la terre qui s'agite de soubresauts inhabituels les rend perplexes. Bien que le sol campanien soit connu pour ses secousses, ces dernières n'ont jamais revêtu cette fréquence. Personne pourtant ne déplore de dégâts importants. Les Pompéiens, habitués aux caprices de leur terre, ont accepté sans rechigner sa soudaine brusquerie.

Pour Labius, les découvertes du savant ont eu pour effet de l'installer définitivement chez lui : il n'envisage pas de repartir et ne veut pas déménager chez Julia Felix. Le peintre en est donc réduit à partager sa chambre exiguë, les rares soirs où Ergolus est présent. Car celui-ci passe maintenant ses jours et ses nuits en haut du Vesuvius, à l'affût du moindre changement. Ses propos alarmistes ont vite fait le tour de la ville, mais sans le succès escompté. Savoir Ergolus dans la montagne, à l'abri d'une tente de fortune, alimente les conversations des thermopolia et fait sourire dans les cenae. Sa réputation de savant s'efface au profit de celle d'original.

Si Labius accorde peu de crédit au discours du savant, il lui en veut de son désintérêt pour Romula Popidia. La manière dont il a refusé de témoigner continue de le révolter. Il croyait avoir trouvé un soutien mais l'attrait du Vesuvius a été le plus fort. Et pourtant qui, sinon Romula, alimentait les connaissances d'Ergolus ?

– Il ne sert à rien de ruminer ta rancune, lui dit un soir d'un ton abrupt Marius. Nous sommes les seuls à tenter d'en savoir davantage. Continuons plutôt que de perdre notre temps.

Ils sont à nouveau dans l'arrière-boutique du magasin d'étoffes, à l'abri des regards curieux.

– Il faut retrouver ces livres de comptes que le questeur n'a pu consulter, continue Marius. Eux seuls pourront nous donner un élément de réponse.

– Ils sont chez Vicario, puisque c'est lui le nouveau fermier des impôts municipaux, dit Labius.

– Je n'en suis pas certain. L'affaire remonte à quelques années. Logiquement, ces registres devraient se trouver au tabularium. Vicario ne doit plus en avoir besoin.

– N'importe qui peut-il consulter les archives du tabularium ? interroge Labius.

Marius sourit :

– En principe, non. Mais je ne suis pas n'importe qui. Je suis toujours membre du conseil.

Dès le lendemain, Marius se rend au tabularium. Il ne l'a visité qu'une seule fois, lorsque le tribun de Vespasianus, une fois la reconstitution du cadastre terminée, a décidé d'un nouvel endroit pour entreposer la liste des biens de la colonie. Le bâtiment est propre et clair. Un archiviste se présente aussitôt à lui.

– Consulter les registres de la colonie ? s'étonne-t-il. Mais nous n'en avons aucun ! Ils sont tous chez le fermier général.

– Ne doit-il pas les déposer ici à chaque fin d'année ?

– Si, bien sûr, approuve l'homme. Mais depuis l'an 815[2], il n'y avait plus de tabularium. Jucundus a dû tout garder chez lui. Le nouveau fermier restituera prochainement l'ensemble.

– Jucundus gardait-il ses comptes, avant la catastrophe ? interroge Marius.

L'archiviste secoue la tête :

– La loi veut que tous les textes relatifs à la colonie soient déposés au tabularium. Jucundus n'avait chez lui que des copies, ou des actes relevant de sa profession de banquier.

Marius quitte l'endroit, contrarié. Il sait trop bien qu'il ne parviendra jamais à consulter les documents qu'il souhaite. Jucundus ou Vicario ne le laisseront pas même entrer. Il s'apprête à traverser la place du forum quand il est attiré par un bruit inhabituel. Ses yeux se tournent vers la fontaine qui orne le centre de la place. Des bacchantes en obsidienne soutiennent gaiement une amphore d'où ruisselle un mince filet d'eau. Marius s'approche, intrigué. L'eau n'a jamais coulé de cette manière si misérable, sauf en l'an 815, lorsque des éboulis avaient obstrué la source. Il s'approche. En dépit de ses efforts, le flux ne grossit pas. L'ancien duumvir demeure perplexe. Il connaît la source qui alimente les différentes canalisations de la ville. Il sait aussi comment le réseau a été réparé pour avoir lui-même supervisé les travaux aux côtés de Vicario. Rien n'explique le curieux dysfonctionnement de la fontaine.

– Que regardes-tu donc ainsi ?

Il se retourne brusquement. Vicario l'observe, entouré des deux édiles. Ils doivent arriver de la basilique.

– C'est la fontaine, marmonne Marius. Elle n'est pas normale.

– L'arrivée d'eau est très faible, reconnaît l'un des édiles.

Il s'approche et tend la main sous le jet. Les quelques

gouttes qui viennent s'écraser sur sa main accentuent sa perplexité ;

– Elle ne donne plus rien, oui ! constate-t-il. Y aurait-il un problème avec les canalisations ?

– Elles ont été refaites à neuf, tu le sais bien, dit Vicario. Cela nous a coûté assez cher !

Marius saute sur l'occasion.

– Justement, Vicario, j'étais curieux de connaître le montant de nos investissements pour remettre la ville d'aplomb. Au tabularium, on m'a conseillé de m'adresser à toi.

Vicario lui jette un regard surpris :

– Pourquoi t'intéresses-tu soudain à cela ?

– Par fierté. J'ai été à tes côtés comme duumvir, ne l'oublie pas.

– Comment se fait-il que ces documents ne soient pas au tabularium, s'étonne l'édile.

– Je dois d'abord les récupérer chez Jucundus, répond Vicario. Le tabularium étant détruit, c'est lui qui a tout gardé.

– Il aurait pu les remettre, depuis, dit l'édile.

– Jucundus est un homme fatigué. Je vais réunir ces documents d'ici peu et les remettrai au tabularium. Tu pourras alors les consulter, dit Vicario à l'adresse de Marius. Tu n'es pas si pressé ?

Un bruit d'eau les fait sursauter. La fontaine a accéléré son débit et crachote. Elle retrouve d'un coup son débit puissant et des gouttes jaillissent sur les quatre hommes qui reculent, étonnés.

– N'est-ce pas étrange, ce changement de rythme ? murmure l'un des édiles.

– Ce n'est rien, dit Vicario. Quelque chose a dû gêner l'arrivée d'eau. Poursuivons notre route.

Marius les regarde s'éloigner, songeur. Un bref coup d'œil à l'horloge solaire lui indique qu'il est temps de rejoindre sa demeure, quand le grincement des roues d'un carrus le fait se retourner. Il reconnaît Ergolus Ergocus installé dans la voiture. Le savant lui fait un signe de la main et arrête la voiture. Marius hâte le pas pour le saluer.

– Je ne te demande pas où tu vas, dit-il d'un ton léger.

Ergolus ne sourit pas.

– Je vais toujours au même endroit. Mais cette fois-ci, j'y resterai longtemps.

– Qui aurait cru que le Vesuvius aurait l'honneur de susciter l'intérêt d'un érudit de Rome ! s'exclame Marius.

Lui non plus n'accorde aucun crédit aux suppositions d'Ergolus. Nul document n'a mentionné de catastrophe de ce type dans la région.

– Tiens, plaisante-t-il. Je te signale que l'eau de la fontaine coulait très mal tout à l'heure. Le débit est redevenu normal il y a peu de temps. Peut-être les profondeurs de la terre sont-elles pour quelque chose dans ce phénomène ?

Le savant paraît très bouleversé par la nouvelle.

– Cela a-t-il duré longtemps ? demande-t-il.

– Je ne saurais te dire. Je suis arrivé peu de temps avant que cela ne se remette.

– L'eau et le feu sont intimement liés, dit Ergolus. Tu ne crois pas si bien dire en attribuant aux forces terrestres ce phénomène. Prie donc les dieux au lieu de te moquer de moi ! Tu riras moins si mes pressentiments se révèlent justes.

– Je ne veux pas me moquer de toi, s'excuse Marius. Tes propos sont sûrement dictés par de la bienveillance à notre égard. Mais j'ai d'autres soucis en ce moment que d'écouter tes folles théories.

– Romula Popidia, ta concitoyenne, y croyait bien, elle !

– C'est justement d'elle dont je me préoccupe, dit Marius. Et je regrette que tu ne prennes pas plus de temps pour défendre celle qui t'a été si précieuse en tant que collaboratrice.

Le savant se penche vers Marius, le visage éclairé d'une ombre de folie :

– Son image ne me quitte pas, Marius Rufus. Mais je ne

peux consacrer mon énergie à une seule personne quand il y en a plus de quinze mille à sauver !

Sur son ordre, le cocher fouette les mulets et le carrus s'ébranle. Marius le regarde disparaître, interloqué, dans un nuage de poussière. Quinze mille personnes à sauver ! Mais de qui parle-t-il ? Comme il reprend sa marche, une nouvelle idée germe dans sa tête. Si les livres sont encore chez Jucundus, peut-être son commis Aemilius le laissera-t-il les examiner. Il a toujours entretenu de bons rapports avec lui.

Aemilius sort du bureau quand Marius se présente. L'homme semble pressé et d'humeur peu bavarde. Marius fait mine de ne pas le remarquer.

– Tu veux voir les registres de la colonie ? s'exclame Aemilius. Mais ils sont au tabularium ! Ici nous n'avons que des actes privés.

– Mais pourtant, tu m'avais bien dit que vous aviez des archives, vous aussi. Et j'ai appris aussi que vous aviez gardé les livres de la colonie faute de tabularium où les déposer.

– C'est vrai, mais cela fait déjà quelque temps qu'ils ont été remis au nouveau tabularium. Je suis désolé, je ne peux rien pour toi.

Il achève de donner un tour de clef à la porte et s'éloigne en courant, après un bref signe de la main. Marius reste seul, plus perplexe encore. Où se trouvent ces livres ?

– Il n'y a que deux endroits où ils peuvent se trouver : chez Vicario, ou chez Jucundus, résume Labius, un peu plus tard. Mais il faut trouver le moyen de parvenir jusqu'à eux.

– Je suis indésirable dans les deux cas, dit Marius. Et je doute que Jucundus te reçoive à nouveau. Peut-être peux-tu essayer de faire parler Marcia Vicaria.

– Peut-être, dit Labius, sans conviction.

Mais il ne s'en sent guère le courage. Ses chantiers se

multiplient et certains de ses clients apprécient mal de ne jamais le voir.

– J'essaierai d'y aller un jour prochain, finit-il par promettre.

Quelques jours plus tard, le niveau d'eau de certains puits baisse de manière curieuse. La situation tracasse Ceius Secundus. Il envoie des hommes observer l'aqueduc. Mais celui-ci se révèle en parfait état. Il faut chercher ailleurs la raison de cette faiblesse. On la trouve bientôt.

Labius peint un détail d'une fresque quand il sent soudain son pinceau lui échapper et parcourir tout le panneau jusqu'au mur suivant.

– Mais, qu'est-ce qui... ? jure-t-il, avant de sentir les murs tanguer autour de lui et de vaciller sous une force inconnue.

– Un tremblement de terre, crie l'un des peintres, habitué à ces séismes de très faible amplitude, qui font osciller les meubles et les étalages sans causer de ravages. Plusieurs amphores se cassent, répandant le pigment sur le sol en mosaïque de l'atrium qu'ils décorent.

Labius mettait la touche finale au portrait de la maîtresse de maison quand le tremblement de terre est survenu. Maintenant le visage est traversé d'une ligne rouge qu'il doit entièrement rectifier. Il s'y applique en pestant, tandis que ses assistants ramassent les morceaux d'amphores et les pigments répandus à terre.

– C'est curieux, dit soudain l'un d'entre eux. Il se passe beaucoup de choses étranges en ce moment. J'en viendrais presque à croire les prédictions des Juifs.

– Ne te laisse pas abuser par des phénomènes normaux, répond Labius, en effaçant d'un chiffon propre la longue barre qui défigure son portrait. Nous avons l'habitude des séismes, ici. Celui-ci est juste un peu plus fort.

Il s'applique, les yeux à quelques centimètres de la peinture. Il efface en tamponnant doucement la partie incriminée, et le rouge part peu à peu.

– Tout de même, reprend l'assistant, cela ressemble

bien à une punition. Les Juifs disent que leur dieu se venge de leur temple détruit à Jérusalem par notre nouvel empereur Titus en l'an 822[3].

– Cela remonte à dix ans, réplique Labius. Et Titus n'était pas encore empereur. Leur dieu ne se serait pas montré si patient !

– À moins que ce ne soit justement parce que Titus est devenu empereur, insiste l'autre. Réfléchis... l'eau tarit dans les fontaines, les cultures dépérissent... ce n'est pas habituel !

– L'eau ne tarit pas dans toutes les fontaines, rectifie Labius. Il y a simplement un petit nombre de puits qui sont touchés. Ils doivent dépendre de la même source souterraine. Quant aux cultures, nous savons tous que l'agriculture est à la merci d'une maladie. Ce n'est pas nouveau.

– Toi qui abrites ce savant, tu dois avoir quelques informations, dit un autre. Que te raconte-t-il ?

– Pas grand-chose en ce moment, répond Labius. Il est parti depuis plusieurs jours en haut du Vesuvius. Il se livre à des expériences.

– Est-ce un sage ou un fou ? interroge le premier assistant.

La question est pertinente. Labius termine sa manœuvre minutieuse avant de répondre. Il ne sait pas lui-même ce qu'il pense d'Ergolus Ergocus.

– Je l'ignore, dit-il enfin. Il a l'air de savoir beaucoup de choses.

– Je préférerais que ce soit un fou, conclut l'assistant. Ce serait plus rassurant.

Labius sourit. Son disciple a raison. Ergolus n'annonce rien de bien réjouissant. Son absence de l'atelier a dissipé le malaise produit par sa mine sombre.

Sa fresque est rattrapée dans la soirée. Le portrait de la maîtresse de maison à l'heure de sa toilette séduit par son aspect intimiste. Le calme paisible qui émane de la matrone contraste avec les turbulences qu'annoncent les Juifs ou Ergolus Ergocus. Labius est satisfait.

En sortant de la maison, il se heurte à Marius Rufus qui l'interpelle.

– Je m'inquiète de savoir quand tu pourras aller voir Marcia Vicaria. Romula Popidia croupit toujours au fond d'un cachot. L'as-tu déjà oubliée ?

– Je ne sais quel motif invoquer pour m'adresser à elle, s'excuse-t-il en soupirant. Je ne vois guère comment elle pourrait savoir où se trouvent ces registres.

– Invente quelque chose, n'importe quoi ! Il n'y a que toi qui puisses y aller ! Dis par exemple que tu veux décorer gracieusement les bureaux privés de Vicario en l'honneur de sa nouvelle nomination.

– Parce qu'il a des bureaux privés ? s'étonne le peintre.

– Je n'en sais rien ! Mais s'il en avait, on pourrait imaginer que les registres s'y trouvent !

Sa rudesse fouette Labius. Il décide dès le jour suivant de se rendre chez les Vicarii, sous le prétexte d'offrir à Marcia ce petit instrument de jardin qu'il avait ramassé autrefois, et qui traîne dans son atelier. Marcia s'apprête à partir en ville quand il arrive. Sa visite impromptue l'étonne visiblement. À ses côtés, une forte esclave tient deux paniers à chaque bras. Conscient qu'il dérange, il se fie à son intuition et improvise. Marcia, à l'évidence, pensait qu'il venait pour Vicario. Détrompée, elle s'empresse de le faire entrer dans le triclinium d'été. Sa curiosité ne lui fait pas oublier les règles élémentaires de politesse. Elle hèle un esclave afin qu'il apporte du gustaticium. Labius profite de son court instant d'absence pour s'approcher, mine de rien, de l'un des coffres sur lequel est posé un écrin de cuir fauve. Dessus, reflétant les rayons de lumière, s'étale une belle collection de pièces anciennes soigneusement époussetées. Il sent brusquement une bouffée de fièvre l'envahir. Il y a quinze ans, lors de sa première cena à Pompéi, chez Suedius Vicario, le somptueux triclinium contenait déjà ce même écrin qui l'avait ébloui. Comment ne s'en est-il pas souvenu lorsque le décurion lui a décrit les meurtres ?

Il réprime un sursaut en entendant Marcia lui proposer de la rejoindre. Elle porte un cyathe de gustaticium à la main qu'elle lui tend.

– Tu es tout rouge ! remarque-t-elle. Tu dois mourir de soif. Alors raconte-moi. Je suis impatiente de connaître le motif de ta visite.

Dans son émotion, le peintre boit sa coupe d'un trait, sous l'œil ébahi de Marcia. Il se sent ragaillardi :

– Je suis mandaté par certains dignitaires de la ville qui préparent un cadeau à Suedius Vicario, invente-t-il. Ils souhaitent lui offrir la décoration de ses bureaux privés et m'en ont confié la réalisation.

Marcia le regarde avec une telle stupeur qu'il devine aussitôt qu'il fait fausse route :

– Ses bureaux privés ? Mais il n'a pas de bureaux privés ! Qui donc a pu te demander quelque chose d'aussi extravagant ?

Le nom de Marius lui brûle les lèvres, mais il se contente de le maudire copieusement en silence.

– Je m'exprime mal, se reprend-il. Le souhait de ces dignitaires est de décorer la pièce où il exercera désormais la fonction de fermier des impôts municipaux.

Marcia secoue la tête, indécise.

– Tout le monde sait que le fermier de la colonie occupe les lieux officiels affectés à sa charge. Il n'y a pas de bureau privé pour cela. Je n'y comprends rien. Et je me demande à quel lieu pensent ces dignitaires. Ne crois-tu pas qu'il pourrait s'agir de ce bureau que Vicario occupait autrefois dans notre ancienne maison ?

Labius se jette sur cette possibilité :

– Oui, c'est sûrement cela, s'écrie-t-il.

– Alors j'ai de mauvaises nouvelles pour toi : la maison est louée à une foulerie depuis notre départ. Suedius a gardé une pièce quelque temps mais il l'a rendue depuis. (Elle se lève, perplexe.) Je ne vois vraiment pas à quoi ils peuvent bien faire allusion. C'est dommage, l'idée est si charmante. Tu ne peux vraiment pas me dire qui en est à l'origine ?

– Non, je dois respecter un accord, répond Labius en se levant également. Si tu as une autre idée, fais-la-moi savoir.

Il sort de sa poche l'outil de jardin et le lui tend :

– Je t'ai apporté cela. Ton neveu m'a dit que tu en avais de semblables. Peut-être te sera-t-il utile ?

Marcia s'empare de l'objet, et la surprise envahit son visage. Elle le tourne et le retourne, frotte le manche et finit par pousser un cri de victoire :

– Regarde cette étoile ! Cet outil est à moi ! Où l'as-tu donc trouvé ?

La remarque pétrifie Labius. Il regarde Marcia comme s'il la voyait pour la première fois. Elle est toute pimpante, habillée de tons clairs, la tête recouverte de la palla ourlée de bleu.

– À toi ? balbutie-t-il.

Il est horrifié de découvrir que la conspiratrice de son souvenir a un visage si familier.

– Je l'ai perdu il y a très très longtemps, reprend-elle. C'est un outil qui vient de Lutèce. Il m'a beaucoup manqué, et j'ai dû en racheter un. Où l'as-tu trouvé ?

– Dans la rue, il y a plusieurs années de cela, répond-il en essayant de raffermir sa voix

– Dans la rue ? Voila qui est extraordinaire. Quel dommage que tu n'aies pas eu l'idée de me l'apporter plus tôt. Cela m'aurait épargné bien du souci. Enfin, je te remercie.

Toute à la joie d'avoir retrouvé son outil, elle ne s'aperçoit pas du trouble du peintre. Il finit par prendre congé, tandis qu'elle agite gaiement la main depuis le seuil de la maison.

Lorsqu'il retrouve Marius plus tard, chez lui, le récit de ses découvertes successives le jette dans le trouble.

– Tu ne m'avais jamais parlé de tout cela. Quand je pense que, depuis le début, tu tenais l'une des clefs de l'énigme !

– Comment imaginer que cet outil appartenait à Marcia !

– Et les pièces ! Je suis aussi coupable que toi ! Moi aussi j'ai été dans ce triclinium, et jamais je n'ai prêté attention à ce plateau.

– Hélas ! nous ne savons toujours pas où sont ces registres.

Marius est songeur.

– C'est un vrai mystère. Pourtant ils doivent bien être quelque part. J'irai faire un tour à la foulerie qui s'est installée dans l'ancienne maison des Vicarii. Peut-être y apprendrai-je quelque chose.

Labius l'approuve et se lève. Il s'apprête à pousser la porte quand un grondement sourd l'immobilise. Le sol se met à onduler sous leurs pieds, renversant les coffres de l'atrium et projetant Marius à terre. Le peintre tente de se tenir au mur mais une force irrésistible l'envoie rejoindre Marius. Les deux hommes se couvrent aussitôt la tête pour se protéger. La secousse dure quelques secondes à peine. Lorsqu'elle se calme, un silence étrange s'installe. Labius remarque alors que la fresque de l'atrium s'est effondrée en plusieurs morceaux par terre. Une large fente est apparue sur l'une des colonnes du péristyle.

Les dégâts et les cris de détresse qu'ils entendent les inquiètent soudain. Ils se relèvent quand Octavia fait irruption en larmes dans l'atrium. La peur se lit sur son visage. Labius voudrait rester pour aider mais Marius a repris tous ses esprits. Ils se verront plus tard, quand il aura remis de l'ordre dans sa maison et accompli la démarche dont il lui a parlé tout à l'heure. Le peintre comprend qu'il doit se retirer.

Il franchit avec précaution le perron. Il est presque étonné de reconnaître les lieux. Un bref instant, il a cru mourir. Pourtant les maisons sont encore debout. Seul le visage hagard de ceux qui courent devant lui rappelle la force du phénomène : cette secousse n'était pas ordinaire. Il s'engage à pas mesurés dans la rue, surveillant les toits et les statues qui ornent les maisons. Certaines gisent déjà à terre, brisées par la force du séisme. De nombreuses tuiles se sont écrasées sur le sol, ajoutant une note d'ocre dans la poussière grise des ruelles. Il regagne son atelier, pensif. Que faut-il penser de ces séismes qui se multiplient ces derniers temps ? Il n'est soudain pas loin de partager l'angoisse de ses assistants.

Neuvième jour avant les calendes de septembre en l'an 832[4]

Il est réveillé à l'aube par le grincement des essieux dans la rue. L'ampleur du trafic l'étonne. Il jette un œil au-dehors et aperçoit un convoi de voitures ployant sous les bagages. La face lugubre de celui qui le dirige ne lui dit rien de bon :

– Mais que se passe-t-il ? Où allez-vous comme cela ? l'apostrophe-t-il.

– Tu n'as pas compris l'avertissement des dieux ? lui réplique celui-ci. Notre ville a déjà été détruite une fois. Les dieux nous préviennent de l'imminence d'une nouvelle catastrophe. Nous ne voulons pas prendre de risques. Ergolus Ergocus est revenu cette nuit nous encourager à fuir. Nous préférons quitter Pompéi pendant qu'il est encore temps.

Labius regarde le convoi défiler jusqu'aux dernières voitures. À leur bord se trouvent des familles entières, qui ont entassé leurs biens dans un ensemble hétéroclite maintenu par des sangles et des ficelles. Il est inquiet. Bien que rien ne laisse envisager un mouvement de panique plus grand, la peur qui pousse ces habitants à la fuite peut s'étendre à d'autres. Pourtant le reste de la ville s'éveille comme à l'accoutumée. L'odeur des braseros commence à envahir les rues. Cela lui donne faim. Il jette un coup d'œil au ciel et se sent rasséréné : la journée s'annonce belle. Il va en profiter pour terminer ce triclinium d'hiver chez le notable Edmus Luccius. L'image du savant lui revient soudain en mémoire. Qu'a dit, déjà, le responsable du convoi ? Qu'il était revenu et qu'il poussait les gens à fuir ? La curiosité pique le peintre. Il enfile son pallium et sort rapidement en direction du forum. Si Ergolus parle, ce ne peut être que là.

La place du forum est en effet envahie d'une foule dense. Les visages sont graves. À l'évidence, quelque chose de nouveau s'est produit.

En dépit de ses efforts, Labius est bientôt pris dans la nasse humaine. Il ne peut plus ni avancer, ni reculer. Il entend au loin une voix haranguer la foule

– Que se passe-t-il, chuchote-t-il à son voisin.

– C'est le savant. Il a senti le feu sous la montagne. Il paraît que la terre est brûlante au sommet. Il conseille de quitter la ville, répond l'homme, consterné.

Labius échange avec lui un regard abasourdi. Autour d'eux, les gens s'éparpillent, le visage partagé entre l'ironie et l'inquiétude. Quelques femmes pleurent, gagnées par la terreur.

Labius peut à nouveau avancer. Il voit Ergolus, entouré du duumvir et des magistrats de la ville. En s'approchant, il note la violente émotion de Ceius Secundus.

– J'espère, Ergolus, que tu ne m'as pas poussé à l'infamie en te laissant t'adresser aux habitants, dit-il.

– Tu as accompli un acte d'une grande responsabilité, répond Ergolus. La population t'en saura gré.

– Qu'y a-t-il donc de nouveau pour semer une telle panique ? intervient Labius.

Le savant le regarde gravement.

– Le Vesuvius est chaud, Labius. Et ce ne sont pas les rayons du soleil qui le chauffent ainsi. C'est le feu de la terre. Le Vesuvius sort de son long sommeil.

– Je ne peux y croire, s'exclame le duumvir en donnant un coup de poing contre une colonne. Nulle part un tel phénomène n'a été noté dans les archives de la ville. Le

Vesuvius est toute notre richesse : comment pourrait-il causer notre mort !

– En as-tu parlé à ton ami Plinius Secundus ? demande Labius.

– Je lui ai envoyé un message dès mon arrivée ici. Mais il ne faut pas attendre sa réponse. Le danger est imminent, il est encore temps de fuir, répond Ergolus. Si les habitants se pressent, ils seront loin avant la troisième heure. Personne ne peut dire quand le Vesuvius explosera.

– Je ne bougerai pas d'ici, dit rageusement le duumvir. Je m'en veux déjà de t'avoir laissé publiquement la parole. J'ai été élu pour veiller à la paix dans la colonie, et regarde la terreur qui s'est emparée de nos concitoyens. Tu me revaudras cela, Ergolus !

Les magistrats semblent plus indécis. Tous jettent de fréquents coups d'œil au sommet du Vesuvius. Son aspect paisible achève de les troubler.

– Je vais mettre ma famille à l'abri, finit par dire l'un d'eux. Il ne sert à rien de prendre des risques inutiles.

– Nous avons la chance d'avoir un savant de Rome parmi nous, renchérit un second. Pourquoi mettrions-nous sa parole en doute ?

– Parce que rien dans nos traditions ne corrobore ses propos, répond sèchement le duumvir.

– Tu as raison, Secundus, dit un autre. Je ne bougerai pas d'ici non plus.

– Peu m'importe ce que tu penses, déclare le premier. La sécurité de ma famille prime sur ton opinion. Je vais atteler tout de suite.

– Je te suis, enchaîne aussitôt le second.

Le duumvir les regarde partir avec mépris.

– Ils étaient les premiers à me soutenir lors de ton exposé inquiétant à la basilique, dit-il à Ergolus. Vois comme ils s'affolent à présent.

Il tourne brusquement les talons, et se dirige à grands pas vers la basilique. Ergolus et Labius restent seuls.

– Tu ne me crois pas, n'est-ce pas ? dit Ergolus.

Il regarde vers le Vesuvius :

– Il est en effet bien difficile de croire qu'une si belle montagne puisse abriter un monstre aussi redoutable. Pourtant Minas est à l'œuvre. Je l'ai senti sous mes pieds.

– Je ne sais que penser de tes sombres prédictions, reconnaît le peintre. Mais je suis prudent. Je quitterai la ville dès que je le pourrai.

– Ne perds pas de temps ! Chaque instant compte. Fuis dès maintenant, insiste Ergolus.

– Pas sans Romula Popidia. Et pour l'emmener avec moi, je dois la faire sortir de prison.

Ergolus ne répond pas ; plusieurs voitures viennent de déboucher sur la place. Elles sont aussi chargées que celles que Labius a vues une heure plus tôt. Leur apparition contrarie le peintre. Il déteste ces mouvements irraisonnés de panique. Seul le savant paraît satisfait.

– En voilà qui me remercieront, dit-il.

Cette réflexion exaspère le peintre :

– Romula Popidia, elle, n'aura aucun remerciement à te présenter, dit-il sèchement. De là où elle est, elle ne risque pas d'assister à cette belle pagaille que nous te devons.

Il a raison. La présence inhabituelle de ces véhicules crée presque aussitôt des difficultés de circulation. Les fuyards s'apostrophent avec nervosité et n'hésitent pas à fouetter le mulet du voisin pour qu'il avance. Les Pompéiens qui ont choisi de rester ripostent par des insultes bien senties. Il faut l'intervention de la garde municipale pour rétablir l'ordre.

– Tu n'as pas le temps d'attendre, Labius, dit Ergolus. Le feu viendra bientôt. Romula Popidia était une femme éprise de science. Elle approuverait ma conduite. Notre salut est dans la fuite. Maintenant, Labius, maintenant !

Et sans même le saluer, il court jusqu'à son carrus et fouette son cheval.

– Et Romula ? hurle Labius. Où est-il, son salut ?

Mais le savant a déjà rejoint la colonne des réfugiés. On

peut entendre sa voix perçante exciter les gens au mouvement.

Labius détourne les yeux et s'efforce au calme. La panique qui a gagné ces quelques fuyards ne doit pas se propager. Mais il n'a plus l'esprit à peindre. Le triclinium d'Edmus Luccius attendra. Il faut d'abord qu'il voie Marius. Malgré lui, une angoisse sourde l'a gagné.

Il remonte le flot habituel des Pompéiens, essayant d'éviter les roues des voitures et les collisions avec les badauds. Soudain il entend son nom. Il lève les yeux et met quelques instants avant de reconnaître Octavia. Elle fait ses courses, entourée de deux esclaves qui tiennent des paniers. Son visage souriant, protégé de la chaleur par la palla qu'elle a passée sur sa tête, ne porte plus trace de sa terreur de la veille.

– Eh bien ! dit-elle. Tu ne te joins pas à tous ces peureux ?

– Je partirai peut-être plus tard, répond-il. Et toi, tu n'es pas gagnée par la panique ?

– La panique ? Quelle panique ?

Elle rit. Rien en effet ne reflète dans la rue un tel sentiment ; celle-ci grouille du monde habituel, bruyant et joyeux, laissant fuser les interpellations des commerçants et le marchandage parfois éhonté des clients.

– Je crois que je m'inquiéterai quand les commerçants plieront bagage, dit-elle. Pas avant.

Et, ses esclaves sur ses talons, elle s'éloigne tandis que Labius gagne le quartier plus calme de la maison de Marius. L'agitation a cédé la place à un paisible va-et-vient, à l'abri de l'animation commerçante comme des prédictions catastrophiques d'Ergolus Ergocus. Sur le perron de la maison, il est heurté par un esclave qui descend les marches en courant. À sa grande surprise, Marius lui-même lui ouvre.

– Toi ! J'allais justement te chercher. Entre vite.

Sa fébrilité intrigue Labius qui lui emboîte le pas jusqu'à l'œcus.

– Regarde ça ! lui dit-il en lui tendant une tablette. Un esclave de Jucundus vient de me l'apporter. Lis, tu vas être édifié.

Labius lit avec lenteur ces mots : « De Caecilius Jucundus à Marius Rufus. Les dieux t'ont indiqué la vérité. Tu en auras la preuve dans le bureau de Suedius Vicario, rue Moyenne. Que Jupiter me protège dans ma fuite. »

Labius regarde Marius, perplexe :

– Qu'est-ce que cela signifie ?

L'ancien duumvir lui arrache presque la tablette des mains :

– Cela signifie que j'avais raison. Vicario est un fourbe et Jucundus devait être son associé. Ces fameux registres doivent être dans le bureau de son ancienne maison, rue Moyenne.

– Mais pourquoi Jucundus n'est-il pas venu te dire cela lui-même ?

– Parce qu'il s'est enfui dans la nuit, après le tremblement de terre. Son esclave vient de me dire qu'il a emmené sa famille et emporté tous ses biens, sans donner la date de son retour. La panique que ton savant a propagée en ville l'a gagné. Seulement, avant de partir, il a décidé de passer aux aveux.

Cette avalanche de révélations laisse Labius stupéfait. La nouvelle de la fuite de Jucundus, un homme éduqué, le consterne et l'effraie. Marius a déjà repris :

– Ce matin même, avant de recevoir cette tablette, je me suis rendu à l'ancienne maison des Vicarii. La foulerie était déjà ouverte et j'ai dû procéder discrètement pour ne pas attirer les soupçons. J'ai remarqué dans le patio des volets fermés. Toutes les fenêtres étaient béantes sauf celles-ci. Maintenant, après les aveux de Jucundus, je suis certain que ce bureau se trouve là. Il faut y retourner sans tarder. Cette nuit par exemple.

– Non, pas cette nuit. Dès maintenant. Les propos d'Ergolus Ergocus m'inquiètent. C'est de cela dont je voulais te parler. Jucundus n'est pas le seul à avoir fui. Il faut sortir de prison Romula Popidia au plus vite.

Marius hausse les épaules :

– La Campanie tremble depuis toujours. Ton savant a le cerveau fêlé. Personne ne songe à s'enfuir autour de moi. Si nous y allons maintenant, nous risquons d'attirer l'attention.

Mais le peintre ne veut pas en démordre.

– S'il y avait le moindre danger, nous ne nous le pardonnerions pas. Puisque Vicario est bien coupable, nous ne risquons rien à attirer l'attention sur nous. Allons-y dès maintenant !

Marius réfléchit un bref moment, puis cède.

– Soit. Autant dénouer cette affaire rapidement.

Dehors, le calme ensoleillé contraste avec leur agitation. Leur marche rapide les conduit à traverser à nouveau la trépidante rue centrale avant de s'engager sur la gauche, vers la rue Moyenne. La maison des Vicarii s'élève au numéro cinq. Une odeur âcre s'en dégage, qui les fait grimacer tous les deux. Deux hommes ont sorti une pièce de tissu qu'ils secouent avec énergie.

– Le maître foulon est-il là ? demande Marius.

– Tu le trouveras à l'intérieur.

– Dommage, soupire Marius.

À l'intérieur, la chaleur et l'odeur les font presque défaillir. Sur les murs, les grandes fresques dont Vicario avait parlé à Labius lors de son arrivée à Pompéi détonnent au milieu de l'activité actuelle de la maison. Marius, indifférent à ce magnifique décor, a avisé un ouvrier qu'il questionne. L'homme indique une épaisse silhouette dans un retrait de la pièce principale. Il leur fait un signe de la main, et les deux hommes le rejoignent.

– Es-tu le maître foulon ? demande Marius.

Il opine du chef :

– Que puis-je pour toi ?

– Vicario nous a donné rendez-vous ici.

Son assurance épate le peintre.

– Suedius Vicario ne vient plus souvent ici, dit le maître foulon. S'il est là, tu le trouveras en faisant le tour de la foulerie. Il a gardé une pièce indépendante du reste de la maison.

Ils remercient et ressortent en toute hâte. Le visage de Marius jubile.

– Par Jupiter, j'avais raison, s'exclame-t-il. Nous touchons au but.

Ils contournent la maison. En plein jour, les signes de sa dégradation sont plus évidents. Les colonnes de l'entrée se lézardent et des pierres branlantes menacent de tomber. Ils traversent le jardin. Les fenêtres des appartements privés ouvrent sur le patio ; c'est là que les volets sont fermés.

Marius approche son oreille de la fenêtre. Il n'entend rien.

– Il n'y a personne, chuchote-t-il. C'est le moment idéal.

Il secoue la poignée de la porte. Elle ne tourne pas. Le peintre lui tend l'un de ses instruments de mesure. Marius l'enfonce dans la serrure et donne un coup d'épaule. La porte cède avec un grincement sourd et les deux hommes, emportés par leur élan, se retrouvent dans une pièce obscure. Les milliers de particules de lumière qui s'engouffrent par l'embrasure de la porte éclairent le mur. Il est nu.

Le peintre fait le tour, incrédule. Rien, il n'y a absolument rien. Qu'un amoncellement de poussière que la violence de l'ouverture fait tournoyer et scintiller dans le soleil.

– Ce n'est pas possible, gémit-il. Pourquoi Jucundus aurait-il menti ?

Un geste impétueux de Marius le force à s'interrompre. L'ancien duumvir a l'oreille collée contre le mur du fond. Il fait signe à Labius de s'approcher. Tremblant d'excitation, le peintre se penche. Il n'entend d'abord rien. Puis un bruit de voix furieux lui parvient. Il jette un regard interloqué à Marius.

– C'est lui, chuchote l'ancien duumvir. Il parle tout seul, derrière le mur.

– Derrière le mur ? Mais alors il faut entrer par la foulerie, répond sur le même ton le peintre.

Il a plaqué ses deux mains sur le mur pour mieux entendre. Marius va l'imiter, quand la paroi se dérobe soudain dans un craquement sinistre. Les deux hommes s'effondrent dans une nouvelle pièce tendue de sombre, aux pieds mêmes de Vicario.

La stupéfaction de l'ancien magistrat rejoint celle de Labius et Marius. Un instant, les trois hommes se dévisagent avec hébétement. Puis Vicario, plus vif, sort un poignard de sa manche mais Marius saute sur ses pieds et s'élance sur lui. Tous deux roulent à terre, tandis que la main armée de Vicario bat l'air à la recherche d'une cible à atteindre. Mais il ne fait pas le poids face à la force de Marius. Immobilisé par ses deux mains puissantes, il finit par lâcher son arme dans un hoquet de dépit.

Alors seulement le peintre aperçoit le chien de Vicario.

– Attention ! s'écrie-t-il.

Le chien n'a pas bronché durant la brève étreinte, mais à la vue de son maître immobilisé, il retrousse ses babines. À pas lents, Labius s'avance vers lui, la main tendue. Étrangement, il n'a pas peur. Le chien doit le sentir, mais indécis, il regarde son maître se tortiller sous la poigne puissante de Marius. Il se laisse enfin approcher, puis attacher sans bouger.

– Relève-toi, dit alors avec rudesse Marius.

Vicario se relève en chancelant :

– Que viens-tu faire chez moi ? dit-il avec agressivité.

Marius ne répond pas. Il fait le tour de la pièce du regard. Il est stupéfait du nombre de rouleaux accrochés aux murs.

– Que sont tous ces documents ?

– Des papiers privés, répond vivement Vicario. En quoi cela peut-il bien t'intéresser ? Maintenant quitte ma demeure à l'instant, et je ne porterai pas plainte.

Marius et Labius échangent un regard.

– Je partirai si tu me montres l'un de tes livres, dit enfin Marius.

– Ce n'est pas possible. Pars tout de suite ou je...

Il n'a pas le temps d'achever sa phrase. Marius l'a saisi par le col de son pallium et posé tel un paquet de l'autre côté. Il s'empare d'un rouleau et le déplie.

– Je te poursuivrai en justice, hurle Vicario. Tu portes atteinte à ma vie privée en lisant ces documents.

Marius n'écoute pas. Ses yeux s'écarquillent, incrédules.

– Ce n'est pas possible, murmure-t-il.

– Ce sont mes comptes, tu n'as aucun droit dessus, répète en criant Vicario.

Il veut se précipiter sur Marius mais celui-ci lui décoche un violent coup de pied. Le magistrat s'affale sur un coffre.

– Si j'en crois ce qui est écrit ici, tu as touché une commission auprès de chaque fermier de la colonie depuis le tremblement de terre, en lieu et place de l'avitum et du patritum légal, dit lentement Marius. Tu n'as cessé qu'avec la reconstitution du cadastre.

– Comment peux-tu oser prétendre cela ? s'étrangle Vicario. Son teint a viré au cramoisi.

– Je me contente de lire.

– Tu ne lis pas, tu inventes ! riposte Vicario. (Il frotte nerveusement son pallium pour en retirer la poussière.) Repose ce rouleau auquel tu ne comprends rien !

– Je reconnais l'écriture de Jucundus, et sa façon de faire les chiffres, dit Marius. Ce document parle de lui-même.

– Ce document ne dit rien de tel. Tu dois le lire à l'envers !

Mais Marius l'a soulevé par les épaules, le visage furibond :

– Prouve-moi que ces écrits ne te concernent pas ! Ils portent clairement ton nom et celui de Jucundus. Qu'avez-vous tramé tous les deux avec l'argent de la colonie ?

Jucundus t'a dénoncé avant de s'enfuir, mais sans donner de détails. Je t'écoute !

– Qu'as-tu inventé pour faire emprisonner Romula Popidia ? intervient le peintre. À quelles bassesses t'es-tu livré ?

– C'est le tribun qui l'a arrêté, pas moi, proteste Vicario.

– Oui mais c'est toi qui devais la défendre ! Comment t'y es-tu donc pris ?

Pour la première fois il se trouble :

– Comment sais-tu cela ?

– Tu l'as endormie par tes fausses attentions, dit Labius. (Sa voix tremble.) Pendant ce temps tu développais ton culte infâme et continuais à t'enrichir sur le dos de la colonie.

– Ton trafic a duré jusqu'à l'arrivée du tribun. Il a tout découvert et tu as dû démissionner. N'est-ce pas ce qui s'est passé ? demande Marius.

Le dégoût se lit sur son visage.

Vicario serre les lèvres. Ses poings se referment sur les lanières du coffre auquel il s'est rattrapé.

– Vous êtes devenus fous, siffle-t-il entre ses dents.

– C'est toi qui as perdu la raison, s'exclame Marius.

– Tu as volé la colonie alors qu'elle te croyait son bienfaiteur.

– Je n'ai rien pris que je ne méritais : Pompéi me doit tout, s'écrie Vicario.

– Tu avoues donc.

– Je n'avoue rien, rien du tout ! (Il s'est brusquement redressé.) Je suis le bienfaiteur de Pompéi ! Sans moi la ville ne serait qu'un champ de ruines ! Vous me devez tous reconnaissance et respect. Tous ceux qui se sont élevés contre moi l'ont regretté. Vous ne me faites pas peur ! Ces fermiers indisciplinés, ce questeur trop curieux, cette femme insoumise, tous ont compris ma force. (Il se penche vers Marius, et un drôle d'éclat brille dans ses yeux.) Jucundus et moi avons marché ensemble dès le premier instant. Il avait la liste des fermes soumises à l'impôt. Cela suffisait pour que le cadastre soit reconstitué dès le début. Nous avons choisi de fermer les yeux sur le non-paiement de l'avitum ou du patritum en échange d'une commission. Cela a très bien fonctionné. J'ai ensuite tiré profit de la crainte des gens pour fonder ce culte de Minas. (Il rit.) Les gens étaient prêts à donner n'importe quoi pour que la catastrophe ne se reproduise pas.

Le peintre et Marius l'écoutent, écœurés.

– Seulement Romula Popidia, par ses agissements, a détourné les fidèles du culte. Le manque à gagner est devenu important. C'est là que ce petit magistrat est arrivé. Jucundus avait été prudent dans ses livres, mais il a vite compris que l'homme était dangereux. Il aurait pu tout découvrir. Je n'avais pas le choix. J'ai obligé un esclave de Romula Popidia à l'assassiner en échange du paiement de ses dettes de jeux. Elle s'est retrouvée la principale suspecte. Mais Jucundus n'a pas été à la hauteur. Il a pris peur. J'ai dû continuer seul.

– Comment aucun de ceux que tu ponctionnais n'est-il venu se plaindre, s'interroge Marius.

– Et pourquoi l'auraient-ils fait, rétorque Vicario. Nous ne réclamions que le tiers de ce qu'ils payaient, en échange d'une protection en cas de contrôle. Ils étaient gagnants. (Il a un drôle de rire.) Quelques-uns ont essayé de se rebeller, il est vrai. Leur mort a servi d'exemple pour les autres. Plus personne n'a protesté.

– Jusqu'au jour où Vespasianus a envoyé son tribun, Suedius Clemens, souligne Labius.

Vicario a un mauvais sourire.

– Tu me sous-estimes. Je n'allais pas commettre deux fois la même erreur. Je lui ai présenté des registres parfaits, rédigés par Jucundus sous la menace. Il ne pouvait rien deviner. Il n'a réagi qu'au culte de Minas que Romula Popidia lui a révélé le soir de son arrestation. Mais comme Vespasianus avait besoin d'argent, nous avons conclu cet arrangement : cinq cent mille sesterces pour l'empereur, et il fermait les yeux (sa voix enfle soudain), seulement à la basilique, il a changé d'avis. Il m'a réclamé cinq cent mille sesterces pour l'empereur, et autant pour lui. Un million de sesterces, en échange desquels il me nommait à la place de Jucundus.

– Et Romula Popidia ?

– Mon rapport anonyme était parfait : elle a payé pour moi.

Tant de cynisme écœure Labius qui ne se contrôle plus. Son poing jaillit et s'écrase sur le visage satisfait de Vicario. On entend craquer l'arête nasale. Il trébuche, puis s'écroule sur le sol.

– Tu es ignoble, bafouille le peintre. Ignoble. Comment as-tu pu imaginer un tel scénario ?

Vicario met la main sur son nez et la retire, ensanglantée.

– Viens, Marius, je ne peux rester plus longtemps ici, dit le peintre.

– Je ne veux pas laisser cette pourriture seule avec son trésor, proteste Marius.

Il se penche sur Vicario, menaçant :

– Si tu as rendu l'argent du culte, il te reste encore toutes les sommes que tu as détournées de la colonie. Où sont-elles ?

Et comme il n'obtient pas de réponse, il le secoue avec violence.

– Il n'y a plus rien, gémit-il, le nez crachant le sang. Jucundus a tout emporté ce matin. Il s'est enfui avec ce qui restait de l'argent.

– Alors tu répondras seul de tes actes devant le conseil de la ville. Suis-moi.

– Laisse-le, dit Labius. Je ne peux plus supporter sa présence. Le conseil viendra le chercher ici.

Marius regarde par la cloison éventrée la porte entrouverte.

– Il s'échappera avant, dit-il. Il faut le mettre en lieu sûr.

Il cherche du regard une corde, un bâillon, n'importe quoi qui pourrait immobiliser Vicario jusqu'à leur retour. Ses yeux tombent sur une trappe au fond de la pièce. Il l'ouvre. Une échelle de bois se balance dans le vide.

– C'est ton ancienne cave, n'est-ce pas ? Eh bien vas-y. Nous t'y retrouverons dans peu de temps.

Il a soulevé Vicario sanguinolent et le pousse dans le trou. Vicario descend l'échelle en maugréant. Derrière, le chien a jappé, inquiet de voir son maître disparaître. Marius saisit sa laisse avec douceur et la tire vers le trou :

– Va le rejoindre, dit-il. Puis il crie : Les autorités de la ville viendront elles-mêmes te chercher.

– Qu'elles viennent, hurle Vicario. Je saurai me défendre !

Son hurlement fait frémir Marius. Il remonte rapidement l'échelle puis rabat la trappe. Il regarde encore une fois les innombrables rouleaux qui habillent les murs, puis court rejoindre Labius.

Dehors, le soleil darde des rayons déjà chauds. C'est presque la quatrième heure[5].

– Je le savais, tu vois, je le savais depuis le début, s'exclame Marius. Vicario était pourri jusqu'à la moelle.

– Allons prévenir les autorités de la ville, dit Labius.

La découverte du complot l'a achevé. Il peine à marcher, encore abasourdi par tout ce qu'il vient d'entendre et par tant de noirceur.

– Il faut d'abord passer à la maison récupérer la tablette de Jucundus, dit Marius.

Le détour contrarie le peintre. Mais il est conscient de l'importance des preuves dans l'inculpation d'un personnage tel que Vicario.

– Soit, mais faisons vite, dit-il.

À peine ont-ils poussé la porte qu'Octavia se précipite sur eux. Son visage détendu de tout à l'heure a fait place à un masque inquiet.

– Pendant que j'étais au marché ce matin, j'ai vu beaucoup de gens quitter la ville. Il paraît que les Jucundii sont aussi partis. Ce savant a prédit les pires catastrophes. Que devons-nous faire ?

– Rien, répond Marius. Il n'y a rien à craindre. Ce savant est un fou. Apporte plutôt du vin frais pour Labius. Il en a besoin.

La légèreté avec laquelle Marius traite ses angoisses sidère visiblement Octavia. Elle veut protester, puis, résignée, donne un ordre. Un instant plus tard, un esclave vient servir Labius.

– Tu n'as pas peur, toi qui voulais partir, tout à l'heure ? chuchote-t-elle.

Marius est allé dans l'œcus chercher la tablette de Jucundus. Le peintre termine sa coupe et la lui rend.

– Si, dit-il. Mais je veux d'abord sauver Romula Popidia. Je partirai ensuite.

– Sauver Romula Popidia ? (Elle le regarde, sans comprendre.) Mais elle est accusée de meurtre, Labius !

– Ce n'est pas elle qui a tué le questeur, c'est Vicario. Marius et moi venons d'en avoir la preuve.

Elle le dévisage avec stupéfaction, puis ouvre la bouche pour parler quand Marius revient, triomphant, la tablette à la main.

– Je l'ai ! Allons-y sans tarder.

Il n'a pas fini de parler qu'une explosion assourdissante retentit soudain, faisant trembler la maison de haut en bas. D'instinct, leurs regards horrifiés se tournent vers le plafond, persuadés qu'il va s'effondrer. Mais il ne bouge pas, alors que le vacarme s'amplifie dans des proportions d'une rare violence. Ils se précipitent tous les trois à la fenêtre.

– Le Vesuvius, hurle Octavia. Regardez !

Le spectacle est saisissant. Le haut de la montagne s'est entrouvert et laisse échapper une épaisse volute blanche de plusieurs milliers de mètres de hauteur qui s'élève droit dans le ciel. En quelques instants, le bleu azur du matin s'est évaporé pour laisser place à une colonne de nuages menaçants.

– Ergolus avait raison ! s'écrie Labius, saisi d'horreur.

– Et ce panache ! s'exclame Marius. Qu'est-ce que cela peut bien être ?

Il y a de l'admiration dans sa voix : il est fasciné par la beauté du spectacle.

– Il faut partir, dit Labius

– Et pourquoi ? répond Marius. La montagne crache de la fumée mais nous ne ressentons rien.

Il a raison. Hormis le bruit et la colonne de fumée qui s'élargit dans le ciel, rien ne semble les menacer directement.

– Tu ne veux quand même pas attendre que le ciel s'abatte sur nous pour t'enfuir, dit Labius.

– Je ne vois pas la nécessité de se sauver maintenant. Ergolus nous avait annoncé une boue noire et je ne distingue rien qui y ressemble. La montagne se vide de son énergie. Lorsqu'elle aura terminé, tout s'arrêtera.

Au bord de la panique, Octavia parvient encore à se maîtriser.

– Les gens s'enfuient, dit-elle. Sa voix tremble.

– Laisse-les déguerpir, réplique Marius. Lorsqu'ils reviendront chez eux, ils trouveront leur demeure dépouillée du moindre bien : les voleurs en auront profité. Je refuse de céder à la panique quand rien encore ne la justifie.

Les regards de Labius et d'Octavia se croisent. La même peur les habite.

– Il faut sauver Romula Popidia, dit Labius. Je dois aller à la prison.

– Personne ne la libérera sans ordre, réplique Marius. Viens plutôt avec moi à la basilique régler notre affaire.

– Mais tu ne vas pas me laisser seule, hurle Octavia. Je t'en supplie, reste ici !

Le visage de Marius est devenu d'une rare sévérité. La dureté de sa voix pétrifie Octavia :

– Je te prie de te maîtriser. Labius et moi n'en avons que pour quelques instants. Prépare plutôt des couvertures et des vivres au cas où la situation s'aggrave.

Et sans ajouter un mot, il tourne les talons, suivi de Labius. Dans la rue, le bruit est assourdissant. Les habitants affolés harnachent en toute hâte des chevaux et des ânes. D'autres, pétrifiés, observent le phénomène sans y croire. La montagne est si bruyante qu'elle couvre tous les hurlements de peur. Marius et Labius avancent rapidement. Au fond de lui, l'ancien duumvir sent une inquiétude sournoise s'emparer de son esprit. Le fracas de la montagne et la fuite des habitants le troublent bien plus qu'il ne saurait le dire. Derrière lui, Labius implore tous les dieux de son panthéon personnel. Il est envahi de la plus grande frayeur mais la seule évocation de Romula enfermée lui donne des ailes.

Ils sont surpris de l'affluence qui règne devant la basilique. La panique est totale parmi les habitants qui se pressent. Aucun membre du conseil n'est présent. Seul un édile s'époumone dans le fracas ambiant. Ses phrases hachées parviennent par bribes aux oreilles des assistants.

– Il faut trouver Ceius Secundus. Lui seul peut ordonner la libération de Romula Popidia, crie Marius.

Mais Ceius Secundus n'est nulle part. Et tenter d'en savoir davantage auprès de l'édile relève de l'impossible. Autour d'eux les habitants s'égaillent, terrifiés de ne pas avoir reçu de réponse à leurs questions. La terreur devient palpable.

– Qu'importe Ceius Secundus, s'écrie brusquement Labius. Je vais libérer Romula Popidia tout seul ! Le temps n'est plus aux explications !

– Tu as raison ! Dépêchons-nous !

Cette fois-ci ils se sont mis à courir, bousculant les gens sur leur passage. Ils ne peuvent se parler tant le vacarme est puissant. Mais ils savent où ils vont, se faufilant entre les cohortes de fuyards et les charrettes. La prison est bientôt devant eux. À leur grande surprise, les deux battants de la porte d'entrée sont grands ouverts. Ils se précipitent mais se heurtent presque tout de suite à un garde.

Son casque mis de travers, de grosses gouttes de sueur coulant sur ses tempes, il semble terrorisé.

– Nous venons libérer Romula Popidia, dit Marius.

– Va, va, répond-il d'une voix tremblante. Et si tu vois Pelrios, dis-lui que je ne l'attendrai pas longtemps encore.

Les deux hommes échangent un regard interloqué. La passivité du garde est plus effrayante que tout.

Dans la prison, ils retrouvent le long couloir qu'ils avaient parcouru quelques semaines auparavant. Nul besoin de se cacher ; les salles des gardes sont vides et seuls leurs pas résonnent contre les murs suintants. Ils dévalent en glissant les marches humides de l'escalier, remarquant au passage des fissures qui n'existaient pas lors de leur dernière venue. Sans doute l'effet de l'un des récents tremblements de terre. Arrivés sur le premier palier, ils se heurtent à quatre hommes aux vêtements en loques, qui marchent difficilement.

– Pitié, aidez-nous à monter ces marches, murmure le plus vieux d'entre eux.

– Pas le temps ! s'écrie Marius qui a hâte d'en finir et de regagner sa demeure.

– Elle est au premier sous-sol, dit Labius, en retenant par la main Marius qui s'apprêtait à descendre encore.

Ils avancent à tâtons dans le couloir qui dessert les cellules. Il n'y a plus qu'une seule torche allumée. Brusquement ils bousculent quelqu'un qui se retourne en grognant. C'est Pelrios.

– Ah, Marius, s'écrie-t-il, tu vois, je libère les prisonniers.

Il agite son trousseau de clefs avec un sourire édenté.

– Et Romula Popidia ? Où est-elle ?

– C'est la première cellule que j'ai ouverte. Va voir au fond.

Au fur et à mesure que le gardien ouvre les portes, des ombres rampent dans le couloir en gémissant. Au fond, la cellule de Romula est ouverte, mais les deux hommes, consternés, n'y trouvent personne.

– Par Mithra, où est-elle passée ? gémit Labius.
– Peut-être est-elle déjà dehors ?
– Mais nous l'aurions croisée !

Ils refont le chemin inverse en hurlant son nom. Des prisonniers tentent de s'accrocher à eux, mais leur inquiétude est telle qu'ils les repoussent avec indifférence.

Devant l'escalier, le palier est encombré des prisonniers qui gravissent les marches avec lenteur.

– Romula ! hurle Labius qui sent le désespoir le gagner.

Il a beau chercher parmi les têtes qui s'agitent devant lui, il ne voit rien qui lui rappelle sa longue chevelure.

Soudain, un homme se tourne vers lui. Les yeux vitreux et le crâne entièrement nu, il s'accroche avec fermeté à un compagnon.

– Tu cherches la noble dame ? crie-t-il.

Labius hoche la tête avec énergie avant de se rendre compte que l'homme est aveugle.

– Oui ! répond-il sur le même ton.
– Elle est en bas. Contre la table du garde. Elle ne veut plus bouger.

Il n'a pas fini sa phrase que, bousculant tout sur leur passage, les deux hommes se ruent dans le couloir. Et ils la voient. Elle est recroquevillée sous la table du garde, les genoux sous le menton. Ses cheveux mal attachés balaient la poussière soulevée par les prisonniers en fuite. Mais elle ne bouge pas.

– Romula ! hurlent-ils à nouveau, mais cette fois-ci ensemble.

Elle lève la tête vers eux, les yeux vides. Croiser son regard les bouleverse autant l'un que l'autre. Labius se précipite tandis que Marius pousse la table. Elle se laisse soulever sans résistance, le corps mou. La serrant contre lui, Labius court vers l'escalier. Devant eux, Marius s'emploie à leur frayer énergiquement un passage. Les protestations sont inaudibles tant le bruit grandit en approchant de la surface. Les voici dans le couloir du rez-de-chaussée, puis dehors, devant les portes de la prison. Le garde de tout à l'heure a disparu.

– Nous allons à la maison ! crie Marius.

– Non, proteste Labius, il faut fuir tout de suite !

– Fuir où ? Il faut d'abord s'organiser. Viens chez moi !

Le peintre hésite. Au milieu de la chaussée, il est bousculé par les fuyards qui courent dans tous les sens. Romula ne le quitte pas des yeux, toujours de ce même regard inexpressif. Il prend brusquement sa décision.

– Alors faisons vite !

À nouveau ils se faufilent dans les rues, heureux de gagner le quartier plus calme de Marius. Ils n'ont pas encore poussé la porte de la maison qu'Octavia l'a déjà ouverte. Son teint est blafard tandis qu'elle s'efface pour les laisser passer.

Labius pose Romula sur la table en marbre de l'atrium. Octavia la regarde, bouche bée.

– De l'eau, Octavia, je t'en prie, supplie-t-il.

Elle le regarde avec égarement, avant de courir jusqu'à l'*impluvium*[6]. Elle rapporte une cruche pleine.

– Vous ne l'avez quand même pas fait évader ? demande-t-elle, affolée.

– Je te l'ai dit, elle est innocente.

Elle se laisse tomber sur un coffre, le visage en larmes.

– J'ai peur, j'ai peur, répète-t-elle en sanglotant.

Mais Marius ne fait pas un geste vers elle. L'eau que Labius verse sur le front et les tempes de Romula la fait frissonner. Ses yeux reprennent vie. Elle tente de se relever. Marius se précipite pour lui tenir la tête.

– Que se passe-t-il ? murmure-t-elle.

– Rien de grave, lui répond le peintre.

– Mais ce bruit ?

À peine a-t-elle prononcé ces mots que le fracas s'amenuise d'un coup. Tous se regardent avec stupéfaction. Octavia s'élance vers la fenêtre et pousse un cri :

– Regardez, la fumée a changé !

Effectivement, le panache s'est élargi vers le haut, et prend la forme curieuse d'un pin parasol[7].

– Que Jupiter soit remercié, dit avec soulagement Marius. La montagne s'est vidée, il n'y a plus rien à craindre. La fumée va bientôt disparaître.

Un bruit sourd sur la toiture l'interrompt. Puis un second. Bientôt, un crépitement ininterrompu envahit la maison et gagne l'impluvium. Octavia ramasse une scorie rougeoyante qu'elle lâche en hurlant. Marius la fait taire d'une gifle immédiate.

– Ce n'est pas le moment, dit-il avec une sécheresse inhabituelle.

Il s'oblige à marcher calmement jusqu'à la porte : des pierres et des débris tombent par milliers au-dehors. Il devient livide. Il se retourne vers Octavia :

– Il faut nous mettre à l'abri sous le cryptoportique[8], dit-il d'une voix blanche.

– Surtout pas, dit Romula.

Son intervention les fait sursauter. Sa voix est faible mais décidée.

– Les pierres vont finir par enfoncer la maison.

– Notre cryptoportique est solide. Il tiendra le coup, proteste Marius.

– Personne ne tiendra le coup devant le souffle des dieux, hurle Labius. Ergolus avait raison ! Il faut fuir le plus loin possible.

– Je ne bougerai pas d'ici, dit Marius.

Son pied tape le sol avec nervosité.

– Le danger est très grand. Je t'en prie, Marius, implore Romula, ne reste pas ici.

Il ne répond pas. Labius se tourne alors vers la maîtresse de maison :

– Donne-moi deux couvertures et des coussins. Nous allons quitter ta maison. Ton mari nous mènera à la mort si nous continuons à l'écouter.

– Non, Labius, tu vas mourir si tu sors ! s'exclame Octavia.

– C'est vous tous qui péririez si vous restez ici.

– Qu'ils s'en aillent, crie Marius. Mais vite !

Octavia va chercher en courant les couvertures et les coussins. Le peintre protège d'abord Romula qui se laisse faire avec la docilité d'une enfant. Puis il s'enveloppe de la couverture et attache le coussin sur son crâne.

– Nous devrions peut-être faire pareil, Marius, supplie Octavia.

Elle est prise d'une violente quinte de toux : un nuage de cendres a pénétré leur atrium. Ils sont tous recouverts d'une fine couche grise. Cela décide Marius.

– Tu as raison. Amène les enfants. Il faut descendre tout de suite à l'abri, dit-il.

Il regarde Romula, puis Labius :

– Nous nous retrouverons, mes amis. Que les dieux vous protègent !

– Qu'ils soient aussi avec toi, dit Labius. Adieu !

Il a saisi Romula dans ses bras et ouvre d'un coup de pied la porte en bois de l'atrium. Le spectacle le pétrifie. En quelques minutes, les pierres ont recouvert toute la surface de la chaussée de plusieurs centimètres. Il entend soudain avec une acuité nouvelle le grondement terrible du Vesuvius. Il dévale les trois marches du porche et s'élance dans la rue. Les projectiles tombent sans interruption. Il reconnaît cette pierre étrange que Romula lui a jadis montrée : la pomex. Sa légèreté la rend inoffensive. En revanche certains débris fendent l'air à une vitesse meurtrière.

– Laisse-moi et cours, Labius, l'exhorte Romula. Je suis trop lourde.

Il la serre encore plus fort contre lui :

– Je t'ai suffisamment abandonnée jusqu'à aujourd'hui.

Ils se retrouvent derrière une famille qui se protège de ses bras. À la vue de leurs coussins bien amarrés sur leur tête, ils ont comme un mouvement d'envie. La distraction leur est fatale. Un débris plus lourd s'abat sur l'un des enfants qui s'écroule sans un cri. La mère veut se précipiter. Mais le père la retient par le bras, tandis que deux esclaves poussent les autres enfants. La petite victime est abandonnée à son sort, malgré les hurlements de la mère.

Labius se refuse à regarder la montagne. Sa seule vision lui ferait perdre la maîtrise de lui-même. Autour de lui les gens se hâtent, serrant contre eux leurs biens les plus précieux. Certains ont trouvé le temps d'atteler des carri dans lesquels ils ont entassé leur famille. On entend beaucoup de cris et de pleurs. Tous les visages reflètent la même terreur.

Sur la voie principale, la colonne des fuyards s'est démantelée avec l'éclatement de la montagne. Ce n'est plus qu'un chaos hétéroclite de gens fuyant à pied, à dos de mulet ou en carriole. Tous se protègent comme ils le peuvent, la tête cachée sous des oreillers, des couvertures ou des manteaux.

Labius lutte contre le découragement. Les cendres qui tombent remplissent parfois sa gorge et l'étouffent. Contre sa poitrine, Romula est secouée d'une toux rauque. Il a envie de boire de l'eau. Fuir n'était peut-être pas une bonne décision, et cette cohue le rend fou. Il lui faut trouver un endroit où se cacher en attendant que s'apaise la colère du volcan. Le temps lui semble infiniment long depuis l'explosion de la montagne. Il n'a aucune idée de l'heure car le soleil a disparu sous le nuage sombre qui recouvre la ville. La plupart des maisons sont abandonnées par leurs occupants en fuite. Il avise enfin un thermopolium vidé de ses clients et fend la foule pour le rejoindre. Il pose Romula contre le mur et court jusqu'aux cratères derrière le bar. Ils sont recouverts de cendre. Le vin est imbuvable, tout comme l'eau des amphores. Il ne peut que tremper un morceau de son pallium et humecter les lèvres de Romula. Elle se débat, affolée :

– Il ne faut pas s'arrêter ici, Labius. Il faut quitter la ville, gémit-elle.

– Bois, mon aimée. Ne t'inquiète pas.

Le toit du thermopolium émet un craquement sinistre.

Le peintre saisit Romula et recule sous la voûte. Il se sent plus en sécurité. Dehors la pluie de lapillis s'intensifie. Le ciel chargé donne l'impression que le soir tombe.

Au fur et à mesure qu'elle avance, la cohorte des Pompéiens laisse derrière elle ses premiers morts, tués par la chute d'un projectile plus lourd, ou asphyxiés par la cendre. Labius entend des jappements derrière lui. Il penche la tête et aperçoit par la fenêtre un chien. Il est attaché sous le compluvium de la villa adossée au thermopolium et reçoit tous les projectiles. Son cou ensanglanté témoigne de ses efforts pour se libérer. Ses maîtres ont dû l'oublier dans leur fuite[9].

La bête aboie d'une voix étranglée. Elle se démène pour se débarrasser des pierres qui tombent sur elle. Le peintre ne peut rien pour elle. Lui-même a fort à faire pour chasser les débris qui s'accumulent devant Romula et lui. S'il ne les repoussait pas, ils se retrouveraient bientôt enterrés vivants. Son attention est attirée par des cris plus proches. Il reconnaît en face la maison de Paquius Proculus. Des enfants lui font des signes depuis l'exèdre[10]. Labius en compte sept. Un garçonnet hurle sa détresse, la face barbouillée de larmes. Labius, le cœur serré, tente de leur faire signe de monter à l'étage quand il s'aperçoit que l'amoncellement des pierres ponces et des lapillis a beaucoup augmenté autour de lui. Il se penche sur Romula pour la prendre dans ses bras :

– Fuis, Labius, dit-elle dans un souffle. Tu n'arriveras jamais à nous sauver tous les deux.

– J'y arriverai, dit-il. T'ai-je jamais avoué combien je t'aime, Romula ?

La tendresse de sa voix lui fait venir des larmes aux yeux.

– Moi aussi, chuchote-t-elle.

Il se relève, la tenant bien serrée contre lui. Il aperçoit alors la tête du chien, les yeux grands ouverts, seule partie visible de son corps enseveli. Des hurlements retentissent derrière eux. Il se retourne avec horreur vers la maison de

Paquius Proculus : le premier étage vient de s'écrouler sous le poids des débris, écrasant l'exèdre et les sept têtes qu'il avait entr'aperçues [11].

Paniqué, il prend Romula sur son dos. Mais son corps flasque glisse. Il la fait basculer et la dévisage, anxieux. Elle a fermé ses yeux et une expression paisible a envahi son visage. Il croit voir une ecchymose sur sa tempe. Il la secoue. Il se demande comment elle peut encore sommeiller avec un vacarme pareil. Sa tête tombe doucement, sans réaction.

La vie l'a quittée.

– Romula, hurle-t-il.

Il éclate en sanglots. Les larmes coulent sur ses joues, traçant des sillons clairs sur son visage couvert de cendres. Il reçoit alors une pierre sur le front, puis une autre sur les épaules. Il se rend compte que l'épaisseur de la couche des débris a augmenté d'une cinquantaine de centimètres depuis tout à l'heure. Le plafond du thermopolium vacille. Pleurant et suffoquant, il s'empare du corps inanimé de Romula et tente d'escalader le mur qui se dresse devant lui. Il n'y parvient pas. Tous les débris qu'il repousse sont immédiatement remplacés par de nouveaux. Il réussit enfin à faire une brèche. Il se rue dedans. Il peut distinguer à travers le nuage de cendres grises le haut des maisons de l'autre côté de la rue. Il étend la main pour ôter une autre pierre et pousse un cri. La cendre brûlante s'est engouffrée par le passage qu'il a creusé, calcinant toute la chair de son bras. Elle pénètre dans sa gorge, s'enfonce dans ses poumons. Il porte la main à son cou, les yeux exorbités. Puis il tombe, sans vie.

Épilogue

De l'autre côté de la baie, à Misène, Plinius Secundus s'apprête à embarquer sur une galère liburnienne[1]. Il a reçu le message d'Ergolus Ergocus une heure auparavant, et depuis, le spectacle du volcan vomissant sa nuée blanc et gris capte son attention. Il se réjouit de pouvoir compléter son *Historia Naturalis* par une description aussi précise du phénomène. Il part rejoindre le navire quand son neveu[2] fait irruption sur le quai. Il apporte une missive urgente. La contrariété envahit l'amiral. Il est impatient d'observer au plus près l'éruption. Le mot est de Rectina, l'épouse de son ami Cascus. Ils demeurent à Herculanum. Rectina s'affole du grondement du volcan et des cendres qui commencent à pleuvoir. Plinius Secundus ne peut rester insensible à son appel. Si Rectina est en danger, cela signifie que toute la population d'Herculanum est dans le même cas. Son devoir lui commande de renoncer à son expédition d'observation pour une mission de secours. Il ordonne immédiatement de sortir les quadrirèmes[3] et met le cap droit sur le volcan. Les navires se couvrent de cendres au fur et à mesure qu'ils approchent de la côte dévastée. Fasciné, Plinius Secundus ne perd rien de ce qui survient. Il dicte d'une voix ferme ses remarques à l'un de ses assistants qui les note en tremblant. Bientôt ils reçoivent des débris, certains encore chauds. Les hommes d'équipage commencent à prendre peur. Le pilote conseille de faire demi-tour : les abords d'Herculanum sont inaccessibles par le haut-fond créé par la chute des roches. Mais Plinius refuse. Il change de direction vers Stabiae. Il a un ami, Pomponianus, qui pourra les accueillir. Ce dernier est sur le départ quand Plinius accoste. Il n'en mène pas large et ne s'en cache pas. L'ampleur du danger terrorise l'ensemble de sa famille. Plinius tente de les détendre en affectant une décontraction qu'il ne ressent pas. Il songe à son ami Ergolus, et à cette Romula Popidia qu'il ne connaît pas, mais dont il a tant apprécié les observations. Où sont-ils à présent ? Ont-ils pu s'échapper à temps ?

Sur la route de Napolis, Ergolus a vu avec horreur le bouchon de lave sauter et le panache de gaz et de débris incandescents s'élever à une hauteur vertigineuse. Au début, personne autour de lui n'en a ressenti les effets. Ils sont trop éloignés. Mais au bout de quelques heures, les cendres retombent et les hurlements des réfugiés redoublent. Elles sont si abondantes qu'il faut se débattre pour ne pas être enseveli. Le jour a laissé la place à une nuit grise surnaturelle. Ergolus est maintenant persuadé que les dieux ont définitivement abandonné les hommes en les enfermant dans une nuit éternelle. Minas a gagné ce dernier combat contre les Olympiens. Puis une pâle lumière perce le nuage de cendres. Peu à peu elle le dissipe, les cendres se raréfient. Bientôt un soleil étrange brille sur un paysage qui semble couvert de neige. Des cris de joie retentissent. Rompu de fatigue, Ergolus se relève et tend les bras vers le soleil : il ne peut s'empêcher de pleurer tant son émotion est forte : les Olympiens ont une fois de plus vaincu les Titans.

Marius Rufus a suivi son idée : il attendra la fin des chutes de pierres chez lui. Il a confiance dans la solidité des fondations de la maison. Il demande aux esclaves de préparer du pain, des fruits et d'autres provisions.

De son côté, il réunit les sommes d'argent qu'il détient dans la maison : dix pièces d'or et quatre-vingt-huit monnaies d'argent. Lorsqu'il revient dans l'atrium, tout le monde est prêt : ses trois enfants, dont le plus jeune pleure dans les bras de sa mère, et les quatorze esclaves de la maison. Il note avec satisfaction qu'Octavia a eu le réflexe de prendre ses bijoux. Ils descendent dans l'abri. Quand Marius est certain que sa famille s'est installée, il décide de sortir mesurer l'ampleur des dégâts. À peine a-t-il ouvert la porte que les cendres brûlantes l'asphyxient et se propagent jusqu'au reste de la famille. La fille de Marius, dont la beauté fait la gloire de ses parents, tente vainement de se cacher la face dans sa stola ; elle ne gagne que quelques secondes[4].

Dans le ludus gladiatoris, Julia Felix s'apprête à connaître un intense moment de félicité dans les bras de Celadus quand le volcan explose. Le gladiateur saute sur ses pieds. L'un de ses compagnons pousse sa porte et lui crie :

– Il y a Remus et Batrix dans le cachot[5], il faut les délivrer !

– Mais que se passe-t-il donc, interroge Julia, vaguement inquiète.

Elle s'approche de la fenêtre et a un mouvement de recul.

– Par Isis, s'écrie-t-elle. Le Vesuvius ! Que lui arrive-t-il ?

Bien que le bruit soit terrifiant, elle se sent rassurée par la forte présence de Celadus. Les gladiateurs se sont retrouvés au centre. Ils sont une soixantaine[6]. Ce nombre achève de tranquilliser Julia. Elle se serre contre Celadus, anxieuse et ravie à la fois. Le quadriportique sous lequel ils se sont abrités tient bon. Les hurlements qu'ils distinguent dans le fracas extérieur les confortent dans leur décision de ne pas sortir. Ils restent là de longues heures, frissonnants. Soudain le crépitement des pierres se ralentit. Tous se regardent sans y croire. Le silence s'est installé, presque menaçant par son calme. Ils vont tenter une sortie quand les portes volent en éclats : une terrifiante nuée de cendres incandescentes s'abat sur eux, sournoise et fatale. Julia n'a pas le temps de crier.

Le duumvir Ceius Secundus a regardé les premiers fuyards quitter la ville avec colère. Il regrette d'avoir laissé la parole à ce savant romain. Il se console en observant que peu d'habitants ont suivi son exhortation à la fuite. L'heure avance. Il va être en retard au repas auquel l'ont convié les prêtres d'Isis. Lorsqu'il arrive, la table du triclinium ploie sous le poids des volailles, des œufs, des poissons, du pain et du vin. L'abondance du repas lui fait plaisir. Il s'installe joyeusement, pensant non sans malice à tous ceux qui fuient sous le soleil de plomb. La violente explosion interrompt le repas en plein milieu. La vue du Vesuvius terrorise les convives. Les prêtres rassemblent en toute hâte le trésor du temple qu'ils confient au plus jeune d'entre eux : son agilité lui donne le plus de chances de gagner un endroit épargné par le déluge de pierres[7]. Puis ils tentent de se réfugier derrière la cuisine, dans un réduit à la voûte épaisse. Seul Ceius Secundus s'y refuse. La force des débris et la rapidité avec laquelle ils ont recouvert la chaussée bloquent la principale issue. Il doit absolument trouver une sortie. Il saisit une hache et enfonce une première cloison, puis une seconde. Il croit voir la lumière du jour. Il se retourne vers ses compagnons pour les appeler, et les voit par terre, inanimés. La terreur s'empare de lui. Il va saisir à nouveau sa hache quand un nuage de gaz et de cendres le recouvre. Il s'écroule, asphyxié[8].

Dans la cave de son ancienne maison, Vicario entend une détonation qui secoue l'ensemble de la demeure. Son chien se met à hurler à la mort. Le magistrat se précipite vers l'échelle qui relie la cave au rez-de-chaussée. La voyant cassée, il se met à taper contre les murs, hurlant des appels au secours que le vacarme extérieur étouffe. Lorsqu'il a les poings en sang, il s'arrête, hébété. Il se laisse tomber le long du mur en sanglotant. Entre deux spasmes, il invoque Minas dont la colère semble redoubler. Des bruits étranges résonnent dans la cave, comme une pluie de projectiles inconnus. Leur chute étouffée ajoute encore à la terreur de Vicario. Il essaie de deviner leur origine, mais il n'y parvient pas. Finalement, vaincu, il se recroqueville dans un coin, les genoux contre le menton. Les heures passent, infinies. Soudain le silence s'installe. Vicario se relève, plein d'espoir. Il va essayer d'ouvrir cette trappe en dépit de l'échelle brisée. Il cherche un bâton. Sa faiblesse rend ses gestes lents et hésitants. Il n'a rien mangé depuis douze heures. Il regarde son chien avec envie. L'animal le fixe d'un regard torve. Vicario a tout à coup peur. Il serre plus fort la perche qu'il vient de trouver. Trop tard. Le chien bondit sur lui et plante ses crocs dans sa gorge. Vicario tente de se défendre mais il perd l'équilibre. Il s'abat lourdement sur le sol. Son dernier regard est pour les yeux injectés de la bête devenue folle[9].

À Misène, le jeune Caius Plinius Caecilius Secundus a fui la nuée de cendres qui venait sur eux. Il doit son salut aux champs dans lesquels il s'est réfugié avec sa mère. Le jour est maintenant revenu et ils ont réintégré leur maison. Le Vesuvius qui s'élève devant eux fume encore. Il a perdu sa pointe pour une forme plus douce. Le jeune homme et sa mère sont sans nouvelle de Plinius Secundus, parti voici deux jours à la rescousse des habitants d'Herculanum.

Lorsqu'ils voient les quadrirèmes arriver sur la mer, ils se précipitent au port. L'air hagard du pilote en dit long sur ce qu'il a vu. Il tient entre ses mains les notes que l'amiral a prises sur le bateau. La mère et le fils comprennent immédiatement ce que cela signifie. Sans rien dire, Caecilius Plinius Secundus recueille les précieuses informations et les serre contre lui. Il prend sur lui d'assurer la postérité de son oncle et de proclamer au monde ses dernières observations, faites au prix de sa vie.

À Rome, quatrième jour avant les calendes de septembre de l'an 832[10]

L'empereur Titus siège à son conseil, quand le consul Galaeus Borionus sollicite une entrevue urgente. Titus connaît le calme et la pondération de Borionus. Il est intrigué et accède à la requête du consul. Le teint livide, celui-ci se contente de tendre sans mot dire une tablette à l'empereur, qui lit : « Le neuvième jour avant les calendes de septembre, lit Titus, la ville de Pompéi a été ensevelie sous la colère du Vesuvius. Sur les quinze mille habitants de la cité, deux mille ont péri. Le reste de la population a pu fuir au début de l'éruption. La ville d'Herculanum a connu le même sort. Aucun habitant n'aurait survécu. » L'ampleur de la catastrophe laisse d'abord l'empereur interdit. Sur le visage atterré du consul se lit toute l'horreur que représentent ces quelques lignes. Il se détourne brusquement.

– Que les dieux aient leurs âmes, murmure-t-il.

Notes

I

1. 19 juillet 64. Les Romains comptaient les années soit à partir de la fondation de Rome (753 av. J.-C.), soit à partir du règne de l'empereur Dioclétien (284 av. J.-C.). C'est le premier système qui a été retenu pour ce roman.

2. Repas principal, que l'on prend à la nuit tombée.

3. Palais d'Auguste, sur le Palatin.

4. Corps de pompiers créé par Auguste devant la fréquence des incendies à Rome.

5. Chariot à quatre roues, emprunté aux Gaulois.

6. Ce « préfet élu selon la loi de Petronius » était un magistrat extraordinaire à qui le Sénat avait délégué l'ensemble des pouvoirs municipaux pour gérer la reconstruction de la ville.

7. Dieux domestiques.

8. 1 mille = 1,45 kilomètre.

9. Boutique où l'on vend au comptoir des nourritures chaudes et des boissons.

10. Palais édifié par Néron entre le Palatin et les jardins du Mécène sur l'Esquilin.

11. Cabriolet à deux places.

12. Capuchon en lainage emprunté aux Gaulois cisalpins, très utilisé dans les voyages pour se protéger des intempéries.

13. Relais.

14. Aubergiste.

15. Relais de nuit.

16. Capoue.

17. 7 heures.

18. Construction de cinq à six étages où habitent plusieurs familles. Les trois premiers étages sont en brique et les suivants en bois ou torchis, d'où la fréquence des incendies.

19. Ces deux villes étaient des stations balnéaires très en vogue, où Cicéron et le gendre d'Auguste avaient possédé des villae.

20. Les bains de Stabies sont les plus anciens de l'empire.

21. Petit chariot à une place.

22. Poste de guet.

23. Vêtement de voyage avec capuchon.

24. Tunique féminine.

25. Courrier officiel.

26. Second repas du Romain, vers midi.

27. Manteau d'origine grec lancé sous le règne d'Auguste. Surtout porté par les philosophes, les riches Romains l'adoptèrent ensuite, lorsqu'ils n'étaient pas en représentation.

28. Aubergiste.

29. Bénévent.

30. Auguste avait divisé la ville de Rome en quatorze régions.

31. Maison particulière.

32. Ville nouvelle.

33. Broche.

34. Celui qui crépit et, par extension, nom donné à celui qui rédige les slogans électoraux sur les murs.

35. Les duumvirs, au nombre de deux, élus chaque 1er juillet, gèrent les affaires de la colonie (civiles, religieuses, financières).

36. Les Bithyniens étaient très prisés dans cet emploi.

37. Anecdote rapportée par Sénèque.

38. Chariot rural à deux ou quatre roues.

39. Don en nature ou en argent que le chef de la *gens* (clan) accorde chaque jour à ses clients.

40. Ensemble de familles dont les chefs descendent du même ancêtre.

41. Vin additionné de miel.

42. Amphore enterrée dont ne dépasse que le haut.

43. Étuve sèche où l'on transpire en abondance avant de se baigner.

44. Jardin inspiré des Grecs, orné de colonnades.
45. Salle à manger.

II

1. Lieu où se tiennent les séances de l'assemblée municipale.
2. Bâtiment qui sert à la fois de tribunal, de bourse du commerce et de lieu de réunion.
3. Salernes.
4. Pièce centrale de la partie publique de la villa romaine.
5. Pièce centrale de la partie privée, servant de salon.
6. Banquette d'honneur, située à droite du maître de maison.
7. Banquette du milieu, sur laquelle s'allonge le maître de maison.
8. 17 ap. J.-C.
9. 23 ap. J.-C.
10. En 59 ap. J.-C., une rixe sanglante a opposé les Pompéiens aux Nucériens (habitants de Nuceria) lors de jeux. En représailles, le Sénat romain avait ordonné l'interdiction des jeux pour une durée de dix ans.
11. Bassin d'eau de mer ou d'eau douce dans lequel les Romains fortunés installaient les poissons de leur choix.
12. Navire à trois rangs de rameurs.
13. La Campanie est une région sujette aux tremblements de terre.
14. N. Popidius Celcinus, fait véridique.
15. Sulfure de mercure.
16. Il était jugé très inconvenant de commencer la *cena* avant la nuit tombée.
17. Gobelets profonds.
18. Les vins étaient mis dans des amphores sur lesquelles le nom du consul de l'année était gravé. On savait ainsi de quelle année datait le vin.
19. Archives de la ville contenant le cadastre des biens patrimoniaux de la colonie.
20. L'école du rhéteur est la troisième et dernière étape de l'éducation du jeune Romain. Elle consiste en l'apprentissage de l'éloquence à partir de l'analyse de textes.
21. Pièce de monnaie.
22. Le maître de repas est celui qui entraîne les convives à

la fin du repas. S'il est d'humeur gaie, le repas peut s'achever à l'aube.

23. Hypsaeus était le propriétaire d'une importante foulerie.

24. Les accidents étant fréquents, une loi fixait une fois pour toutes les dédommagements auxquels pouvait prétendre le client.

25. Toge revêtue à partir de seize ans, marquant pour le jeune Romain le passage à l'âge adulte.

26. Outré par la tenue négligée des Romains au Forum, Auguste avait institué une loi interdisant l'accès aux institutions municipales à qui ne portait pas la toge traditionnelle.

27. Peintres de la Domus Transitoria et de la future Domus Aurea de Néron.

28. Reproduction des éléments typiques d'un lieu.

29. 8 heures.

30. Nouvelle ville.

31. Pompéienne dont on a retrouvé la maison.

III

1. Inscription effectivement retrouvée.
2. « Attention au chien. »
3. Auteur de pièces de théâtre comiques, 250 av. J.-C.
4. Lieu public où l'on s'exerçait à la lutte et à la gymnastique.
5. Étuve sèche où l'on transpire abondamment.
6. Étrille.
7. Magistrat gérant les finances d'une région sous l'autorité du consul.
8. Droit de placement au marché.
9. Droit de jouissance d'une propriété appartenant à la ville.
10. Chambre à coucher.
11. Demi-frère de Néron, dont ce dernier a usurpé le trône.
12. Mère de Néron.
13. Sénèque était le professeur de Néron et devint son conseiller lors des premières années de son règne, avant d'être évincé.
14. Tigellin, préfet du prétoire, devint conseiller de Néron en 62. Son influence fut très néfaste.
15. Célèbre artiste peintre de l'époque néronienne.
16. VIe siècle av. J.-C.

17. Ve siècle av. J.-C.

18. Ier siècle av. J.-C.

19. Auteur de comédies imitées de Ménandre, 190-159 av. J.-C.

20. Graffiti qui a effectivement été retrouvé.

21. « Hedone dit : On boit ici pour un as, avec deux on boit meilleur, avec quatre on boit du falerne. » Inscription retrouvée sur les ruines d'un bar de Pompéi.

22. La guerre mythologique des Titans contre les Olympiens s'est soldée par l'échec des premiers. Sur ordre de Jupiter, la déesse Athéna a emprisonné les titans Typhon et Encelade sous l'Etna, et Minas sous le Vésuve.

23. Pline l'Ancien, 23-79 ap. J.-C.

24. Les *Histoires naturelles* de Pline renferment toutes les connaissances antiques en matière de sciences.

25. Pierre d'origine volcanique, dite « pierre ponce ».

26. Dieu grec du feu.

27. Dont l'œil unique rappelle la forme d'un cratère.

28. Déesse grecque de la guerre et de la raison.

29. Le poète Virgile, 70-19 av. J.-C.

30. Platon, philosophe grec, 428-348 av. J.-C., parle du peuple des Atlantes et de l'Atlantide dans le *Timée* et le *Critias*. On peut penser que l'Atlantide serait l'île de Santorin, dévastée par une éruption en 1500 av. J.-C. Toute la civilisation minoenne fut anéantie.

31. Fêtes somptueuses en l'honneur de Vulcain ayant lieu chaque 23 août dans un temple de Rome.

32. Vulcain, dieu laid et boiteux, avait reçu pour épouse Vénus, déesse de la beauté et de l'amour. Comme elle le trompait outrageusement, il se mettait dans de grandes colères qui faisaient autant d'éruptions.

33. Géographe grec (58 av. J.-C.-21 ap. J.-C.), auteur d'une *Géographie*.

34. La lave.

35. 19 heures.

36. Poète romain, 43 av. J.-C.-18 ap. J.-C.

37. Cette inscription retrouvée à Pompéi était en fait destinée à Poppée. Au lieu de Romula est écrit : « Sabine ».

38. Les tufs servent dans la construction comme matériau de base et comme ciment à prise rapide.

39. Le Capitole, à Rome, est construit en ponce.

40. Cette comète, apparue dans le ciel chinois le 9 août 60,

a été aussi observée par les Romains jusqu'au 22 décembre 60. Elle annonçait pour un an de violentes perturbations climatiques.

IV

1. Maison dorée, magnifique suite de palais et de jardins. Le site archéologique a été ouvert au public en juin 1999.
2. 65 ap. J.-C.
3. Les vulcanologues pensent aujourd'hui que le séisme annonçait l'éruption d'août 79.
4. Intendant agricole.
5. 5 avril 68.
6. Le consulat est la plus haute magistrature romaine. Il était au début déféré à deux consuls, puis on prit l'habitude après Auguste d'élire des consuls suffects, c'est-à-dire de multiplier les consulats en créant des remplaçants des deux consuls élus.
7. 62 ap. J.-C.
8. Impôt dû pendant trois ans pour la location de pâturages appartenant à la commune.
9. Redevance annuelle pour la location d'une propriété de la commune utilisée comme foulerie.
10. 6 février 62, lendemain du tremblement de terre.
11. « Que le gain soit votre joie ! »
12. Cette fresque se trouve dans la maison de Scaurus, découverte en 1958-1959 à Pompéi.
13. Chaussure ferrée, basse, qui ressemble à une lourde pantoufle de cuir. Elle était portée par les paysans.
14. 9 heures.
15. Ils sont au nombre de douze, agents d'exécution dont disposent les magistrats. Dans l'exercice de ses fonctions, le consul ne peut apparaître sans les licteurs.

V

1. *« Trebi, surge. Fac aedilem Lollium Fuscum adulescentem probum. »*
2. *« Cnaeum heluium Sabinum aliarii rogant. »*
3. *« Marcum Casellium et Lucium Albucium aediles oro uos*

faciatis. Statia et Petronia rogant. Tales ciues in colonia in perpetuo. »

4. « *Epidium Sabinum duumuirumiure dicundo oro uos faciatis. Trebius cliens facit consentiente sanctissimo ordine.* »

5. « *Caium Iulium Polybium aedilem oro uos faciatis. Panem bonum fert.* »

6. « *Marcum Cerrinium Vatiam aedilem oro uos faciatis. Seribibi uniuersis rogant.* »

7. « *Lucium Statium Receptum duumuirum iure ducundo orant uos faciatis uicini, dignum. Scripsit Aemilius Celer uicinus. Inuidiose qui deles, aegrotes.* »

8. « *Admiror, paries, te non cecidisse ruinis, qui tot scriptorum taedia sustineas.* »

9. « *In cruce figaris.* »

10. 9 juin 68.

11. Poppée serait morte d'un coup de pied au ventre donné par Néron, alors qu'elle était enceinte. Il épousa ensuite Statilia Messaline, dont il avait préalablement fait assassiner le mari.

12. Galba était gouverneur de Tarraconaise, en Espagne, de 60 à 68.

13. Fresque visible dans le vestibule de la maison des Vettii. Elle avait pour but de déstabiliser le visiteur et de le vider de toute mauvaise intention à l'égard du maître de maison.

14. 52 ap. J.-C.

15. Othon.

16. Vespasien.

17. Juillet 69.

18. Vespasien avait la réputation d'être très avare.

VI

1. 4 décembre 75.

2. Bottes basses en cuir noir que l'on porte avec la toge.

3. Amphores recueillant l'urine.

4. Fils de Vespasianus.

5. « L'argent n'a pas d'odeur. »

6. Chaudière contenant de la saponaire, grâce à laquelle on dégraissait la laine de son suint.

7. 1er février 79.

8. Précision apportée par Strabon.

9. Les conditions de vie des esclaves dans la *familia rustica*

étaient beaucoup plus difficiles que dans la *familia urbana* où de véritables liens s'établissaient entre le maître et ses esclaves, pouvant déboucher jusqu'à l'affranchissement. Dans la *familia rustica,* les esclaves sont soumis à la surveillance très dure de l'intendant et des contremaîtres, enchaînés la nuit et conduits aux champs durant la journée. On n'hésite pas à les mettre aux fers.

VII

1. Empereur (10 av. J.-C.-54 ap. J.-C.).
2. Fête des jeux d'Apollon.
3. Gradins du milieu et du sommet de l'amphithéâtre, réservés au peuple.
4. Grande toile attachée à des poteaux de bois, qui protégeait les spectateurs du soleil.
5. Capoue.
6. Caserne de gladiateurs.
7. Combat où figurent des animaux.
8. Gradins du bas de l'amphithéâtre, au nombre de cinq à Pompéi.
9. Celadus et Crescens sont deux noms de gladiateurs retrouvés gravés à Pompéi, le premier étant célébré comme la « coqueluche » des Pompéiennes, le second comme le « seigneur des filles ».
10. Plus le gladiateur compte de victoires et plus il devient fameux. Il peut ainsi espérer, lors d'un échec, obtenir la grâce du public et, pourquoi pas, être un jour relevé de son obligation de combattre.
11. Les gladiateurs vivaient dans le *ludus gladiatoris*, où ils avaient chacun une cellule, chambre sommaire, sous la surveillance de l'intendant, le *lanista.*
12. Trompette recourbée.
13. Siège amovible.
14. Le rétiaire doit enfermer son adversaire dans un filet et le tuer d'un coup de trident.
15. On a retrouvé un « carnet de gladiature » qui recense les combats, le nombre de victoires et le résultat de chaque rencontre.
16. Chaque gladiateur avait sa spécialité, tirant son nom des ennemis de Rome. Le thrace, par exemple, est armé du petit

bouclier rond et de l'épée courte et courbe que portaient les soldats thraces. L'hoplomaque est revêtu d'une lourde armure : casque, cuirasse, jambières, serpette.

17. Loge souterraine de l'amphithéâtre où attendent les combattants.

18. 62 ap. J.-C.

19. L'essédaire est un gladiateur monté sur un char.

20. Les écoles de gladiateurs de Capoue étaient les plus célèbres. Deux empereurs s'y étaient particulièrement intéressés : Jules César (école julienne) et Néron (école néronienne).

21. Dans un volcan en activité, les émanations sont régulières : dioxyde de soufre (gaz irritant) et hydrogène sulfuré (gaz toxique). On peut imaginer que le Vésuve ait produit ces émanations peu avant son réveil brutal.

22. L'Etna était un volcan très connu, aux nombreuses éruptions.

23. Théories présentées par les Romains Lucrèce, Virgile et Ovide lorsqu'ils décrivent les éruptions de l'Etna.

24. Le Vésuve était endormi depuis des millénaires. Sa dernière éruption remonte sans doute à l'époque préhistorique. Les Romains n'avaient donc aucun texte relatant l'activité passée du volcan. Pompéi était d'ailleurs construite sur la lave de la précédente éruption.

VIII

1. 7 août 79.
2. 62 ap. J.-C., année du séisme.
3. Guerre de Judée, 69 ap. J.-C.
4. 24 août 79.
5. 10 heures.
6. Bassin situé au centre de l'atrium, et recevant l'eau par une ouverture dans le toit, le *compluvium*.
7. Le Vésuve a d'abord libéré ses gaz qui se sont élevés dans la stratosphère, chargés de débris divers (ponce, lapillis, cendres). Puis ils sont retombés sur les environs du volcan.
8. Portique construit dans le sous-sol.
9. Squelette retrouvé dans la maison de Vesonius Primus.
10. Pièce réservée à la conversation, munie de sièges.
11. Sept corps d'enfants ont été retrouvés dans la maison de P. Paquius Proculus.

Épilogue

1. Croiseur léger à deux rangs de rames.

2. C. Plinius Caecilius Secundus, dit Pline le Jeune. C'est par deux lettres fameuses adressées à Tacite que nous connaissons le détail de l'éruption du Vésuve et les circonstances de la mort de Pline l'Ancien.

3. Navire à quatre rangs de rameurs superposés.

4. Corps retrouvés dans la villa de Diomède.

5. On a retrouvé deux gladiateurs aux fers.

6. Soixante-trois corps ont été découverts dans la caserne des gladiateurs, dont celui d'une noble Pompéienne portant de somptueux bijoux.

7. On l'a retrouvé mort asphyxié dans la rue, le trésor à ses côtés.

8. Corps retrouvé dans le temple d'Isis, une hache à ses côtés.

9. Corps d'un homme et d'un chien retrouvés dans la maison des Vestales. L'homme aurait été dévoré par son chien.

10. 28 août 79.

Bibliographie

Raymond CHEVALIER, *Voyages et déplacements dans l'Empire romain*, Armand Colin, 1988.

Robert ÉTIENNE, *La Vie quotidienne à Pompéi*, Hachette, 1998.

Jacques GAILLARD (dir.), *Rome, Ier siècle ap. J.-C. : les orgueilleux défis de l'ordre impérial*, Autrement, 2000.

Henri GAUDRU, *Des volcans et des hommes*, Éditions du Tricorne, 1997.

Pierre GRIMAL, *La Civilisation romaine*, Arthaud, 1960.

–, *La Vie à Rome dans l'Antiquité*, PUF, coll. « Que sais-je ? », 1994.

Philippe MOREAU, *Sur les murs de Pompéi : cent vingt-trois inscriptions lapidaires et pariétales de Pompéi*, Le Promeneur, 1993.

Chris SCARRE, *Atlas de la Rome antique 800 av. J.-C.-54 ap. J.-C. : de la naissance de la République à la chute de l'Empire*, Autrement, 2000.

Photocomposition
Nord Compo - 59640 Villeneuve-d'Ascq

Cet ouvrage a été réalisé par la
SOCIÉTÉ NOUVELLE FIRMIN-DIDOT
Mesnil-sur-l'Estrée
pour le compte d'Édition°1
en mai 2001

Imprimé en France
Dépôt légal : juin 2001
N° d'édition : 13142/01 – N° d'impression : 55829